大慶精神凝聚着中華民族的魂体現着中國力量愿大慶精神鉄人精神世代傳承

二〇二〇年十月 李敬

大庆精神铁人精神概论

郭岗彦 党绥梅 编著

石油工业出版社

内容简介

大庆石油会战开始于20世纪60年代初,当时,国民经济异常困难,石油工业形势严峻。面对国内自然灾害、国外技术封锁等重重困难,大庆人筚路蓝缕,艰苦创业,奏响了气壮山河的激越战歌,有力地支撑了羸弱的国民经济。大庆会战的胜利,不仅为国家奉献了一个特大型世界级油田,而且培育了大庆精神铁人精神,令民族精神为之大振,演绎了中国石油工业的传奇。本书全面系统阐述了大庆精神铁人精神形成的历史过程,从国家民族的角度对大庆精神铁人精神进行理论论述和研究,观点新颖,视觉独特,对继承和发扬党的优良传统,实现中华民族伟大复兴具有较大的理论和现实意义。

本书可作为普通高等学校公共选修课教材、国家机关企事业单位教育培训用书,也可供其他领域相关人员学习参考。

图书在版编目(CIP)数据

大庆精神铁人精神概论/郭岗彦,党绥梅编著.

—北京:石油工业出版社,2020.12(2022.6重印)

ISBN 978-7-5183-4405-5

Ⅰ.①大… Ⅱ.①郭…②党… Ⅲ.①思想政治教育-中国-学习参考资料 Ⅳ.①D64

中国版本图书馆CIP数据核字(2020)第230729号

出版发行:石油工业出版社

(北京市朝阳区安定门外安华里2区1号楼 100011)

网　　址:www.petropub.com

编辑部:(010)64523694　图书营销中心:(010)64523633

经　　销:全国新华书店

排　　版:三河市燕郊三山科普发展有限公司

印　　刷:北京晨旭印刷厂

2020年12月第1版　2022年6月第4次印刷

710毫米×1000毫米　开本:1/16　印张:18　插页:1

字数:262千字

定价:45.00元

(如发现印装质量问题,我社图书营销中心负责调换)

版权所有,翻印必究

实现伟大梦想，需要奉献精神

由西安石油大学郭岗彦、党绥梅同志编写的《大庆精神铁人精神概论》一书，以大量的历史事实和原始资料，把当年会战英雄们所上演的大气磅礴的英雄史诗重新展现于世人面前，真实地还原了历史。书中描写的场景把我带回到那激情燃烧的岁月，使我思绪万千，心中久久不能平静……

我是石油战线的一名老兵。1952年8月，我随中国人民解放军57师集体转业从事石油事业，曾先后转战玉门、四川、大庆、江汉、长庆、新疆、胜利等油田。但令我终生难忘的，还是大庆会战期间的那段峥嵘岁月。从1960年2月到1966年6月，我在大庆油田历任第二探区副指挥、党委书记兼指挥、钻井指挥部指挥、大庆会战指挥部副指挥，经历了大庆会战的全过程。我和铁人王进喜曾是非常亲密的战友和同事：1956年我在玉门任钻井大队长时，他是贝乌五队（到大庆后改称1205钻井队）大班司钻，当年4月王进喜入党，后被提为副队长、队长；在大庆，我任第二探区副指挥时，他任1205钻井队队长，我任钻井指挥部指挥时，他任钻井指挥部生产二大队大队长。工作上的朝夕相处及密切联系，使我们有着深厚的友谊。

我和铁人之间有两件事，令我至今难忘。一件是1961年4月19日，因1205钻井队打了一口超出规定的斜井，康世恩总指挥召集上千人大会，把我和钻井指挥部的书记李云叫上主席台点名批评，王进喜这时已是钻井二大队大队长，从外面刚赶回来，知道缘由后，主动上台，站在我的身旁，陪着我受批评。事后我们又一起同工友们填了那口井。这就是如今大庆"4·19"质量安全日的来历。另一件事发生在1970年初，我原以川中会战副总指挥的身份带队参加江汉油田会战，却被"造反派"批判，被强制烧茶炉、扫厕所。2月3日，已当选中央委员、正在江汉油田慰问的王进喜来到四川参战队伍指挥部，点名要见我，我被两名看守带着来到王进喜面前，他支走了看守，大步上前，用双手扶着我的双肩，哽咽着说："李指挥，可让你受苦了！"然后，他取下了自己胸前佩戴的毛主席像章，亲手把这枚纪念章戴在了我的胸前。第二天，他又提出把我尽快解放出来。在铁人的关怀下，我虽没有在短时间内被解放，但处境却有了很大的改善，也大大推进了我被解放的步伐，于当年7月恢复了工作。发生在我身上的这两件小事，足以说明铁人的担当精神和高贵品质。

《大庆精神铁人精神概论》主要叙述了大庆精神铁人精神的源流，梳理了新中国石油工业的起源及其发展简史，展现了大庆会战的艰难历程，系统阐述了大庆精神铁人精神的凝练过程，重点探寻铁人王进喜从一个"放牛娃"成长为民族英雄的成长足迹及高尚品格，集中论述了大庆精神铁人精神的实质内容。作者以余秋里同志1964年《关于作风问题》的讲话为依据，提出"严细准狠"是作风建设的灵魂这一观点，以及对大庆精神精髓的论述，是比较新颖的。

回顾历史，大庆油田的高产稳产之路并不平坦，遭遇了无数困难与挑战。以铁人王进喜为代表的石油人，在"青天一顶星星亮，荒原一片篝火红"的艰苦条件下，践行"三要"❶、"十不"❷誓言，拼命鏖战三年拿下大油田。同时，大庆人坚持实践第一，不断超越权威、超越前人、超越自我，形成了"三老四严""四个一个样""六股劲"的务实精神。正是以这种对事业、对工作科学认真、求实严谨的精神为动力，以科学严明的作风作保障，大庆人战胜了各种困难、挫折和干扰，闯出了一条中国人自己的油田开发之路，使大庆精神铁人精神成为中国科技人员讲求科学、务实创新的实践指向，并从1976年开始，连续27年实现5000万吨以上高产稳产。

大庆精神铁人精神之所以能历久弥新，就是因为它深深植根于大庆石油工人高度的主人翁责任感，源于他们把个人价值和国家前途命运融合到一起。"奉献"是中华民族的传统美德，是共产党人的重要精神特质，更是大庆精神

---

❶ 一要甩掉中国石油落后的帽子，二要高速度、高水平拿下大油田，三要赶超世界先进水平、为国争光。

❷ 不怕苦、不怕死、不为名、不为利、不讲工作条件好坏、不讲工作时间长短、不计报酬多少、不分职务高低、不分分内分外、不分前方后方。

铁人精神的核心价值体现。我们党对国家、对民族、对人民的赤诚奉献，就是通过一个个共产党员的先锋模范作用来展现的。大庆油田的创业史、发展史，是对这种奉献精神最生动的诠释。这种奉献精神至今仍激励着一代代石油人不断书写为国为民奉献的感人故事。这些平凡英雄在为他们无限热爱的石油事业、为中华民族的伟大复兴默默奉献，也不断用自己的行动为大庆精神铁人精神注入新的榜样力量和时代价值。

此书突破了传统教科书的写作模式，以史论结合的方法，注重从原始资料中去发掘和提炼新观点、新内容。在注重精神力量的同时，更注意挖掘大庆成功因素中那些理性的、科学要素的历史贡献，使大庆这一伟大精神更具感染力和亲和力，从而使此书兼具历史性、思想性、故事性、文学性、欣赏性，读之能给人以启迪与借鉴。

"一个有希望的民族不能没有英雄，一个有前途的国家不能没有先锋。"习近平总书记指出，"新时代中国特色社会主义伟大事业需要千千万万个英雄群体、英雄人物。学习英雄事迹，弘扬英雄精神，就是要把非凡英雄精神体现在平凡工作岗位上，体现在对人民生命安全高度负责的责任意识上。"当前，我们正行进在中华民族伟大复兴的征程上，实现伟大梦想，需要英雄，需要英雄精神，需要更多的人把非凡的英雄精神体现在平凡岗位上，在平凡岗位上干出不平凡的业绩。

由此可以说，《大庆精神铁人精神概论》一书，是一部弘扬大庆精神铁人精神的好书。无论哪个群体的读者，阅读此书不需正襟危坐，更无需整块时间，可在闲暇之余精研细品，也可见缝插针地粗读速览。无论阅读方式如何，即使随手翻翻，也定会有所裨益。

原石油工业部副部长

二零二零年十月二十四日

自　序

一

　　大庆，一个响亮的名字，一个寄予了人们太多希冀与期许的名字，一个充满了热情与信念的名字！

　　这是一片神奇的土地，一片共和国的沃土。这里，充盈着坚韧不拔的铁人风骨，是作风卓绝的精神高地。在此，大庆人上演了一幕幕感人至深的传奇故事。大庆是一座城，是一个企业，但大庆更是一个品牌、一种精神。听到这个名字，每个人都会肃然起敬，崇敬之情油然而生。

　　大庆的诞生，有着一个独特的时代背景。

　　20世纪50年代末，中苏关系逐渐恶化，外部的核威胁、核讹诈，海外反华和敌对势力不断通过围堵和制裁等方式，日益卡紧了中国经济发展的脖子，致使国内原油短缺，北京的公共交通汽车不得已背上了煤气包；军队的战机除必需的战备巡逻外，其余不得不停飞；坦克无奈地蒙上了帆布。石油的短缺，已成为上至共和国领袖、下到普通百姓共同为之焦虑的问题，也使年轻的共和国和渴望迅速实现国家工业化的中国人民遭受前所未有的考验。

　　1959年9月26日，松辽大地响惊雷——松基三井喜喷工业油流，大庆油田诞生。大庆人面对重重困难，筚路蓝缕，披肝沥胆，艰苦创业，在国内重大的自然灾害及国外层层技术封锁的艰难境地下，开展了气壮山河的石油大会战，一举改变了我国石油工业的落后面貌。大庆会战的胜利，不仅为中国奉献了一个世界级的特大油田，还培育出了以爱国主义为核心的大庆精神铁人精神。

大庆精神铁人精神，是中华民族优秀文化的积淀，是中国共产党革命精神在社会主义建设实践中的继承和发扬，是中华民族精神的重要组成部分。无论是过去、现在，还是将来，大庆精神铁人精神都是激励人们前进的动力。

大庆人在石油会战中表现出的为国争光、为民族争气的爱国主义情怀，独立自主、自力更生的艰苦创业精神，讲求科学、"三老四严"的科学求实作风和胸怀全局、为国分忧的奉献与担当等，以及铁人王进喜为甩掉我国贫油和缺油的帽子喊出"宁可少活20年，拼命也要拿下大油田""有条件要上，没有条件创造条件也要上"的豪迈誓言，既是大庆精神铁人精神的集中体现，也是时代精神的彰显。

正是因为大庆会战是在极其艰难困苦中完成的，才培育出了感天动地的大庆精神，也正是因为会战职工在艰苦卓绝的奋战中把不可能变成了可能，才显示其精神的伟大。所以，时任石油工业部部长、会战的最高指挥者，后任国务院副总理的余秋里曾这样评价大庆，他说："除了大庆，没有哪一个企业的诞生和发展，能与中华民族的命运和精神联系得如此紧密，没有哪一个城市在未诞生之前就有了自己厚重的文化底蕴，没有哪一个企业和城市走过短短的历程，就能在中华民族的历史上铭刻一个辉煌的亮点。"

这就是大庆，一个被铭刻在民族历史丰碑上，培育出以自己的名字而命名的伟大精神的英雄城市。

二

大庆石油会战和"两弹一星"，均产生于20世纪60年代前后，二者的成功，都对我国国际地位的显著提升作出了重要贡献。大庆精神铁人精神、"两弹一星"精神，在激情燃烧的岁月里，同样振奋着自强不息的中国人民；它们均已成为中华民族精神的重要组成部分。时光流转，"两弹一星"的辉煌历史，那些为此作出杰出贡献的功勋们的名字，以及他们英雄的事迹，伴随着我国航空航天事业不断创新的伟大成就，至今被人们津津乐道。然而，相比之下，石油虽然仍是国家安全及经济发展必需的重要战略物资，但在日常生活中，却越来越像柴米油盐一样，成为大众日常消费品，其易获得性大大降低了人们对其重要性的认识，于是，大庆的辉煌过往，往往被石油行业及相关领域之外的人所淡忘，已鲜为人们提起。

殊不知，大庆精神铁人精神曾是那样地震撼和影响着国人。1964年，毛主席曾兴奋地对美国记者埃德加·斯诺说："我们东北新开发的大油田，有一个钻井工人说，'石油工人一声吼，地球也要抖三抖！'"这就是中国工人向世界发出的铮铮誓言。大庆人以"两论"起家、"两分法"前进，独立自主、艰苦创业、以讲求科学、"三老四严"的求实精神，开辟出了一条中国社会主义工业化的发展道路。因此，毛主席发出了"工业学大庆"的号召。大庆的经验和模式，曾引领了我国社会主义工业化的发展方向。大庆人以"三老四严"为主要特征的工作作风，曾对我国经济和社会生活产生了重大影响。铁人王进喜人拉肩扛竖井架、破冰端水保开钻、带伤奋力跳进泥浆池的英雄壮举，曾感动和教育了几代中国人。

然而，在现实生活中，那些对大庆会战历史不太熟悉、对大庆经验不了解、对大庆精神铁人精神理解不深的人，却容易形成一种错觉，认为大庆会战是靠苦干硬干、甚至不要命的蛮干拼出来的。我们编著《大庆精神铁人精神概论》一书，就是想将人们的视野带回到那激情燃烧的岁月，用大量的历史事实和原始资料，把当年会战英雄们所上演的大气磅礴的英雄史诗重新展现于世人面前，真实地还原历史：大庆石油会战，在那样困难的时期、极端困难的条件下，广大会战职工如果没有高昂的爱国主义激情和民族精神的支撑，别说拿下大油田，会战能否持续都要打一个大大的问号；如果不是会战从一开始就高度重视和讲求科学，严格按科学规律办事，在实际工作中重视对第一性资料的收集和研究，就不可能攻克一道道看似不可攻克的科学技术难关，创造出彪炳史册的人间奇迹。所以说，如果没有巨大的精神力量，大庆会战要想取得胜利是不可能的；如果缺乏了科学求实的精神，要想拿下这个大油田也是不可想象的。

三

对大庆精神铁人精神，笔者从被动学习到主动关注，再到潜心研究，最大的心愿是让人们可以时常回溯有关大庆的历史过往，追忆其初心，感受其精神的力量。两年多来，笔者倾注全部的精力，埋头于那些尘封的历史资料中，反复翻阅会战时期的原始资料，认真阅读前辈们留下的回忆文章及相关报道，常常会思接千里，意涌八方，从中了解当年大庆会战背后那一段段感人至深的历史，并融入到大庆会战的情景中，不时为大庆人的爱国主义激情所折服，为中国共产党领导人民改天换地的壮志豪情所感动，为以铁人王进喜为代表的石油人忘我的牺牲精神而动容。

在学习研究过程中，笔者很少借用现有的研究结论，而是始终带着浓厚的兴趣，探寻着当年在技术条件落后、经验不足，在那样异常困难的情况下，大庆人能够创造奇迹的原因，追问大庆精神的精髓。围绕大庆会战前后的历史事实，不断在原始资料中去挖掘、去探寻。大庆石油会战是中国石油工业发展史上具有里程碑意义的重要战役，它不仅开创了新中国石油工业的新局面，而且孕育了光耀千秋的大庆精神铁人精神。这是一次中国石油发展史的奋进高光，开启了中国石油工业快速发展的璀璨时代，正因为有了大庆会战的胜利，才真正开启了新中国的现代化建设之路。石油会战将那些原本默默无闻的石油工人推上了历史的前台，他们身上体现出的钢铁意志，一往直前的精神，对事业的忠诚，人与人之间的赤诚，尤其是铁人王进喜的英雄事迹、豪迈誓言、崇高品格，正是中国特色社会主义新时代实现民族复兴所需要的。受大庆精神铁人精神的鼓舞和感召，笔者有一种强烈的情感冲动，意欲以新的视角，为铁人立传，为大庆历史存真，这也是笔者倾心研究的最初动因。在研究中，笔者可谓用心、用情、用力。

在这些原始文献和资料中，不仅记录了大庆人苦干实干的英雄事迹，也彰显了科学求实的精神，呈现着他们对待科学严肃认真的态度。如1960年3月3日，康世恩在松辽会战第一次筹备会上的讲话中讲到，要用革命的思想和革命的方法进行会战，而"技术革命是这次会战的灵魂，没有这条红线，这个会战就会冷冷清清，凄凄惨惨"；同年4月9—11日，余秋里在第一次"油田技术座谈会"提出围绕"技术革新"开展"六大运动"。看着主帅们在会战准备阶段的讲话和部署，读着会议作出的学习"两论"的决定、出台的"大庆长垣钻探和开发过程中取全取准20项资料和72种数据"技术要求，就搞懂了为什么大庆会战从一开始干部群众就是那样地重视"第一性资料"，为什么要大办"地宫"，是什么力量支撑他们攻克一道道技术难关……这些鲜活的事例，一次次改变着笔者对大庆固有的印象，也驱使着笔者不断探寻大庆成功的真谛。

  大庆会战之所以能够成功，和大庆人"三老四严"作风，即当老实人、说老实话、办老实事的工作作风有关。靠"三老四严"，保证了各项工作脚踏实地，说到做到，从不放空炮。"三老"，本质上解决了实事求是的工作态度问题；"四严"，即对待任何工作，要有严格的要求、严密的组织、严肃的态度、严明的纪律，以此为基础，再用严细的标准、实事求是的态度，才能把工作落到实处；在具体工作过程中，"严、细、准、狠"的严格要求，切实保障了将高昂的革命热情纳入到尊重科学、按客观规律办事的轨道上来，使各个环节的工作落实不走样，不脱离客观实际。

  大庆人有着自觉将"三老四严"的工作作风和求真务实的科学精神相结合的实践品格，越是知之甚少，越要坚持科学精神，越是要坚持实事求是，把遵循科学规律贯穿到决策、指挥、管理、生产的全过程。这就是大庆成功的真谛，这就是大庆精神铁人精神的精髓！大庆精神是中国共产党领导人民在社会主义建设实践中既讲精神，又讲科学，并使二者完美结合的典范，也是我们干事创业的基本遵循。

  60多年过去了，蓦然回首，我们今天在中美战略博弈大背景下所面临的国际环境，与20世纪60年代大庆会战时有似曾相识之处，此时，尤显先辈们为我们所留下的精神弥足珍贵。一个民族要实现复兴，既需要强大的物质力量，也需要强大的精神力量。大庆精神铁人精神所放射出的时代光芒，所体现出的精神实质，将永远激励我们在中华民族伟大复兴的征程上砥砺前行。

郭岗彦

2020年10月

目 录

绪论 …………………………………………………………………… 1
 第一节 大庆精神铁人精神的源流 ……………………………… 1
 第二节 学习大庆精神铁人精神的时代意义 …………………… 2
 第三节 开设"大庆精神铁人精神概论"课程目的 …………… 4
 第四节 学习大庆精神铁人精神应注意的问题 ………………… 6

第一章 石油在旧中国 ………………………………………………… 9
 第一节 新中国成立以前的石油简史 …………………………… 9
 第二节 中国共产党与石油的缘分 …………………………… 18

第二章 新中国艰难起步的石油工业 ………………………………… 28
 第一节 "中国贫油论"的由来与瓦解 ………………………… 28
 第二节 新中国成立初期的石油工业 …………………………… 33
 第三节 石油勘探战略东移 ……………………………………… 38

第三章 决定命运的大会战 …………………………………………… 45
 第一节 发现大庆油田 …………………………………………… 45
 第二节 开展石油大会战 ………………………………………… 54
 第三节 甩掉"贫油"帽 ………………………………………… 68

第四章 大庆精神的产生 ……………………………………………… 77
 第一节 毛主席号召"工业学大庆" …………………………… 77
 第二节 大庆精神的凝练过程 …………………………………… 86
 第三节 领袖的关注与关怀 ……………………………………… 94

第五章　铁人精神的形成 ······ 106
第一节　从苦命娃到钻井闯将 ······ 106
第二节　泪洒"沙滩"而争当铁人 ······ 112
第三节　拼命也要拿下大油田 ······ 124
第四节　守初心而不忘使命 ······ 132
第五节　用生命铸就英魂 ······ 144

第六章　靠"两论"起家、"两分法"前进 ······ 157
第一节　《实践论》《矛盾论》的神奇功效 ······ 157
第二节　"两分法"是前进的动力 ······ 165
第三节　抓工作总结，奠定成功之路 ······ 171

第七章　革命热情与科学精神 ······ 178
第一节　探索用群众运动搞大工业 ······ 178
第二节　科学技术是第一生产力 ······ 185
第三节　政治工作要以生产为中心 ······ 195

第八章　作风建设及其实践 ······ 204
第一节　落实"三个面向""五到现场" ······ 204
第二节　践行"三老四严""四个一样" ······ 211
第三节　首创岗位生产责任制 ······ 220

第九章　大庆精神的精髓 ······ 227
第一节　作风是魂　魂系根本 ······ 227
第二节　好字当头　严细成风 ······ 233
第三节　踏石留印　抓铁有痕 ······ 241

第十章　弘扬大庆精神铁人精神　铸就新的辉煌 ······ 249
第一节　大庆精神铁人精神是中华民族精神的瑰宝 ······ 249
第二节　大庆精神铁人精神是伟大的时代精神 ······ 256
第三节　大庆精神铁人精神是民族复兴的精神动力 ······ 263

参考文献 ······ 272

后记 ······ 275

绪 论

第一节 大庆精神铁人精神的源流

大庆精神产生于20世纪60年代,是我国石油工人在当时极其困难的条件下,继承和发扬我党、我军和工人阶级独立自主、自力更生、艰苦奋斗的优良传统,开发和建设大庆油田的思想产物。大庆精神铁人精神源于我党的优良传统,传承了中华民族自强不息、勤劳勇敢、奋发有为和锐意创新的优秀精神品格。

发生于20世纪60年代的那场艰苦卓绝的石油大会战,不仅为国家奉献了一个特大型世界级油田,而且培育了大庆精神铁人精神。在石油大会战中,面对恶劣的创业环境,以王进喜为代表的石油人胸怀报国之志,以坚定的信念,尊重科学、苦干实干的精神进行艰苦创业。可以说,大庆精神凝聚了一代代大庆人舍小家为大家的家国情怀,"爱国、创业、求实、奉献"的大庆精神铁人精神,从那时起就深深根植于大庆人的血脉之中,成为大庆人不断前行的动力。

从形式上看,大庆精神铁人精神产生于大庆石油会战,实质上它的根源在中华优秀传统文化,它是在继承中华民族优秀传统基础上而产生的石油精神。中华优秀传统文化是大庆精神铁人精神的思想源泉。众所周知,中华优秀传统文化是中国人民在长期的历史实践中创造和发展出来的一整套内容博大精深、寓意深刻、具有普世价值性的文化体系,是中华民族贡献给人类的精神财富。它凝聚了中华民族的精神特质,反映了中国人的精神追求,也是自古以来我国经济社会发展的精神动力。

中华民族精神具有很强的包容性，它不仅包括杀身成仁、舍生取义、严于律己、舍己为人的无私奉献精神，独立自主、自力更生、自尊自强的奋斗精神，而且还包括"天下兴亡、匹夫有责"的爱国主义精神。大庆精神主要源自中华民族精神和革命精神。

华夏文明，上下五千年。一部中华文明与民族精神的发源史，就是一部敢于抗争、百折不挠的民族史。千百年来，中华民族历经磨难而信念更坚，饱尝艰辛而斗志更强。从精卫填海到愚公移山，从大禹治水到黄帝立国，从革故鼎新到抵御外侵，我们可以清晰地看到中华民族的先辈们在与大自然的抗争中，逐步形成了勤劳勇敢的开拓进取精神、坚忍不拔的拼搏精神，并逐步凝聚为一种民族精神，融化到每一个中华儿女的血液中。"天行健，君子以自强不息"，就是对这种民族精神的形象表述。中国共产党诞生于中国大地，继承了中华民族优秀品质，为了民族独立、人民解放，在艰苦卓绝的革命斗争中创立了"红船精神""井冈山精神""长征精神""延安精神""西柏坡精神"等。大庆精神铁人精神，既源于中华民族精神，又是对中国共产党精神的继承和发扬。

大庆精神具体概括为：为国争光、为民族争气的爱国主义精神；独立自主、自力更生的艰苦创业精神；讲求科学、"三老四严"的科学求实精神；胸怀全局、为国分忧的奉献精神。简称为"爱国、创业、求实、奉献"。

铁人精神是大庆精神的人格化、具体化，其内涵集中表述为："为国分忧、为民族争气"的爱国主义精神；"宁可少活20年，拼命也要拿下大油田"的忘我拼搏精神；"有条件要上，没有条件创造条件也要上"的艰苦奋斗精神；"干工作要经得起子孙万代检查""为革命练一身硬功夫、真本事"的科学求实精神；"甘愿为党和人民当一辈子老黄牛"埋头苦干的奉献精神等。

铁人精神与大庆精神相伴而生，一般同时表述为"大庆精神铁人精神"。

第二节 学习大庆精神铁人精神的时代意义

在中国特色社会主义新时代，大庆精神铁人精神不仅不能丢，应该继续传承，发扬光大，而且应不断赋予其新的时代特征，使其焕发出蓬勃生机与活力，大庆精神在中国特色社会主义新时代比以往任何时候都更加重要。

第一，大庆精神铁人精神是时代精神的展现。"爱国"绝不是一句空洞的口号，在不同的时代有着不同的内涵。大庆人用实际行动证明了什么是爱国，什么是爱国主义，什么才是爱国主义精神；"创业"不是简单地创造一项事业，完成一项工程，建设一个企业，而是把创业变成一种精神，一种动力，一种享受，一种成就。大庆人的创业不仅是创建大油田进行原油生产的过程，也是实现其远大理想的过程。在此期间，"求实"始终是大庆人心中的一个基本原则，讲求实际，做好每一件事，不夸夸其谈。正是由于大庆人科学务实的态度，才使他们克服了一个又一个困难，解决了一个又一个难题，创造了一个又一个奇迹，做出了一个又一个贡献；"奉献"是大庆人奉献给国人、奉献给时代最珍贵的精神财富。大庆人创造的"大庆精神铁人精神"，不仅仅是一个企业的精神，更是一个时代精神的展现，是这个时代所有为社会进步、人民幸福、国家富强而努力的人们的集体精神。

第二，大庆精神铁人精神是民族精神的浓缩与升华。如果把大庆精神仅仅理解为大庆人的精神，那是十分狭隘的。中华民族五千年留下了许多宝贵的精神财富，如"先天下之忧而忧，后天下之乐而乐""安得广厦千万间，大庇天下寒士俱欢颜""生当作人杰，死亦为鬼雄"等等，所有这一切都是中华民族精神的象征。大庆精神铁人精神是对中华民族精神的高度浓缩与升华，是对中华民族精神的发扬光大。对大庆精神铁人精神的理解，应当融入中华民族精神之中，融入五千年的辉煌历史之中。认为大庆精神铁人精神已经过时的人是对大庆精神铁人精神的片面理解，是对中华民族精神的精髓领悟不深刻。认为大庆精神不适应市场经济要求的人，不仅不了解大庆精神，而且也不了解市场经济与大庆精神的内在联系。市场经济并不排斥大庆精神，大庆精神需要赋予其市场经济的内容，市场经济更需要大庆精神的洗涤和净化。

第三，大庆精神铁人精神是智慧与力量的象征。有人认为，大庆人只会苦干、蛮干，不会巧干、灵干；大庆人只会用身体创造财富，而不会用智慧创造财富等等。这些观点是对大庆精神的曲解。大庆能有今天，能为国家建设做出如此巨大的贡献，除了大庆人不怕牺牲、艰苦创业的精神之外，还与大庆人善于利用人类的文明成果有关。大庆原油产量连续27年高产稳产，这一成绩的取得不是仅仅依靠身体、依靠吃苦精神就能完成的。大庆精神不仅代表着力量，更代表着智慧。它也不仅仅是一个人或几个人的智慧与力量，而是所有大庆人的智慧与力量，是整个中国人的智慧与力量的象征。

第四，大庆精神铁人精神是实现民族复兴的动力。中国要实现民族复兴，没有爱国精神不行；中国要富强，人民要幸福，社会要发展，没有创业精神不行；目前我国社会经济改革已进入深水区，许多难题亟待解决，许多事情需要落实，没有求真务实精神不行；世界正在经历百年未有之大变局，中国还有险滩需要闯、暗礁需要过，没有奉献精神不行。今天，我们重温大庆精神铁人精神，就是要"不忘初心，牢记使命"，把这种精神运用到实际工作中去，运用到经济和社会发展中去，运用到全心全意为人民服务的事业之中去。

第三节 开设"大庆精神铁人精神概论"课程目的

"为政之要，惟在得人"，"育才造士，为国之本"。人才是实现民族振兴、赢得国际竞争力的战略资源，而高等学校则肩负着为国家培养人才、为国家建设提供坚实的人才保障和智力支撑的重任，需要为国家培养出众多德才兼备的高素质人才。目前，党和国家教育部门都非常重视和强调德育，要求立德树人。因此，加强大学生思想政治教育，尤其是红色革命教育是非常必要的，而学习大庆精神铁人精神正是题中之义。在大学开设"大庆精神铁人精神概论"课程，既是时代发展对教育提出的必然要求，也是高等学校立德树人的具体措施，具有重要的现实意义。在新时代，培育和践行社会主义核心价值观，弘扬并传承大庆精神铁人精神，使大庆精神铁人精神融入大学生的血脉中，实现立德树人教育方针，对实现为社会主义培养合格建设者和可靠接班人的终极育人目标，具有重要的意义和价值。因为社会主义核心价值观是中国特色社会主义的文化精髓和当代中华民族的精神底蕴。核心价值观，承载着一个民族、一个国家的精神追求，体现着一个社会评价是非曲直的价值标准。社会主义核心价值观的作用是通过其规范功能、定向功能和驱动功能来实现的。在当代中国社会历史条件下，多样化的价值观并存已经成为不争的事实，因此，要求大学生学习大庆精神铁人精神，对培育和弘扬社会主义核心价值观具有重要的意义。同时，党的十八大以来，以习近平同志为核心的党中央，要求全面贯彻党的教育方针，坚持教育为社会主义现代化建设服务、为人民服务，把立德树人作为教育的根本任务，培养德智体美劳全面发展的社会主义建设者和接班人。将大庆精神铁人精神融入大学课程思政之中，以大庆精神铁人精神感染和感化大学生，就能使其内化于其心，外化于行，从而实现培育合格接班人的教育目标。

对大学生而言，学习和传承大庆精神铁人精神，树立正确的世界观、人生观、价值观大有裨益。学史可以看成败、鉴得失、知兴替。常言道："富润屋，德润身。"学习大庆精神铁人精神，不仅可以丰富历史知识，又可开阔眼界和胸怀，陶冶高尚情操，提高思想境界。因此，对大学生开设"大庆精神铁人精神概论"课程是必要的。同时，学习大庆历史经典可以使学生领悟前辈创业之艰辛、窥探石油开发之规律、端正为人处事之态度；弘扬大庆精神铁人精神，可以激励大学生不断奋进。"知古不知今，谓之陆沉；知今不知古，谓之盲瞽"，大庆精神铁人精神也能使大学生加强民族自信。

开设"大庆精神铁人精神概论"课程能培养学生以下四方面能力：

第一，学习大庆精神铁人精神可以提高学生分析问题的能力。例如对大庆创业中"糖葫芦封隔器"的创造发明过程，了解其发生的历史背景、经过、结果及作用，能训练学生的逻辑思维能力、审慎思维能力，培养学生多维度思辨能力。

第二，学习大庆精神铁人精神有利于提升学生的思想境界，培养正确的世界观、人生观和价值观。所谓"智者达观三世，念念知非；愚人只重目前，憧憧造恶"。如大庆创业历史资料中记载的王进喜"奋不顾身跳进泥浆池搅拌泥浆"的英雄事迹，反映了王进喜的忘我拼搏精神，说明其思想境界是何等高尚。这样的历史资料自有荡涤人心、资政育人的作用。

第三，学习大庆精神铁人精神能培养大学生的独立思考能力。我国著名的教育家陶行知先生说："我认为好的先生不是教书，不是教学生，而是教学生学。至于怎样学，就需要教师的指导，'教'是为了达到不需要教。"因此，培养学生的学习习惯和学习方法，是教师教学的一项主要任务。新一轮课程改革以弘扬人的主体性、能动性、独立性为宗旨，在学习方式上特别强调和提倡自主学习。教学是一个很好的载体与策略，能够创设一个引导学生主动学习的环境，提高学生自主学习的意识和能力，变被动学习为主动学习。在学习大庆精神铁人精神时，要注意培养学生"不盲从，不跟风，行为处事有见地"的独立精神。如怎样历史地评价"工业学大庆"运动，科学分析大庆石油会战中提出的"重视第一性资料"的历史贡献等。大学生要充分依据历史资料，运用马克思主义、毛泽东思想的立场、观点和方法去分析问题解决问题，训练其独立思考能力，培养其独立精神。

第四，学习大庆精神铁人精神还可增强大学生的历史认同感和民族自豪感。大庆油田建立对我国石油工业发展意义深远。如果没有大庆石油会战，没有大庆油田，我国要想甩掉"贫油帽"不知还需多久，中国的崛起也是一个不可完成的任务。大庆油田的诞生，标志着中国石油工业的崛起，也拉开了新中国石油工业快速发展的序幕。了解大庆油田建设历程，学习大庆精神，感受大庆油田发展成就，可以增强学生的历史认同感和民族自豪感，从而激励大学生在新时代奋发有为、开拓进取。

第四节 学习大庆精神铁人精神应注意的问题

一、学习视角

自 20 世纪 60 年代初大庆精神铁人精神产生以来，国内学者就对其进行了深入广泛的研究，成果丰硕。党的十八大以后，研究更加广泛深入，呈现出了许多新的成果。其中，最突出的特点是大庆精神研究的理论视角发生了重要转变，从以哲学视角为主向多角度、多层次、更全面、更丰富的视角发展，具体涵盖了政治学、党建学说、领导学、管理学、社会学、文化学等众多学科领域。因此，学习大庆精神铁人精神的视角也应随之变化。

众所周知，马克思主义哲学是大庆精神形成的理论基础。不可否认，从哲学视角学习大庆精神无疑是正确的，但是仅仅从哲学视角来学习大庆精神，还不能充分体现出大庆精神深厚、广博的理论基础，必须以多样化的学习视角进行学习。这样不仅可以提升大学生对大庆精神的认识层次，而且还能使其在学习中抓住大庆精神的实质，为践行大庆精神打下坚实的基础。同时，多角度的理性透视，更有助于大学生将理论与实践相结合，正确看待当今社会发展遇到的问题，增强学生的理论定力和战略思维能力，使其在以后的工作中能够自觉运用大庆精神解决实际问题。

目前，中国特色社会主义进入新时代，我国社会主要矛盾发生了深刻变化，经济社会发展不断出现新情况、新问题，这就要求我们在学习研究大庆精神铁人精神时不仅要从哲学角度学习，还要从政治经济学、科学社会主义、党史党建等方面不断拓展大庆精神研究的理论视角，深入学习大庆精神铁人精神，以多样化学习的视角来全面、正确地把握大庆精神铁人精神的科学内涵，深入领会其精神实质，在理论与实践的结合上下功夫，着力在实践中掌握它、运用它、发展它，使大庆精神更好服务于现实发展。

二、学习方法

唯物辩证法是一切科学研究的根本方法，学习大庆精神铁人精神特别要强调应用以下四种方法。

1. 动态研究法

学习是一项复杂劳动，必须把学习研究置于一个动态的过程中。大庆精神铁人精神有它产生的时代背景及历史条件，认识其本质内涵，把握其精髓，是学习研究大庆精神铁人精神的关键。只有准确认识大庆精神铁人精神的本质特征，才能灵活运用其指导当前的工作，避免生搬硬套现象发生。因为大庆精神铁人精神是在20世纪60年代初的石油大会战中产生的，只有站在当时历史背景和条件下去体悟，才能深刻理解大庆精神铁人精神的实质，继承和发扬"爱国、创业、求实、奉献"大庆精神，并且在新时代不断赋予其新的内涵。

2. 理论与实际相结合的方法

在"大庆精神铁人精神概论"教学中运用理论与实际相结合的方法。在讲述大庆创业史时，要始终以马克思主义唯物史观为理论基础，对大庆开发建设中的具体的人和事进行科学的理论分析，培养学生分析问题、解决问题能力。同时，应运用唯物辩证法、毛泽东思想及习近平新时代中国特色社会主义等理论，积极引导学生学习大庆精神铁人精神，培养其健康积极的价值观、人生观，弘扬正气。

3. 案例教学与讨论教学相结合

案例教学，即教师通过讲述教材或现实中的典型事例，提出若干个问题，让学生运用一定理论加以分析的方法。该方法能有针对性地回答一些热点、难点问题，给学生以深刻印象。

讨论式教学，即组织学生围绕教材内容展开课堂讨论或辩论，教师最后进行点评或对重点进行讲解的方法。这种方法有助于培养学生独立思考能力。

这两种方法，各有优点，也有各自的不足，如果将二者结合起来，将会收到更好的教学效果。

4. 坚持运用史证方法

坚持"论从史出、史由证来"这一历史研究和历史学习的基本原则。因为历史是过往的，又是单向的，而历史真相的重现有赖于对史料的占有和考证，所以基于史料的实证是还原史实的最基本方法。但是通过实证还原史实并不如想象中那样"中立""客观"和"科学"，因为实证还常常受到观点、立场和认识水平的影响。

在研究"大庆石油会战"的过程中，如果遇到了如下问题，该如何解决？例如：关于大庆石油会战的性质，学界说法不一。第一种观点认为，大庆石油会战就是搞人海战术，有蛮干性质；第二种观点认为，大庆石油会战是因时而动的，是国家建设所需，是合理、科学的。若支持第一种观点，则有哪些史料作为证据？理由是什么？若支持第二种观点，又有哪些史料作为证据？理由又是什么？

不论支持哪一种观点，都需要学生着眼于历史事实进行实证，即考察学生的时空观念和史证方法；同时还要考察学生从经济、政治、文化等因素进行综合分析的能力。因此，类似这样的问题可以说是凸显了历史学科基于实证、着眼综合的学科特点，值得倍加关注。总之，历史教学要重视实证意识、实证方法的培养，重视史料实证素养的形成，同时也要注意不能局限于实证，要能从"实证"到"实证后"，善于运用多样的学习方法，关注历史学科素养的全面提升。

第一章 石油在旧中国

第一节 新中国成立以前的石油简史

一、古代中国对石油的发现和应用

我国人民使用石油和天然气具有悠久的历史。我国是世界上最早发现和利用石油天然气的国家之一。

1. *石油的最早记载和应用*

在古代，人们发现和利用石油比有文字记载要早很多。根据已经发现的史料证明，我国是世界上最早发现和利用石油的国家之一。

早在公元前一二世纪，我国古代的先民就在陕北一带发现了石油，东汉著名历史学家班固所著《汉书·地理志》中记载"高奴，有洧水可燃"。高奴，即今天的延长县一带，洧水是指延河的一条支流。这是世界上最早记载有关"石油"的文字。随后的魏晋以及唐宋的史书分别记载了不仅在陕北，而且在甘肃酒泉、新疆库车以及准噶尔盆地南缘，都发现了石油（古称石漆、石子水、火油等）。

早在公元前的秦汉时期，我国古代劳动人民在钻凿水井和盐井的过程中，就发现了天然气及其可燃现象，当时，人们称之为"火井"。

"石油"这一名称，是 900 多年前我国宋代著名科学家及政治家沈括提出来的。沈括（公元 1031—1095 年），钱塘人，字存中，嘉祐进士，后拜翰林院学士，对天文、地理、物理、律例、音乐、医学、军事等都很有研究。公元 1080 年，宋神宗派他担任鄜延路经略使，负责陕北一带的军事。沈括在陕北任职期间,对延长一带的石油亲自做了考察,并采集原油,烧炭黑,用炭黑制墨,对石油的产状、性能、用途做了详细的研究。根据亲自观察和实践,他认为石油"生于水际砂石"之中,"与泉水相杂,惘惘而出",和其他的油类不同。于是沈括就把它科学地称为"石油"。沈括所著《梦溪笔谈》中记载:"鄜延境内有石油,旧说,'高奴县出脂水',即此也",并提出了"石油至多,生于地中无穷"的科学论断。至此,"石油"这一名称沿用至今。

沈括一生中到过不少地方,对许多地质现象和矿产情况做过考察研究,并提出了不少独到的见解。对石油的观察和科学记载生动具体,很有预见性。900多年前沈括就能作出"石油至多,生于地中无穷"的科学论断。

沈括著《梦溪笔谈》

中国古代对石油和天然气的利用已相当广泛,距今2000多年前,中国西北地区的人们就知道漂浮在水面的石油"然(燃)之极明",常用鸡毛蘸取等方法,把石油收集盛入容器,用以点灯。唐、宋以来开始利用石油制作照明用的"石烛"和能够书写的"石墨",沈括曾亲自制作石墨,其光亮如漆,效果超过人们常用的松墨,他把这种"墨"称作"延川石液"。

北魏郦道元所著的《水经注》中曾有"用石油'膏车'及水碓缸甚佳"的记载,"膏车"就是指把石油加注在用水力舂米的机械设备的轴上,效果非常好。

元朝《元统一志》中记述："延长县南迎河有凿开石油一井，其油可燃，兼治六畜疥癣，岁纳壹百壹拾斤。又延川县西北八十里永平村有一井，岁纳四百斤，入路之延丰库。"可见当时石油已用于医药并作为一种税赋上缴。

2. 对天然气的开采与应用

中国古代对天然气的开发与利用，主要集中在四川盆地。早在东汉时期，在钻凿盐井时，人们便在井内发现了天然气，并用它生火做饭、熬卤熬盐。

从北宋中期到宋末元初（公元 13 世纪初），人们开始主动对四川自贡、富顺和茶县一带的浅层天然气进行开采利用，这是世界上最早投入开采的天然气田之一。

大约距今 1000 年前后，四川地区出现了以简单的机械冲击钻凿方法代替人工凿井的顿钻技术，以此法钻凿的井口如碗口大小，井深可达 50 丈。为了防止井壁塌陷或分隔水层，人们将相当口径的竹管下入井下至一定深度，把这种井叫"卓筒井"，"卓筒井"的出现，是我国古代钻井工艺技术的重大创新。到公元 13 世纪初，又出现了由畜力代替人力的钻井绞盘，进一步促进了这一技术的发展。至明代时，中国已有了一整套完整的钻井、打捞、完井工艺方法和程序。曹学佺编著的《蜀中广记》一书中的《井法》、宋应星编著的《天工开物》一书中的《作咸》，都系统地总结了 11 世纪 40 年代到 17 世纪 30 年代我国在钻井技术等方面取得的成就。《井法》以文字为主，《作咸》则以图画为主，它们是总结我国古代钻井技术的姊妹篇。英国科学家李约瑟编著的《中国科学技术史》，介绍了中国古代深井钻掘技术及其于 11 世纪传入欧洲的情况。他认为，直到 1900 年以前，世界上的油气井基本上都是采用中国人民创造的办法打成的。原苏联有人说他们在 1848 年钻成了"世界上第一口油井"，并说"巴库是世界石油工业之父"。美国也自称是"石油创始国"，因为它在 1859 年钻成了"世界上第一口石油井"。其实这些与我国北宋时期在"三延"（延安、延长、延川）钻凿的第一批油井相比要晚 600 多年。美国第一口井的深度只有 21 米，而据《蜀中广记》所载，我国在明朝正德末年，即公元 1521 年在四川嘉川已经钻成了上千米的井。尽管当时工具简陋，但其方法和程序，基本与现代钻井一致，中国古代钻井技术，在世界钻井史上留下了光辉的一页。

随着天然气的开发,人们还利用木头和竹筒,发明了一种叫"笕"的输气管线系统。这在缺乏钢铁等金属的时代是一项重大的创造。这种管线能翻山越涧,乃至穿过河底,将天然气或盐水输送到一二十里外。到明朝中后期,自流井天然气的开发规模已相当庞大,地面管线形成了完善的集输系统,输送长达二三百里远。

自流井盐水过笕

3. 石油在古代军事上的应用

我国人民把石油应用到军事上并积累了丰富的经验。三国时期,在著名的"赤壁之战"中,周瑜就是用石油做燃料发起火攻,克敌制胜的。据《三国志》记载,周瑜用十几只小船,船上装满柴草,并以"膏油灌其中",各船同时发火,"倾之烟炎张天",火势迅速蔓延,创造了火攻取胜的著名战例。这种具有猛烈燃烧性能的"膏油",就是石油。明代茅元仪编辑的《火龙经》一书,汇集了诸葛亮的军事思想,对其用"膏油"做火攻武器给予了很高的评价。他在序言中写道:"石油可以焚舟"。又如《元和郡县图志》记载了公元578年,酒泉人民用石油焚毁了突厥贵族入侵的攻城武器,保卫了酒泉城。当时,应战争之需,各种用石油制造的火攻武器也得到了发展,《诸葛武侯秘史》记载了三国时期的蒺藜火球、烟球、毒药、引火球等,它们的成分中都含有沥青。北宋曾公亮在《武经总要》中也记载了"盛以油炽炭"的火车,"膏油纵火焚城"的工具是一种具有火药的名为"火罐"的武器,这种武器附有"猛火油"(即石油)柜装置。由此可见,我国将石油用于军事,比外国要早很多。

我国在发现和利用石油和天然气方面,曾创造过光辉的历史,为人类做出了重要的贡献。但相比而言,在长期的封建统治下,我国除在天然气的开发利用方面有所发展之外,对石油的开发始终处于原始状态。中国石油的工业化,直到近代在洋务派官僚推动的洋务运动中才开始出现。

二、近代中国的石油工业

古代中国在发现和利用石油和天然气方面,曾一度处于世界的领先地位。但近代中国的石油工业,却是在中华民族一步步陷入半殖民地半封建社会过程中出现的,必然与民族的命运和国家的兴衰相伴。它产生于19世纪中叶洋务派官僚和早期资产阶级改良派推动的洋务运动中,自从诞生之日起,就受到外国侵略势力和国内封建势力的双重阻挠和压制,充满艰辛,惨淡经营,步履维艰。

1. 中国近代石油工业的开端——台湾苗栗油矿

1861年在我国台湾省的苗栗县发现了石油,其后当地人曾用土法开采。1877年,清政府两江总督沈葆桢去台湾巡视,与福建巡抚丁日昌合议,拟将此地油矿收归官办,于当年奏请清廷获准。他们于1878年从美国聘请钻井技师两名,购进石油钻井机械一套,组成了中国近代石油史上的第一支钻井队。在苗栗钻探的第1口井,深约120米,日产油约750公斤。这是中国使用近代顿钻打成的第1口油井。在钻第二口井时,因事故不能排除,钻探中断。1885年,台湾改设行政省,首任巡抚刘铭传就开发苗栗石油问题再次上奏朝廷,于1887年获准成立矿油局,委派统领林朝栋主持其事。1887年至1890年,他们在苗栗出磺坑(现名出矿坑)共钻了5口井,其中仅有一口井出油,产量也很低。因设备很差、资金缺乏,刘铭传打算引进外资开发油矿,却遭到清廷的强烈反对。1890年,刘铭传被革职,新任巡抚邵友濂将苗栗油矿查封,直到1895年台湾被日本侵略者占领。

2. 中国大陆上最早的油矿——延长油矿

延长的石油露头,是早为世人所熟知的事,因此不断有洋人去那里考察勘探。1905年陕西巡抚升允向清廷奏请试办延长油矿并获准,从而设延长石油官厂。1907年,延长石油官厂从日本聘请技师、技工共7人,购进一部顿钻钻机,于6月5日开凿延长1号井。这口井于9月6日完井,井深80多米,日产原油1至1.5吨。石油官厂的工人用自产原油试炼的煤油点灯,光白烟微,不比"洋油"逊色,延长遂由此闻名。至1911年,延长油矿工人已能单独操作机器钻井,但在其所钻3口井中,仅有一口井见油。由于资金和设备短缺,不仅不能扩大勘探,而且连维持现状都很困难,油矿处于半停顿状态。

1907年修建的延长石油厂大门

中国陆上第一口油井——延长1号井

第一章 石油在旧中国

1914年，北洋政府同美国美孚石油公司签订了开发延长石油的合同，成立中美油矿事务所，在延长、延安、安塞、甘泉、宜君等地钻探，共钻井7口，因没达到预期的效果，便于1916年停止了钻探工作。此后，延长油矿由中国人自主开发。从1924年到1935年共钻井15口，其中有12口见油。在此期间，地质学家王竹泉、潘钟祥等多次到陕北做过地质调查。

3. 新疆独山子油矿

20世纪初，中国一些地质学家就曾勘察过独山子油苗及克拉玛依沥青丘的状况。1909年清朝新疆地方政府官吏筹集文银从俄国购进钻机、制烛机等，聘请俄国工匠在独山子开凿油井，同时将购进的蒸馏釜，安装在乌鲁木齐工艺厂。至此，新疆开始有了近代石油开采业和炼制业。但两年后，因经费困难而停办。1936年春，国民党新疆地方政府同苏联合作开采独山子油矿，至1943年合作终止。在此期间，共钻井33口，年产量最高的1942年，其原油产量为6909吨。1944年8月国民党政府资源委员会甘肃油矿局乌苏油矿筹备处成立，独山子油矿恢复生产，但不到一年又停产，直到新疆和平解放，一直处于小规模开发状态。

4. 四川的天然气

四川盆地丰富的天然气资源，早就引起了国内外石油地质界的关注。1866年后，一些外国地质学家陆续到四川做地质调查，国内学者也纷纷前往进行勘查、研究工作，先后发现了120多个地质构造。1936年，国民政府资源委员会四川油矿勘探处成立。同年11月，该处派人在巴县石油沟钻第1口探井（巴1井），两年后完成，井深1402米，获得了工业性天然气流。从1937年至1949年的12年中，巴县和隆昌一带，共钻井6口，完井5口，进尺5598米，但仅在石油沟和圣灯山各钻获一口低产气井。

5. 东北地区的人造石油工业

中国东北地区的矿产资源早就为日本帝国主义所觊觎，1905年日俄战争后，日本侵略势力侵入中国东北地区，从1928年起利用在辽宁、吉林发现的油页岩，陆续建立了抚顺西制油厂、桦甸页岩油厂，以及抚顺东制油厂的60台干馏炉，还在锦州、锦西、吉林建了煤炼油厂。在此期间曾进行过一些石油勘探,但无所收获,遂加紧发展人造石油。1942年页岩油最高年产量曾达25.7万吨,煤炼油年产量约2.4万吨。1946年3月国民政府接收了这些企业,接收人员大量盗卖资材和设备,致使生产受到严重破坏,到1948年东北全境解放时,人造油厂只有极少数设备维持生产。

6. 中国石油工业的摇篮——玉门油矿

玉门油矿是旧中国投入开发规模最大、产量最高的油田,是以孙健初为代表的中国老一辈地质家和矢志开发祖国石油资源的仁人志士,在抗日战争的烽火硝烟中兴办起来的。他们为玉门油矿倾注了极大的爱国热忱,付出了艰苦的劳动。

玉门一带的油苗,从19世纪末开始已被中外地质专家所重视,俄国等外国地质专家曾在此做过地质考察,并试图开办油矿,但均以"距省太远,运销不便"为由而终止。

1921年地质家翁文灏、谢家荣到玉门一带进行过地质调查。1928年,地质家张人鉴对赤金堡、白杨河的石油也进行过调查,但他们的开发报告和论文因政局动荡,而没有引起当局的重视。

翁文灏(1889—1971年),浙江鄞县(今属宁波)人,是中国第一位地质学博士,对中国地质学教育、矿产开探、地震研究等多方面有杰出贡献

第一章　石油在旧中国

谢家荣（1898—1966年），上海人，地质学家、矿床学家、中国地质学会创始人之一，1955年当选为中国科学院院士，最早提出地质理论找矿，倡导综合勘查方法

1937年，抗日战争全面爆发。在国民政府中央地质调查所任职的孙健初，与美国地质家将韦勒、工程师萨顿合作，对玉门石油地质进行调查。1938年，侵华日军占领了中国大片领土，沿海城市相继失陷，石油进口的通道几乎断绝，开发国内石油的呼声日渐高涨。4月，在翁文灏的主持下，国民政府资源委员会决定成立甘肃油矿筹备处，由严爽主持，再次派孙健初去玉门详查。同时，向汉口八路军办事处商借延长油矿钻机，1939年3月，从延长调运来的钻机运到老君庙，立即安装开工。第1口井于3月27日钻遇油层，日产油一吨多。之后陆续钻井4口，由此发现玉门油田的主力油层。1940年9月，资源委员会决定正式开发玉门油矿。从此，玉门油矿成为当时中国最大的油田，也是世界上开发最早的非海相油田之一。1939年至1948年的10年中，玉门油矿共钻井44口，总进尺2.2万米，共生产原油45.5万吨，约占1904年至1948年45年天然原油产量总和的72.3%。

第二节 中国共产党与石油的缘分

中国共产党与石油的缘分是从 1935 年 4 月 28 日,刘志丹领导陕北红军解放延长油矿开始的;后来在抗日战争的烽火中,中国共产党又鼎力相助、积极支持老一辈地质学家,为开发玉门油矿立下头功;解放战争中,中国共产党通过我国著名地质学家、共产党员严爽,团结、教育和吸引大批地质学家、工程师留守大陆,为新中国的地质工作和石油工业大发展作出了宝贵的贡献。

严爽(1895—1962 年),江苏泰兴人,石油工程专家。1927 年毕业于北京大学矿冶系。新中国成立后,历任燃料工业部石油总局副局长、石油工业部勘探司副司长,是我国玉门油矿主要创建者之一

一、中国工农红军占领延长油矿

1935 年 4 月 28 日,刘志丹率领中国工农红军解放延长县,继而解放永坪,接管陕北油矿勘探处本部及延长区和延长石油厂,同时将陕北油矿勘探处处长严爽等国民党委派的技术人员关押。同年 10 月,中央红军北上先遣队到达陕北,中华苏维埃共和国中央政府西北办事处国民经济部部长毛泽民了解情况后,决定恢复延长石油厂的生产,毛泽民与严爽进行了长时间的促膝谈心,研究如何恢复和发展石油生产,并任命他为延长石油厂厂长,高登榜为特派

员，迅速组织恢复延长和永坪两地的生产。

石油厂开工以后，毛泽民专程从瓦窑堡来到厂里，同全体技术人员见面，请大家吃了一顿稍加改善的午饭。他端起酒碗，逐个给大家敬酒。这充满信任的甘醇，就像一股清泉滋润着石油厂技术人员的心田；这满怀期待的烈酒，就像一把火炬，点燃了油矿技术人员的斗志。

在严爽领导下，石油厂先后为红军和边区政府生产出煤油、蜡烛、油墨及油印纸，并将之送到中央机关所在地——瓦窑堡。中央红军初到陕北时，中央机关晚上照明点灯用的是蓖麻油，烟大光弱，毛泽东通宵工作，一夜下来，脸被熏得黑黢黢的，两个鼻孔全是黑的。有了延长石油厂的蜡烛后，晚上警卫员每次为毛泽东点上两支蜡烛，光线好多了。红军大多为南方人，不适应北方冬天寒冷干燥的气候，普遍患上冻疮。严爽以石油做原料研制出治疗冻疮的凡士林药膏，使用后干裂的手脚很快愈合，效果特别好，还炼出了煤油、擦枪油、蜡烛、石墨等产品，供应中共中央机关和红军各部队。延长石油厂的产品，深受红军战士的喜爱，延长石油厂受到中共中央的表扬，严爽被授予"边区模范"。毛泽民与高登榜一起介绍严爽加入中国共产党。1936年底，严爽离开，后到美国留学。

1936年元月28日傍晚，毛泽东指挥中国人民抗日先锋队东征时，路过延长县。即将东渡黄河的毛泽东进驻延长县城，晚上住在石油厂工人何延年家里，当夜把石油工人请进他住的窑洞了解情况。第二天一早，毛泽东在县委书记高朗庭、县长谭生彬陪同下视察了石油厂，观看了采油、炼油的全过程。毛泽东的视察，使延长石油厂工人深受鼓舞，大家主动加班加点，想尽一切办法多生产石油，支援红军打胜仗。

二、党中央在延安时期的延长油矿

中共中央机关进驻延安后，延长石油厂开始了新的发展。1938年2月，上海的产业工人陈振夏、胡华钦、王凯等受中共中央组织部副部长李富春派遣，到延长石油厂进行调查。陈振夏是搞机械出身的，青年时代当过工人、船员、轮机长，"五卅"运动期间，被推选为上海中华电气制作所罢工委员会委员长。上海沦陷后，陈振夏辗转奔赴向往已久的革命圣地延安，到延长石油厂后，他立即收集了内战期间疏散的设备器材，着手恢复生产。1939年，延安自然研究院建立，同时成立了陕甘宁边区地质矿冶学会，武衡、莫汉（范慕汉）、汪鹏（汪家宝）、佟城等人均属于地质方面成员。1940年，陕甘宁边区地质矿冶学会的汪鹏和佟城等到延长进行石油地质勘探。当时延长石油厂共有职工50余人，只有永坪201井日产原油125公斤至150公斤。几年下来一直在"吃老本"，仅利用原有的油井采油，产量日渐萎缩。陈振夏清醒地意识到，不开新井是没有出路的，老井总有一天会彻底枯竭，经与技术人员、老工人考察合计，将新井的位置选择在西山洞。

打井需要工程材料，井架需用钢材，而边区钢材奇缺。穷则思变，陈振夏以木代钢，利用简陋的土法施工，除井架角柱用钢管外，其余都以坚硬木材替代，钻机底座、传动装置的承力立柱和横梁，用的也是硬木。1940年3月，延19井开工。由于设备落后，打井速度很慢，一昼夜只能打1米左右。陈振夏立下雄心壮志，一定要打出石油！经历了两个季度的苦战，石油终于涌了出来！延19井每天流出的原油高达1.6吨，自清末以来尽管油矿打过多口井，但从未有过这么高的产量，这口依靠简陋工具开采的油井是名副其实的"旺井"！

1941年12月，中央军委军工局任命陈振夏担任延长石油厂厂长，中共中央军委后勤部派第二军工局第一科工程师兼科长的汪鹏到延长石油厂主持技术工作。汪鹏毕业于清华大学地质系，他到厂后认真整理分析资料，仔细研究延长周围20多口老井的井位和生产情况，开展区域石油地质调查。他骑着马，带着皮尺和罗盘，依靠一个地质榔头和一张1∶50000的地质图，在西起安塞、东至黄河长达150公里的延河河谷，进行地面地质调查和大面积的测量工作。汪鹏在勘查范围内，终于在延长西南七里村一带找到一个新的储油构造，并在七里村鼻状构造上选定了七1井、七2井、七3井和七4井共4个井位。在广大群众的支持下，延长石油厂克服重重困难在七里村构造上开展钻探工作，最先钻探的是七1井，位于鼻状构造北翼的延河边油苗附近，至秋季先后在井深35.35米和79.46米钻遇油层，日产原油1~2吨，至此七里村油田被发现和开采。随后发现的七2井、七3井也相继钻成产油，但七4井却产油不多。汪鹏认为，延长旺井出油与地质裂缝有关。

由于延长统砂岩岩性致密，多数小产量油井急需增产措施。为了增加石油产量，延长石油厂职工积极钻研，大胆探索，不断革新生产技术。针对七1井和延3井，通过加深油井获得增产。封堵水层用的套管，是八路军缴获的日军

第一章 石油在旧中国

山炮筒,在堵水过程中,经过多次试验,创造了"空中套井法"并成功封堵。

1943年,在七1井加深至86.3米(延长组第14—15砂层)时获得高产油流并发生强烈井喷,喷出的油柱高达数丈,连喷9天,强行完井投产,最初日产原油96.3吨,一个月后日产原油仍达15.9吨,这是延长的第一口高产井。钻获这样高产量的油井,在延长油田开发史上尚属首次,这次石油勘探初期尝试技术革新带来的效益,轰动了陕甘宁边区。随后又加深延3井,获得自喷,日产原油11.6吨。两口高产油井的钻获,使1943年的原油产量达到1279吨,创历史最好水平,有力解决了当时陕甘宁解放区汽油、煤油、蜡烛等军民需要。炼油工人加强提炼,两套炼油釜昼夜开工,改敞口小火脱水为加盖大火脱水,由过去的3天炼1釜改为1天炼3釜,炼油量比过去提高了5.6倍。生产的产品不仅满足了陕甘宁边区的运输、照明、印刷等需求,还用部分产品换取了布匹和其他物资,直接支援了抗日战争,也对粉碎国民党政府对陕甘宁边区的经济封锁,发挥了积极作用。1944年5月22日,毛泽东同志为延长石油厂厂长陈振夏亲笔题词"埋头苦干",迄今仍为延长石油职工的企业精神。

延长石油厂厂长陈振夏

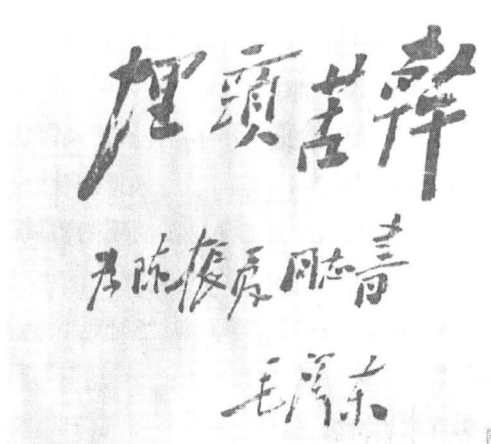

1944年,毛主席为陈振夏题词

陈振夏(1904—1981年),上海市崇明县港东乡人。1925年参加著名的"五卅"大罢工,被推选为上海中华电气制作所罢工委员会委员长。1937年到延安后任延长石油厂厂长,成为中国共产党领导下的石油战线上的第一任厂长。1944年毛泽东亲笔为他题词"埋头苦干",以表彰他的功绩。他还荣获陕甘宁边区政府劳动英雄和特等劳动模范的光荣称号。

1945年2月,加入中国共产党

1947年3月,国民党军队占领延安,延长石油厂停产。同年9月,延安彻底解放,延长石油厂又回到人民手中。1948年延长石油厂恢复生产,当年生产原油158吨,汽油产率提高到21%。1949年,延长石油厂在七里村打井4口,一些老井得到加深和改造,实现年产原油820吨,年产汽油176吨,有力地支持了人民解放军向西北进军。由此,从1907年钻成第一口油井,至1948年中华人民共和国成立前的42年间,石油勘探与开采活动主要集中在陕北"三延"地区,共钻井52口,累计进尺为12994米,共计算地质储量169万吨,累计产油6155吨。

三、为抗战国共合作开发玉门油矿

1937年"七七事变"爆发,国共二次合作,抗日民族统一战线初步形成。中国共产党积极支持和协助国民政府及爱国知识分子,对玉门油田进行开发建设,有力地支援了全国抗战。

抗战初期,日寇凭借优势兵力,迅速占领中国中东部半壁河山,中国铁路大半陷入敌手,沿海港口相继沦陷,进口石油通道几近断绝。而抗战大后方的交通运输又极度依赖汽车,汽油消耗巨大,竟出现了严重的"油荒",以至于有人喊出了"一滴汽油一滴血"的口号。抗战前,海运畅通,外油倾销,国民政府取给"洋油"便捷,并未重视石油开发。抗战爆发后,"国际交通梗塞,而汽油需要浩繁,供应问题,顿形严重"。为了应对日益窘迫的"油荒",各地纷纷寻找石油的替代品。在战时陪都重庆,或是使用巴县的天然气作为轮船燃料,或是使用木炭来发动公共汽车;在其他地方,有的利用酒精充代汽油,有的利用植物油提炼汽油……然而,这一切都不能从根本上解决汽油奇缺的问题。

1936年6月,围剿陕北红军的东北军短暂占领延长油矿,严爽离开延长油矿,出国深造。1938年,时任国民政府资源委员会主任委员、经济部长的著名地质学家翁文灏,电召严爽回国。1938年6月12日,甘肃油矿筹备处成立。严爽被委任为筹备处主任。1938年底至1939年初,被誉为"中国石油之父"的孙健初偕同甘肃矿物油矿筹备处主任严爽、测量员靳锡庚等人千里迢迢奔赴玉门勘探地质,制定石油开发方案。当年12月,在风雪严寒之中,第一批科学家和开发人员孙健初、靳锡庚、严爽等抵达玉门老君庙,至此,玉门

第一章 石油在旧中国

油矿开发正式拉开帷幕。

在紧张筹备的过程中，1938年5月，翁文灏专程赴汉口，拜会中共代表周恩来。翁文灏为什么要拜见周恩来呢？玉门开发与中国共产党又有什么关系呢？原来早在1934年，南京政府的国防设计委员会（委员长是蒋介石，翁文灏是秘书长）就成立了一个由著名工程专家孙越崎为处长的陕北油矿探勘处，在陕北延长一带进行石油探采。1935年红军进占延长后，油矿及设备均由红军接收经营。翁文灏拜访周恩来，就是想商请中共同意把原来丢弃在陕北的钻机等两套勘探设备，运往玉门从事勘探，协助开发玉门油矿。这两套进口的勘探机械，当时在国内算得上是稀缺的高科技设备，对玉门开发至关重要。周恩来当场"慨允照办"，并表示"同心为国，决无疑义"。果然，不久油矿筹备处人员在陕北得到萧劲光、高自立、李强等中共相关部门负责人的协助，钻机等设备被"毫无阻碍"地运往玉门。1939年5月6日，经周恩来协调用延长石油厂调运去的钻机在距老君庙北15米处开钻第一口油井，该井于8月11日出油，日产10吨。开发玉门油矿首战告捷。翁文灏闻讯之下，既有些意外又颇受鼓舞，认为："即此可见（共产党）一体为国之真诚，良可欣幸"。

玉门石油河

1939年3月13日1号井开钻,发现"K"油层

孙越崎（1893—1995年），浙江绍兴平水铜坑（今平水镇同康村）人。著名的爱国主义者、实业家和社会活动家，是中国现代能源工业的创办人和奠基人之一，被尊称为"工矿泰斗"

1941年3月16日，甘肃油矿筹备处撤销，成立甘肃油矿局，孙越崎任总经理，严爽任矿长，直至抗战胜利。

尽管创业之始困难重重，但甘肃油矿局还是提出了1941年产量比上一年提高9倍，生产汽油180万加仑的宏大目标。翁文灏亲到玉门视察，帮助解决实际困难。孙越崎率领科技人员、工人全力奋战，11月提前完成当年目标。

1942年8月，蒋介石到玉门视察，对他们在戈壁荒滩深处所取得的成就，深表嘉许。

整个抗战期间，玉门油矿从无到有，从小到大，历经了日机轰炸、1941年井喷大火和1943年特大洪水等重重艰难险阻，从1939年到1945年的7年间，共实现钻井

61口，生产原油7866万加仑，汽油1303万加仑，煤油511万加仑，柴油近72万加仑，此外还有石蜡等副产品。这些在今天来看微不足道，可在当时却给抗战增加了巨大的物质力量。因为抗战时期的四川、甘肃、陕西、新疆及宁夏、青海部分区域，凡所用油，皆赖其供应。

抗日战争期间，玉门油矿共生产原油25万吨，占同期全国原油产量的90%以上，为抗战胜利作出了重要贡献。1949年9月25日，玉门油矿获得解放。解放前10年，玉门油矿油田累计生产原油52万吨，占当时全国石油产量的95%以上。

更为重要的是，玉门油矿还培养了中国自己的石油工业队伍，为日后新中国石油工业的发展奠定了基础。总经理孙越崎也因开发和组织管理玉门油矿的成功，被授予1942年度中国工程师学会金质奖章。

四、石油人喜迎解放

严爽在陕北加入中国共产党的秘密一直没有暴露，由于他在暗中保护中共玉门油矿地下党支部，所以玉门油矿地下党支部直至解放都没有遭到任何破坏。新中国成立前夕，上海中国石油有限公司地下党组织开展护产斗争，作为总公司协理的严爽，在中共地下党的领导下，将中国石油总公司"员工励进会""员工福利会"改造成为"员工联合会"，使之掌握在共产党手中。这不仅保护了原中国石油总公司的绝大多数企业资产，而且将绝大多数高级技术人员留在了祖国大陆。

解放前夕的1949年8月，玉门油矿及中国石油公司上层爱国人士孙越崎、邹明采取果断行动，通过香港的中共组织与在北京的邵力子、钱昌照联系，电告中共中央玉门情况，请求解放军解放兰州后快速进军玉门。毛主席亲自批示"要保证玉门安全"。奉中央军委和彭德怀司令员之命，解放张掖的解放军第一野战军第三军一面派某团政治部主任黄诚提前进矿和护矿工人联络，做瓦解守护敌军工作，一面神速进军，一野三军九师的装甲部队在军长黄新廷率领下，一昼夜行军225公里，于1949年9月25日到达玉门，自此玉门油矿获得解放。

在此之前，中央曾指示第一野战军选派得力干部去玉门油矿作军事总代表，正在张掖的王震将军，知道三军九师政治部主任康世恩曾在清华大学学过地质，便向解放军总部推荐他，并得到了朱德总司令的批准。9月下旬，康世恩到玉门油矿，并任军事总代表。从此，他在党的领导下挑起了经济建设的重担，也与新中国石油工业结下了不解之缘。

康世恩（1915—1995年），河北省怀安县人，中华人民共和国石油工业和化学工业的开拓者之一，大庆石油会战时任指挥部总指挥，曾长期担任石油、能源管理部门的负责人。
曾任国务委员、国务院副总理、石油化学工业部部长等职

1949年9月，人民解放军装甲部队进驻玉门油矿，受到群众热烈欢迎

第一章 石油在旧中国

军事总代表康世恩宣布玉门解放

思考题

1. 虽然我国是世界上最早发现和利用石油和天然气的国家,为什么在近代我国石油工业却落后了?

2. 新中国成立前,中国共产党为我国的石油工业发展都做了哪些贡献?

第二章 新中国艰难起步的石油工业

第一节 "中国贫油论"的由来与瓦解

19世纪初,在我国石油工业刚开始起步时,国外著名的石油地质专家就纷纷考察我国地质构造,并一致认为我国注定是一个"贫油国"。因国外大部分油田是在海相地层中找到的,相当多的人持有"陆相无油"或"陆相贫油"的观点。中国的石油工业向何处去?是靠进口"洋油"过日子,是走人造油的道路,还是发展我国石油工业?这是摆在中国人特别是石油人面前的一个重大课题。

一、"中国贫油论"的由来

"中国贫油论"这一说法可以追溯到20世纪初。1913年美国美孚公司(Mobil)组织了一个调查团到山东、河南、陕西、甘肃、河北、东北和内蒙古部分地区进行石油地质调查,并在1914—1916年间,同当时的北洋政府合作,签订了《中美合办油矿条约》。根据条约,美孚公司租借了陕北石油的开采权,在延长县设立"中美油矿事务所",与北洋政府联合开办延长油矿。美孚公司派出马栋臣(F. G. Clapp)、王国栋(M. L. Fuller)等6名地质工作人员和5名测量技师,北洋政府也派了9名技术人员,双方人员分成两队从北京经山西进入陕西,由美孚出资购置四台汽动顿钻,对陕北境内10万平方公里地区开展地质普查。地质队在延长、延安、永坪、甘泉、宜君等地细测地形,绘制了100平方公里以上1∶12000的构造图,并钻井7口,其中最深井1076米,耗资白银800余万两,但未能获得有开采价值的石油。美国地质家回国后

第二章 新中国艰难起步的石油工业

撰文称："他们发现了 63 个油苗，钻了 7 口探井，井深自 610 米至 844.3 米。没有一口井的产量具有工业价值，勘探没有获得成功的原因是地表砂岩的厚度大，1000 米以上的白砂层造成石油散失，而不能聚集成藏。若有页岩为覆盖层，含油远景会好一些。""陕西盆地已具有小规模石油生产，但不可能进行大规模的石油开发工作。"

受美孚勘探失败的影响，从 1919—1941 年，美国各种技术杂志发表了不少关于中国贫油的文章，地质家们纷纷作出中国"贫油"的结论。

1922 年，美国斯坦福大学地质学教授布莱克维尔德在纽约举行的美国矿冶工程师学会上发表了《中国和西伯利亚的石油资源》一文，对中国的含油远景持全盘否定态度，认为"山东半岛及辽东地区……大部分为古生界和更老的地层，构造复杂。这两个地区是否有石油，是极可怀疑的。中国东部大平原是一近期沉降区，上有厚层的黄河及长江三角洲覆盖，要在这个沉积区域找到石油，那是偶然的。""中国东南部，全部为上白垩纪地层，褶皱断裂强烈，并有大量火成岩侵入。在这个地区找到石油的可能性不会比含油不利的阿帕拉契山更好些。西南部虽有厚层石炭纪、二叠纪和三叠纪沉积覆盖，但因褶皱强烈，故找到石油的可能性更为遥远。"而"中国西北部，包括山西、陕西、甘肃……目前虽生产极少量的石油，但是，这里不会找到一个更为主要的油田。在大多数工作过的地区，岩石受到强褶皱。在西藏南部，虽然分布有中生界和始新统地层，但其构造情况与阿尔卑斯山类似，因此，油气聚集的可能性是很小的。"

1926 年，在《美国石油地质家协会会志》第十卷中一篇题为《中国东北部的含油远景》的文章阐述了"中国贫油"的原因，是"在两个国家中都发现了古生代的石灰岩，但中国比美国的石灰岩变质程度高，美国的厚层页岩富含有机质，形成了大量的石油；而中国东北部该层缺失，而石炭—二叠纪地层的厚度小，很少超过 160 米，所以中国东北部没有厚的生油层，它不可能像美国东部和中陆区的油田那样产生大量的石油。"所以，"从整体来看，石炭纪以后的地层，主要是陆相成因，绝大部分地层缺少能够生成大量石油的富含有机质的页岩。适当的盖层很少，因为以砂岩为主的地层，易于造成石油的散失而不利于石油的富集。在中国东北部的主要盆地中，也没有像美国东部和中陆区等主要产油区那样大量存在一些明显的背斜、穹隆和阶地。"

美国新莱尔联合石油公司地质师希洛埃也曾在 1927 年写过一篇题为《远东石油》的文章，认为中国的石油储量充其量也不过是美国石油储量的 1%（当时美国的可采石油储量为 14.3 亿吨）。他直言："从地层观点看，中国大部分的下古生界为厚度很大的块状石灰岩……虽然可解释为有利于储集石油的因素，但由于缺乏含沥青的页岩夹层，因而就大大降低了含油的可能性。""中国广大地区的地质构造类型主要是断块，沿着断层线的构造运动形成了不整合和层系的缺失。这种条件，不利于石油的聚集和保存。""在广大地区内，某些岩石也可以看作是生油层，但区域的变质作用逐渐加强，这就使得地层中已经含有的石油也都跑光了。"

曾任苏联驻华使馆商务参赞，并一度兼任北京大学地质系讲师的托加雪夫曾于 1930 年发表了《远东矿业》一文，他认为："除新疆及东北外，中国其他部分的地质构造，都很少有找到油的希望。华北广泛分布着结晶岩和变质岩，华南的石炭纪地层又多褶皱和断裂，而且还有火成岩侵入。"

美国德士古公司经理罗杰斯在 1932 年出版的《美国实业发展史》中也写道："亚洲腹地，包括蒙古高原，中国大部及西藏大山脉，都没有储存有开采价值的石油的可能性。"

日本侵略东北期间也曾在东北大肆勘探，但都以失败而告终，一些日本地质工作者也认为在东北地区找到石油的希望不大。日本在东北的失败使很多国人也对"中国贫油论"深信不疑，说"吾国号称地大物博，而石油一矿实属贫乏，无可讳言"，更有甚者直言"中国石油无希望"。1934 年，国民党政府编印的《中国经济年鉴》中，便引用了美国地质调查所资料，认为中国石油储量极其贫瘠，只有 19100 万吨，仅为美国石油储量的 2%。

二、"中国贫油论"的瓦解和"陆相生油理论"的提出

与外国专家"中国贫油"的论调相反，当代中国的一些有作为的地质学家以百折不挠的精神，从中国石油地质的实际出发，提出了一些关于中国油气远景的科学预见，其中"陆相生油论"尤为重要。散布"中国贫油论"者认为，中国境内大部分地区都是陆相地层，而石油只在海相地层中才能生成，在陆相地层中是不可能形成油藏的，即使有，也决不具有工业开采价值的。因而论证陆相地层中可以生油和形成油气田，对指导我国勘探工作有着重要的理论

第二章 新中国艰难起步的石油工业

和现实意义。

1928年,我国著名地质学家李四光在《现代评论》上发表文章对"中国贫油论"进行了驳斥,他针锋相对地指出:"美孚的失败,并不能证明中国没有油田可办。""中国西北方的希望虽然最大,然而还有许多地方并非没有希望。热河据说也有油苗,四川的大平原也值得好好研究,和'四川赤盆'类似的地域也不少,都值得进行一番考察。"1935年,李四光在英国伯明翰、剑桥等八所大学讲课,当他讲到新华夏系沉降带时又指出:在中国华北平原"通过深钻和地震的方法,可以揭露出有重要经济价值的沉积物"。这里所说的沉积物当为石油和天然气。地质学家谢家荣也指出:"延长已产油十余年,而未钻探之处尚多,倘能依据地质学原理……未必无获得佳油之希望,故一隅之失败,殊不能定全局之命运耳。""陕北及四川两大盆地,南北遥峙,实为最有希望之石油区域……而尚需实地试探以证明之也。"

20世纪40年代初,地质学家潘钟祥从中国地质的实际出发,对陆相生油问题进行了探讨。在留学美国期间,他对国内勘查过的几个油田的情况进行研究,认为不论是陕北三叠纪及侏罗系的石油,还是四川自流井层的石油,都是在陆相地层中,而且都不是从下面海相地层中迁移上来的。1941年他在《美

潘钟祥(1906—1983年),河南卫辉人,教授,石油地质学家、地质教育家,1931年毕业于北京大学地质系,是中国找油事业的先驱,著有《基岩油藏》

国石油地质家协会会志》（第25卷第11期）上发表了题为《中国陕北和四川白垩系陆相生油》的论文。回国后，潘钟祥又对中国西部一些中生代和新生代的陆相油田进行研究，继续撰写论文，对陆相生油问题做进一步的阐述。

地质学家黄汲清等在调查了新疆地区石油地质之后，也于1943年撰写了《新疆油田地质调查报告》❶，报告中阐述了陆相地层可以形成有工业开采价值的生油层的观点，认为陆相侏罗纪地层是新疆地区的主要生油层之一。

黄汲清（1904—1995年），四川仁寿人，构造地质学、地层古生物学和石油地质学家，提出陆相生油论，具体部署、指导中国石油天然气地质普查勘探

除了发文探寻中国的石油勘探前景，探讨陆相生油的理论依据，翁文灏、谢家荣、王竹泉、潘钟祥、张人鉴、赵亚曾、黄汲清、李春昱、孙健初等地质学家，先后对陕北高原、河西走廊、四川盆地以及天山南北进行了地质调查和考察，并于1938—1939年间，先后在陆相地层中发现了独山子油田和老君庙油田。

世界石油地质界的一部分科学家对中国陆相石油地质理论的提出和勘探实践成果一直难以理解和接受，直到国内外众多陆相油气田相继被发现，这一看

---

❶ 后列为地质调查所《地质专报》甲种第21号，于1947年出版。

第二章 新中国艰难起步的石油工业

法才逐渐改变。20世纪70年代，澳大利亚的吉普斯兰盆地和库珀盆地找到了一系列由陆相沉积所形成的大中型油气田，中国也先后在江汉盆地、鄂尔多斯盆地以及苏北和豫西南等地区发现了一批油气田，更于1975年在河北任丘发现了古潜山油气藏。这一时期，陆相石油地质理论也从背斜油田、断块油田发展到复式油气聚集带等不同的认识论发展阶段。

陆相石油地质理论是石油地质学的重要组成部分，它不仅使我国甩掉了"贫油"的帽子，促进了中国石油工业的大发展，而且随着勘探实践和认识的深化，陆相石油地质理论也会不断发展完善，进而促进世界石油与天然气勘探的发展。

第二节 新中国成立初期的石油工业

解放前，中国石油工业一穷二白，全国仅有玉门、延长、独山子三个小油田，而且产量非常低，1949年全国石油产量仅为12万吨，其中5万多吨是人造油，约7万吨是天然油。整个石油工业技术装备也十分落后，行业基础非常薄弱，全行业职工仅1.6万人，其中油田职工约6000人。各级各类工程技术人员623人，其中地质勘探、钻井、采油技术人员只有172人。这些条件极大地制约了我国石油工业的发展，亟需扩充人力，增加财力供给。

一、三年国民经济恢复期石油工业快速发展

1949年10月19日，中央成立燃料工业部，并于次年4月在北京召开全国第一次石油工业会议，研究部署石油工业在国民经济恢复时期的任务。会议制定了"在三年内恢复已有的基础，发挥现有设备的潜能，提高产量，有步骤、有重点地进行勘探建设工作，以适应国防、交通、工业与民生的需要"的基本方针。会上决定在燃料工业部设石油管理总局，徐今强任代理总局长，唐克、刘放、严爽任副局长。下设西北石油管理局，负责玉门、延长、新疆等油矿的工作，任命康世恩为局长，杨拯民、邹明为副局长，孙健初为勘探处处长。地质学家孙健初还在会议上提出了发展西北石油的设想，指出中国石油工业的发展，仅就西北地区而言，是有着很大潜力的。会议决定在西北地区迅速展开一个勘探高潮。

孙健初（1897—1952年），石油地质学家。早年从事区域地质矿产调查，发表了《绥远及察哈尔西南部地质志》等著作，是第一个跨越祁连山的中国地质学家，探明并开发了玉门油矿，建成中国第一个石油工业基地，是中国石油地质的奠基人

同年，中央人民政府财经委员会发出"加强陕北勘探工作"的指示，燃料工业部从各地抽调力量，5月开始在北起延安、延长，南至铜川、韩城一带进行路线地质调查和重力粗查。为了便于就近指挥，9月4日在兰州成立西北石油管理局，并先后成立陕北勘探大队、永昌勘探队及西安办事处并辖玉门矿务局。西北石油管理局成立后召开的第一次会议即决定在陕北四郎庙、枣园、马坡塘沟及马兰四个构造上打探井，并进一步考察野外地质。

1951年5月20日，西北石油管理局局务会议决定，派高级技术人员赴陕北加快勘探工作，张更、李德生、王尚文、田在艺等一批优秀地质工作者赴陕北工作。8月1日，西北石油管理局又作出在未来一段时间内将勘探重点放在陕北的决定，鉴于此，管理局从兰州搬迁至西安。陕北高原上的石油勘探，一时紧锣密鼓。

整个三年恢复期，以陕甘宁地区为重点，普查面积达2万多平方公

第二章 新中国艰难起步的石油工业

里,发现适于储油的构造 50 个,扩大了老君庙的含油面积,增加了地质储量,探明了陕北永坪油田。并在新疆准噶尔盆地南缘的天山山前坳陷区和南疆喀什及库车地区进行了地质、地球物理调查和钻探。在准噶尔盆地西北边缘的黑油山地区进行了少量地质调查及电法勘探,在浅井中见到油气显示。

三年恢复时期,党和政府对石油工业给予了极大的重视和关怀:恢复西北老油田,努力增产天然油;以陕甘地区为重点,开展石油资源勘探;积极恢复东北人造石油工业;壮大职工队伍,建立石油产业大军的基础。到 1952 年底,全国石油产量达到 43.5 万吨,为 1949 年原油产量的 3.6 倍,为新中国成立前原油历史最高年产量的 1.3 倍,其中天然油年产量 19.54 万吨,人造油 24 万吨。汽、煤、柴、润四大类油品全年产量 25.9 万吨,比 1949 年提高了 6 倍多。石油产量仅能满足国家需要的 25%,全国用油大部分仍然依靠进口,年耗外汇数千万美元,原油成为我国第一大进口物资。

相较新中国成立之前,石油工业在三年恢复期已经有了很大的进步,但与其他国家工业部门对比,我国石油工业仍是最薄弱的一个环节。1952 年全国石油产品的产量仅能满足国家需要的 25% 左右,1953 年又将开始国民经济建设的第一个五年计划,有限增长的油气产量远远无法满足国家建设的需要。油气产量增加不足与国民经济建设对油气资源的急需形成一对突出的矛盾,石油工业拖了国家建设的后腿。

二、第一个五年计划间的油气大调查

1953 年 10 月,以特拉菲穆克院士为首的苏联专家组来华,帮助调查评价兰州炼油厂所需石油资源情况,制定石油工业第一个五年计划。专家组计划到甘肃玉门油矿及陕北、四川、贵州、广东等地开展实地调查。

专家组首先到玉门考察老君庙油矿,确定了老君庙的油矿驱动类型为"边水弹性驱动类型的油层",建议采用边外注水开发的新技术对 M-27 井注水开采。在陕北考察时,专家组认为延长油矿是典型的裂缝性油田,采用顿钻钻井是最好的办法,油层压裂法比爆炸效果更好。在鄂尔多斯盆地,特拉菲穆克认为:"鄂尔多斯盆地沉积岩厚度大,沉积层从古生代一直到第三系，构造多，生油层、储集层、盖层俱全。陕北延长油田只是鄂尔多斯盆地小小的一角，应着眼于整个大盆地。"在四川，专家组认为龙泉山两边都是侏罗纪地层，这个大构造可以找到储量巨大的天然气；川中丘陵地带面积广、沉积岩厚度大（8000多米），从第四系到震旦系地层齐全，是个找油找气的好地方。在贵州，专家组主要考察古生界碳酸岩地层中的活油苗，具体考察研究了古生界志留纪油苗和三叠纪、二叠纪油苗，对中国石油资源分布领域的广阔有了进一步认识，认为不仅陆相沉积的新生代第三纪和中生代有油，古生代海相沉积的碳酸岩也有油。在石灰岩分布约占全区面积一半的广西，专家组认为像这样大面积的中—新生界覆盖古生界沉积的盆地，找油找气远景很好。在广东茂名，专家组则发现这里有丰富的油页岩资源。

这次地质大调查跨越7个省，历时156天，足迹踏遍了大半个中国。专家组在贵州的考察发现是这次地质考察中十分重要的收获，坚定了当时的石油人在陆相沉积找油的决心，在一定程度上加速了"中国贫油"这一片面认识的瓦解，从客观上为找油开拓了更广阔的领域。

调查完成后，专家组认真总结，撰写了约40万字的中国石油地质专著《中国油气田》，对中国主要沉积盆地和全国含油气远景作了积极评价，认为："中国石油资源极其丰富，由于历史短，工作量少，目前勘探程度不够。相信在增加投资，多做工作之后，中国的石油工业可以做到自给自足。"

三、新中国石油工业的人才培养

在石油工业各项勘探任务陆续展开的同时，培养专业的石油职工队伍和石油人才这一实现石油工业大规模发展的关键问题也摆在了石油人面前。

1952年3月25日，时任西北石油管理局局长的康世恩给朱德总司令和燃料工业部部长陈郁写了《关于调拨一个建制师担任第一个五年计划发展石油工业基本建设任务的报告》，提出要完成年产350万吨天然油的任务，共需增加职工15690人。1952年8月1日，按照毛泽东主席的批示，中国人民解放军第十九军第五十七师近8000人，整建制转为中国人民解放军石油工程第一师。

第二章 新中国艰难起步的石油工业

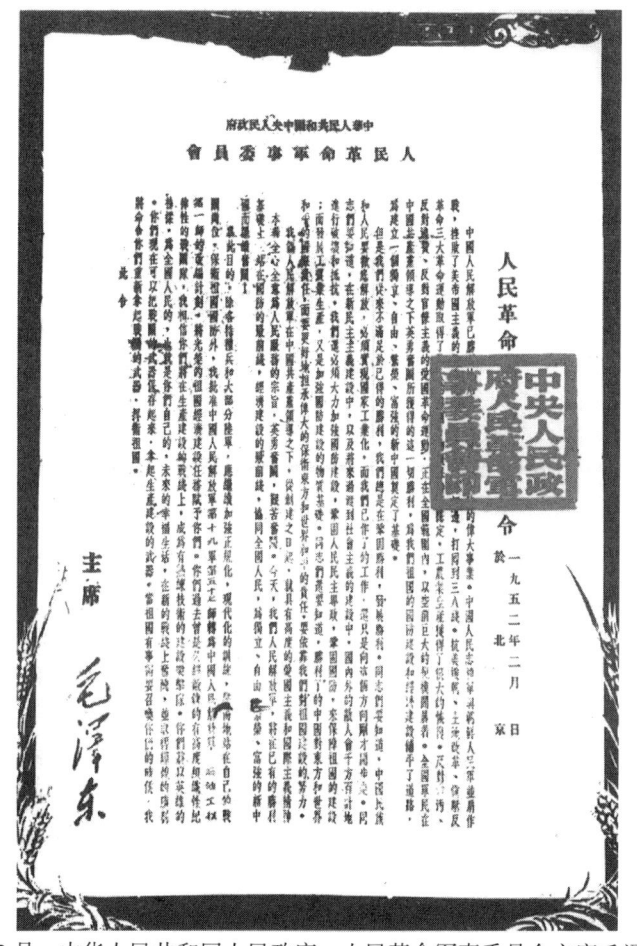

1952年2月，中华人民共和国人民政府、人民革命军事委员会主席毛泽东签发中国人民解放军第十九军五十七师转为中国人民解放军石油工程第一师的命令

1952年，中国人民解放军第十九军五十七师奉命改编为石油工程第一师时部队检阅的情景

石油工人有了，技术人员却依旧紧缺。为了迅速为石油工业培养人才，康世恩等人与清华大学、北洋大学、南京矿冶学院、西北大学联系，开办了速成地质班，并定期举办各种石油从业培训班。后经中央燃料工业部批准，1951年10月，西北石油工业专科学校（西安石油大学前身）成立；1953年，以清华大学有关石油专业的院系为基础筹建北京石油学院，从玉门油矿等企业抽调一批有丰富实践经验的工程技术人员到该校任教。随着中国石油工业的发展，继北京石油学院之后，西安、大庆、四川、江汉、新疆等一批石油院校和各油田科研院所也迅速建立起来，发展壮大，解决了石油工业专业人才匮乏的一大问题。

第三节　石油勘探战略东移

虽然"一五"期间石油工业部做了大量的工作，但由于我国石油工业基础薄弱，勘探理论、勘探技术、勘探经验、装备等方面都十分匮乏，严重制约了石油工业的发展速度。1957年，石油工业部以4.2万吨之差没能完成第一个五年计划150万吨的年产量任务，是"一五"期间唯一没有完成计划的部门。当年全国石油产量仅占消费总量的38%，进口石油的外汇消耗占国家进口外汇总额的7%。这一时期国家天然油生产基本靠玉门、独山子、延长、克拉玛依四个油田，其年产量远远不能满足国民经济发展的需要。因当时中国的工业多在东部地区，而原油生产却集中在西北内陆，且受制于运输不便，所以很多时候"远水解不了近渴"。为了解决这一矛盾，国家做出了将石油勘探重点从西部向东部转移的战略决策。

一、西部勘探成果有限

1953年毛泽东、周恩来在征询地质部部长李四光的意见后，毛泽东提出："要进行建设，石油是不可缺少的，天上飞的、地上跑的，没有石油都转不动。"李四光分析了石油形成和储存的地质条件，深信中国具有丰富的天然油气资源，主要任务是勘探。1956年，毛主席听取李聚奎、康世恩等石油工业部同志汇报工作时进一步提出："美国人老讲中国地层老，没有石油，看起来起码新疆、甘肃这些地方是有的，怎么样？石油部你也给我们树立点希望！"

第二章 新中国艰难起步的石油工业

他把多油层油藏比喻为楼房式油田,说:"这是架起来的楼房啊,比单层油田更好,开起来更省钱,你们也要多几个楼房式的油田"。并强调指出:"要在全国广泛开展石油勘探,要有全国规划。"

李四光(1889—1971年),湖北黄冈人,蒙古族,地质学家、教育家、音乐家、社会活动家,中国地质力学的创立者、中国现代地球科学和地质工作的主要领导人和奠基人之一

李聚奎(1904—1995年),湖南安化县兰田(今属涟源)西坪村人。无产阶级革命家、军事家,中国人民解放军优秀的政治工作领导者和后勤工作领导人,中国人民解放军高级将领。原中共中央顾问委员会委员,中央军委原顾问,石油工业部首任部长,1958年被授予上将军衔

20世纪50年代初期,石油勘探的重点首先放在了陕北、河西走廊、新疆为主的西北地区。从1950—1956年,7年间总共钻探井612口,进尺57.18万米,探明地质储量5750万吨,平均每口探井探明地质储量仅9000吨,每米进尺探明地质储量100吨。7年共钻探了40个构造(圈闭),仅发现了克拉玛依、酒泉石油沟和玉门鸭儿峡3个油田,东溪、黄瓜山、高木顶3个气田,构造(圈闭)钻探成功率仅12.5%。虽然成果有限,但1955年在新疆准噶尔盆地西北缘发现的克拉玛依大油田坚定了人们在陆相盆地找油的信心。

这一时期,我国石油地质工作者积极总结自身经验,为油气勘探寻找可能的方向。田在艺等同志总结了中国西北各盆地的勘探成果和地质规律,编写出《中国陆相沉积生油和找油》的论文集。中国科学院兰州地质所在侯德封的指导下编写了《中国西北陆相油气田形成及其分布规律》一书,提出"内陆溜湿坳陷"的成油理论。

在发展自身理论的同时,石油工业部也注意引进、学习和借鉴国外的先进经验。1955年康世恩同志率中国代表团访问苏联,从苏联俄罗斯地台发现第二巴库和西西伯利亚等地区域勘探的经验得到启示,并对照我国50年代的勘探实际,提出了要学习苏联的石油勘探经验:综合区域勘探,上地台,重视打基准井和地质浅钻,重视勘探程序和构造准备,加强地质综合研究等。在考察苏联期间,康世恩专门给石油工业部第一届全国石油勘探会议写信,指出"在我们已有勘探工作的基础上,正确地学会采用苏联先进的勘探工作方法,克服困难,坚毅、果敢地干下去,在两三年内,找到几个储量大的油田是可能的。"

不管是提高自身水平还是学习国外经验,对于我国此后在东部地区的勘探和大庆油田的发现都起到十分重要的作用。

二、石油勘探东移的理论与现实需要

石油勘探战略东移既有深厚的理论支撑,同时也是实际的需要。战略东移之前,我国的石油工业主要集中于西部地区,与国家的经济建设和国防需要相背离,加之西部地区交通不便,不利于石油运输。与此同时,地质学家对东北地区有大油田已有广泛认同。

1947年阮维周、1948年翁文波、1953年谢家荣均指出,松辽平原应划为

第二章 新中国艰难起步的石油工业

含油希望很大的地区,广大平原下有发现大量油气矿床的希望。1954年,苏联专家组在我国考察了五个月后的考察报告中谈道:"松辽平原这个地区无疑值得给予极大的重视,并开展区域普查,对最有远景的构造进行详查。"同年,李四光提出"在华北平原与松辽平原的勘探工作是值得进行的"。

1953—1954年,石油管理总局也对东北地区进行了石油地质调查,证实了辽宁省阜新油苗、原热河省承德油苗、辽宁省义县沥青、内蒙古自治区满洲里扎赉诺尔沥青、吉林省安图县沥青、黑龙江省依兰县达连河油页岩的存在,这些油气显示的发现,为在东北地区进一步开展石油地质勘探工作的决策提供了重要的依据。

1955年,燃料工业部石油管理总局主持编制了三百万分之一的中国含油气远景分区图,将中国划分为11个含油远景区,其中松辽盆地为第六区,三级远景区。当年8月下旬到12月,东北地质局组成以韩景行同志为首的六人小组,在松辽盆地东部地区进行路线地质踏勘,实测剖面和检查油苗。

1956年,地质部成立松辽石油普查大队,开展大面积的重磁力普查,配合部分电测深剖面和地震剖面,探测松辽平原下面的基岩起伏情况和沉积岩厚度,推断大地构造轮廓和中—新生代沉积的分布规律及含油性。

1957年,地质部物探局904队在松辽盆地及其附近地区40多万平方公里面积内进行了1∶100万航空磁测普查工作,112物探队进行了1∶100万重力预查。该年底初步完成了松辽平原的区域概查,结合物探和地质、钻探资料,指出松辽平原的大地构造轮廓和含油远景。

同年,由石油工业部西安地质调查处邱中建等同志组成116队,广泛收集了石油工业部、地质部、煤炭工业部、中国科学院和解放以前的有关东北地区的地质调查、地球物理勘探等资料,收集和汇编了各种图件,并到现场进行油苗调查、岩心观察、野外露头观察和实测地层剖面,为评价含油远景的需要进行采样,对收集到的样品进行了孔隙度、渗透率、粒度、碳酸盐含量、薄片、重矿物和荧光沥青等项目的分析鉴定,这些为研究生油条件、储油物性和沉积特征提供了依据。

地质学家的种种研究结果表明,我国东部不仅有油,而且有可能存在大油田。

这里特别值得一提的是李四光创立的地质力学。李四光应用地质力学的基本原理分析了中国大地的地质构造，提出了新华夏构造体系，认为新华夏构造体系的三个沉降带具有良好的生油储油条件。这三个沉降带分别是松辽盆地、二连盆地、江汉盆地一线。

以上所有工作都为石油勘探战略东移突破口的选择提供了重要的依据，为石油勘探的战略东移作了一些理论和组织上的准备。

三、石油勘探战略东移的提出及全面展开

1958年2月27日、28日，中共中央总书记、国务院副总理邓小平在中南海居仁堂听取了石油工业部的汇报，强调了石油勘探的战略重点和战略布局问题，提出石油勘探工作，应当从战略方面来考虑，把战略、战役和战术三者结合起来。他说："第二个五年计划期间，东北地区能够找出油来就很好。把钱花在什么地方，是一个很重要的问题。总的来说，第一个问题是选择突击方向，不要十个指头一般平。"他要求在经济比较发达、交通条件比较好的地区加快石油勘探工作。他提出："就经济价值而言，华北和松辽都是一样的，主要看哪个地方先搞出来。""东北、苏北和四川这三块搞出来就很好。"石油工业勘探战略东移的构想就此诞生。

1958年2月，余秋里被任命为石油工业部部长，上任后抓的第一件事情就是明确了石油勘探要"战略东移"，提出"开发西部石油与开发东部石油并举，立足于开发东部油田"。为了实现这一目标，余秋里组织制定了石油工业的第二个五年发展规划，重点解决如何把石油勘探的战略重点转移到东部地区。经过多次讨论，石油工业部做出了如下部署：

（1）组建新区勘探机构。撤销西安石油地质调查处，在该处原有力量的基础上成立4个石油勘探处，即东北石油勘探处、华北石油勘探处、鄂尔多斯石油勘探处和贵州石油勘探处。5月27日，党组会又决定，除保留华北石油勘探处建制外，在东北、鄂尔多斯、贵州三个石油勘探处的基础上，成立松辽石油勘探局、银川石油勘探局、贵州石油勘探局，并新建华东石油勘探局。

（2）确定第二个五年计划、1958年石油勘探规划和战略重点。在全国建立10个石油勘探战略地区，其中5个老区，即准噶尔、柴达木、河西走廊、四川、鄂尔多斯，以川中、克拉玛依为重点；开辟5个新区，即松辽、苏北、山东、贵州、吐鲁番，把松辽、苏北列为战略侦察的第一位。

（3）抽调人力、物力支援新区。除原西安地调处外，还从西北老油田和石油工业部机关选派干部充实东部地区新组建的勘探机构。

从此，东部普查勘探工作全面展开。

年轻时的余秋里

余秋里（1914—1999年），江西庐陵（今吉安）县人，中将军衔，中国共产党优秀党员，共产主义战士，无产阶级革命家，新中国石油工业的创建者，经济工作的杰出领导人，中国人民解放军卓越的政治工作领导者，原国务院副总理，中共第九届、十届、十一届、十二届中央委员，第十一届、十二届中央政治局委员，书记处书记，原中共中央顾问委员会委员、常委，原中央军委委员、副秘书长，中国人民解放军总政治部原主任

四、东部松辽盆地勘探的困难及初步成果

随着国家经济的发展，我国石油工业逐步装备新仪器，组建和扩充队伍，地质部和石油工业部也培养出了一批具有一定水平的重力、磁力、电法、地震等地球物理勘探队伍，能够在覆盖地区运用各种手段进行地质调查，不仅能够进行野外施工，而且能够进行资料整理和综合解释。技术装备和勘探手段的发展让在广阔的东部地区勘探石油成了可能。

通过1955—1957年三年的石油地质普查工作，松辽盆地地质勘探初步取得了一些成果：划出了松辽盆地边界，勾出了盆地内部的构造格局；初步建立起盆地内地层顺序，肯定了盆地内存在厚达4000~5000米的沉积岩层，并发现可能生油层；在电法剖面上发现了大同镇隆起显示；用手摇钻落实了松辽盆地第一个局部构造——杨大城子构造。1957年底，石油工业部根据全国地质调查研究成果，将中国主要沉积盆地划分为三类，其中松辽盆地被划分为"有含油远景的，值得进一步开展勘探的第一类地区"。

1958年勘探工作取得了丰硕的成果。地质部发现了黑龙江省大同镇等13个可能储油构造，并于4月17日首次在吉林省前郭旗南17井取心发现油砂，接着在杨大城子构造南14等30日浅井中见到了油气显示。石油工业部完成了松基一井和松基二井两口基准井，建立了盆地地层层序，搞清了多套生储盖组合。石油勘探战略重点移到东部地区，预示着尽快发现大油田的条件正在成熟。

石油勘探的战略东移，是我国石油工业一次重大战略转折，有力地推动了全国的石油工业发展，为发现大油田作了充足的准备，对我国石油工业的长远发展产生了重大而深远的影响。

思考题

1. 我国"贫油论"的来历是什么？
2. 实现石油工业战略东移的必要性和意义有哪些？

第三章 决定命运的大会战

第一节 发现大庆油田

1959年9月26日，位于松辽盆地大同镇构造带高台子构造的松基三井喷油，宣告了大庆油田的诞生。

一、松辽盆地油气勘探全面展开

根据邓小平关于石油勘探部署战略东移的指示精神，1958年2月，石油工业部和地质部共同发出"三年攻下松辽"的战斗号召。

4月，石油工业部成立了松辽石油勘探大队；5月，成立松辽石油勘探处；6月，进一步扩大机构成立松辽石油勘探局，局下组建各种勘探队32个。石油工业部的勘探队伍通过手摇钻在绥棱、绥化、望奎、青冈、兰西一带开展了构造详查，在盆地东南地区进行重力详查6.95万平方公里；开钻3口深井（松基一井、松基二井和杨101井），其中松基一井钻至盆地基底，未见油气显示，松基二井泥浆和岩屑中均见油气显示，但试油后未见工业油流。

松基一井是石油工业部松辽勘探局开发的松辽盆地内第一口较深的探井，位于安达县任民镇以东14公里处，于1958年7月开钻。当时打这口井的是32118钻井队，队长包世忠是一名参加过抗美援朝的团级干部，做事雷厉风行，能吃苦、有魄力，堪称中国石油工业史上的一位传奇人物。由于包世忠的特殊经历，他的名字也与松基一井、松基三井两口姊妹探井联结在一起，共同载入中国石油工业发展史册。打松基一井并不容易，没有运输设备，包世忠只能领着队员，利用撬杠、滚杠、千斤顶、棕绳、倒链等工具，靠人拉肩扛的方式，把 19.88 吨重的两台泥浆泵和 20 吨重的钻机等重型设备运到井场，并且一鼓作气地安装起来。1958 年 7 月 9 日开钻，11 月 11 日钻到井深 1879 米处遇到变质岩，证实钻穿了沉积岩到达盆地基底。钻井过程中没有发现油气显示。1959 年 3 月 22 日固井后，经过试油，没有见到油流。从地质理论上来讲，再钻下去已经没有什么意义，随后，32118 钻井队迅速移师松基三井，开始备战。

松基二井位于吉林省前郭尔罗斯蒙古族自治县吉拉吐乡咚勒赫村北，于 1958 年 8 月 6 日开钻，钻井队是松辽石油勘探局 32115 钻井队，队长王启智比较熟悉业务，有一定的组织能力，也将井队管理得井井有条。这口井刚一开钻就遇上了设备、部件不配套等困难。钻井工人们兵来将挡，水来土掩，尽管遇到诸多难题，但是全力以赴进行解决。松基二井整整打了 13 个月，于 1959 年 9 月 15 日完钻，为松基一井、松基三井钻进时间之和，井深 2887.63 米。松基二井在钻到 162~196 米时，岩屑中见到砂岩；当钻到 1252~1262 米时，泥浆中见到油花。虽然经过试油没有得到工业性油气流，但是钻井过程中见到的油砂和油花气泡，已经让人们看到了曙光。

地质部除原有的松辽石油普查大队外，把与匈牙利合作过的在技术和装备方面都比较先进的 116 物探队调到松辽地区，与原 112 队和 205 队等物探队合编为地质部物探局东北石油物探大队。1958 年 4 月 17 日，地质部的勘探队伍在吉林前郭尔罗斯蒙古族自治县南 17 井发现油砂，接着又在怀德县公主岭西北杨大城子南 14 井等 30 口浅井见到油气显示。6 月 17 日，在杨大城子镇附近的一次钻井中，遇到了一个厚度在 3 米以上的含油砂岩层，岩心取出后有原油渗出。1958 年 6 月 25 日，新华社发布了"松辽平原有石油"的消息，并指出"松辽平原不久将成为我国重要的油区之一"。同年还在肇州县大同镇等地发现 17 个圈闭。

从松基一井和松基二井取得的资料和地质部在松辽勘探中取得的成果来看，松辽盆地的含油前景十分乐观，此时的大庆油田如同躁动于母腹的胎儿，离最后分娩的日子已经不远了。

1958 年 12 月，苏联石油地质专家布罗德在石油部勘探司副司长沈晨的陪同下来松辽平原考察，并向中国地质工作者传授了俄罗斯在地台覆盖区开展区域综合勘探的做法和经验。在听取了中国地质工作者的汇报后，布罗德建议以

第三章 决定命运的大会战

松辽盆地为整体,编制一个区域综合勘探的总体设计方案。松辽石油勘探局地质师张文昭和地质部的地质师靳毓贵结合松辽盆地的客观实际,编制了1959年松辽盆地总体勘探部署,安排了几个勘探项目:横贯松辽盆地部署4条区域综合大剖面,以解剖松辽盆地石油地质特征;开辟两个探区;详查10个构造;钻探3口基准井。

1959年春节,石油工业部党组召开会议,反复论证了松辽盆地近年的勘探成果,总结出松辽盆地十大有利条件,认为松辽盆地大有希望,找到大油田已为期不远,下决心要在年内集中力量大干一场。2月11日(正月初四),石油工业部和地质部召开两部协作会议。经过充分讨论,与会同志一致同意对松辽盆地勘探成果的基本评价和1959年的勘探部署,并明确了石油工业部和地质部工作分工。3月,石油工业部在四川召开南充会议时,又发动群众讨论松辽盆地的勘探部署和措施,提出要加强地质综合研究力量,确定由石油工业部石油科学研究院余伯良率领部分科研人员、北京石油学院部分师生与原松辽石油勘探局研究人员,联合组成松辽盆地地质综合研究大队。

1958—1959年两年间,地质部和石油工业部通过各工种的联合进行勘探,对松辽盆地石油地质规律有了进一步的认识,可归纳为以下三个方面:

第一,钻出油砂层,肯定了松辽盆地的含油性。第一口见含油砂层的井是地质部松辽普查大队501队所钻的南17井,第二口见含油砂层的井是地质部所钻的南14井。从这两口井的地质资料分析出这一地区曾经发生过油气的生成、运移、聚集的过程。

第二,通过对松辽盆地内各地区地质条件的分析对比,选出了最有利的含油地区是中央坳陷区。中央坳陷区面积约6万平方公里,沉积岩厚度超过5000米,其中的白垩纪地层上部的伏龙泉组(后改称嫩江组)和青山口组是灰黑色大段泥岩,厚约500米到800米,经实验分析,该段泥岩中的有机碳含量达2%,各项地球化学指标都证明其是比较优质的生油层,有较好的储油层,并且生油层与储油层的上下组合关系较好,交相重叠,有利于石油的运移和聚集。

第三,在中央坳陷区内,通过重、磁、电、地震等方面资料的综合研究,进一步选出以肇州县大同镇构造带的高台子构造为突破口。在重磁力异常图上,高台子到萨尔图是个明显的重力高地带;在电法剖面上,高台子地区显示了隆起。

松辽盆地石油勘探，是第一次以盆地为整体的勘探部署，在广泛的覆盖区开展区域性综合勘探的一次成功尝试。通过两年多普查、勘探，明确了中央坳陷区是油气聚集的最有利地区，进而优选出了钻探目标。

二、定位"松基三井"

1958年7月，在石油工业部召开的玉门现场会议上，松辽石油勘探局提出1959年计划在12个构造上钻8口参数井和探井，重点是大同镇电法隆起上的参数井。9月3日，石油工业部松辽石油勘探局张文昭、杨继良、钟其权和地质部普查大队韩景行、物探大队朱大绥一起对井位进行了论证。经过分析、对比各项资料，大家一致同意将松基三井定在大同镇西北高台子电法隆起上。9月15日，松辽石油勘探局正式向石油工业部呈报了松基三井井位意见，其依据是：（1）与松基一井、松基二井相距90公里以上，约略成一等边三角形，符合基准井分布原则；（2）隆起上沉积岩厚约265米，可钻达基岩，又可起到探油作用；（3）通过钻探松基三井，对高台子构造上另外两个电法隆起含油情况可进一步作出评价；（4）此地交通相对方便。之后，地质技术人员进一步收集资料，经过反复讨论、修改，对原井位又做了小的移动。1958年11月，石油工业部认为松基三井井位达到了资料可靠、论证充分的要求，在当月29日正式发文批准了松基三井的钻探。

1959年2月8日，康世恩召集勘探司的翟光明、石油科学研究院的余伯良、松辽石油勘探局的李荆和等人在石油工业部办公大楼开会讨论前两口基准井的情况。会上康世恩一针见血地指出前两口基准井失利的原因是松基一井"打在凸起的斜坡上"，松基二井"太靠近盆地边缘"，都没有打到地方，应该要"向盆地中部勘探"。同时还强调松基三井"地理位置十分理想，要尽快准备好开钻"。

1959年3月下旬，松辽石油勘探局32118井队在完成松基一井的原钻机试油后，立即搬迁到松基三井设计井位进行钻井施工。松基三井设计井深3200米，根据苏联的经验，基准三井从井口开始全井取心，完钻后自下而上分层试油，取得全套地质资料。

在钻井过程中，由于工具落后、经验不足，从井深1050米至1461.76米

第三章 决定命运的大会战

处进行取心时,411.76米井段只取出岩心202.51米,收获率仅49.2%。采集到的岩心中见到含油显示层3.15米,取出的油砂含油饱满,证实存在较好的油层。取心后发现钻井出现偏移,最大井斜达5.7度,超过质量规定标准。若按原设计井深钻至3200米,将会拖长完井试油时间,造成储油层的严重污染,妨碍正常出油。当时负责松辽石油勘探工作的康世恩在听取各种意见后,决定立即停钻试油。

松基三井提前完钻的决策,与苏联专家意见分歧较大。1959年7月苏联驻石油工业部总地质师米尔钦科及中国石油工业部顾问、专家组组长安德烈依柯等人到访松辽,在听取了松基三井的钻井工程和地质录井情况汇报,察看了从现场带来的油层砂样、岩屑及各种地质录井资料后,米尔钦科认为应该加快钻井速度,以便了解深部的含油气情况,然后完钻,按程序设计自下而上逐层试油。当听说康世恩决定马上完钻、固井试油后,他指责其违背了基准井的目的。康世恩坚持完钻,指出:"这样做有三条理由,第一,我们打井的目的就是为了找油,见到了油、气显示,就要马上把它弄明白,从这口井的资料看,希望很大,但能不能试出工业油流要看实践。第二,这口井打了1460米,井斜就有5.7度,井身不直,再打下去钻井速度会受影响。第三,如果打到预计井深需要一年多的时间,油层被泥浆浸泡久了,有油也试不出来了,泥浆会把油层枪毙掉……"。在与苏联专家意见不合之际,康世恩致电北京,向当时的石油工业部部长余秋里汇报了自己与米尔钦科的争论。余秋里支持康世恩的决策,并让其在现场组织力量予以实施。后来的实践充分证明,这个决策是正确的,至少提前一年多发现大庆油田。

1959年7月20日,松基三井钻至1461.76米完钻,8月29日完成固井作业,9月7日开始下提捞筒抽汲,8日在捞出的水中发现有油气味和油花,并随着捞出液量的增多,开始见到较多的原油。这一情况使井队和试油组的专家决定暂停捞水,转而采取深层捞油求产能的措施来了解这口井的出油能力。康世恩得知这一情况后,立即电报告知:松基三井油层被泥浆浸泡时间过长,一定要捞净井内的压井液和泥浆液,使压进油层内的泥水全部排出,让油层畅通。为了保证执行到位,康世恩下了死命令,只准捞水不准捞油,"一定要捞个水落油出"。经过7天7夜的提捞,9月26日上午,液面恢复到井口并开始外溢原油,当日下午4时用8毫米油嘴自喷测试,日产原油13.02吨。

1959年9月26日松基三井喷出工业油流

松基三井喷出工业油流的事实，表明了松辽盆地确实蕴藏着丰富的石油资源，证明了石油勘探部署战略东移的正确性，也标志着石油工业向东部转移的战略目标变为现实。同时标志着世界级特大油田——大庆油田的发现，这一重大发现1982年以"大庆油田发现过程中的地球科学工作"的名义被授予国家自然科学一等奖。为这一重大发现做出突出贡献的23名科学家及科技工作者名列其中，他们分别是：

地质矿产部：

李四光——时任中国第一任地质部部长，著名地质学家。

黄汲清——时任地质部普查委员会常委、石油地质局总工程师，著名大地构造学家、地层古生物学家、石油地质学家，松辽石油勘探的主要策划者。

谢家荣——时任地质部普查委员会常务委员兼总工程师、矿产研究所副所长，著名地质学家，依据陆相生油理论提出和指导了松辽石油勘探。

韩景行——时任松辽石油勘探大队大队长兼总工程师。

朱大绶——时任长春物探大队副主任，中国与匈牙利合作地震队中方技术

第三章 决定命运的大会战

负责人。

吕　华——时任松辽石油勘探大队地质技术负责人。

王懋基——时任松辽盆地航空地球物理勘探技术负责人。

朱　夏——时任地质部地质研究所地质研究室主任，地质专家，1959年驻松辽石油勘探大队指导勘探。

关士聪——时任地质部石油局主任工程师。

石油工业部：

张文昭——时任松辽石油勘探局地质室主任地质师。

杨继良——时任松辽石油勘探局地质室地质师。

钟其权——时任松辽石油勘探局105基准井研究队队长。

翁文波——时任石油科学研究院副院长，地球物理学、石油地质学专家。

余伯良——时任石油科学研究院地质勘探室主任，兼松辽石油勘探局总地质师，松辽地质研究大队大队长。

邱中健——时任116松辽平原综合研究队队长，松辽石油勘探局地质室地质师。

田在艺——石油地质学家，完善发展了陆相生油理论，预测了盆地构造找油的区域。

胡朝元——时任松辽地质研究大队副大队长。

赵声振——石油工业部技术专家，松基三井试油工作组组长。

李德生——石油工业部地质专家，时任松辽石油会战指挥部地质指挥所副指挥兼地层对比大队大队长。

中国科学院：

张文佑——时任中国科学院地质研究所一级研究员，著名大地构造学专家，预测了松辽盆地含油远景。

侯德封——时任中国科学院地质研究所所长，著名地质学家，发展了陆相生油理论，提出石油勘探战略东移。

顾功叙——时任中国科学院地球物理研究所研究员兼副所长，指导了松辽盆地地球物理勘探。

顾知微——时任中国科学院古生物研究所研究员，论述了松辽平原白恶系的年代划分与生油关系。

三、命名"大庆"扩大勘探区域

1959年11月8日,石油工业部在大同镇召开庆祝大会,时任黑龙江省委第一书记的欧阳钦同志出席会议,并提出把"大同"改为"大庆",便于与山西大同市进行区分,以庆祝高台子出油,庆祝中华人民共和国成立十周年。这个提议得到了与会同志的一致赞同。随后,黑龙江省人民委员会根据该提议作出了《关于成立大庆区和将大同镇改为大庆镇的决定》。大同镇更名为大庆镇后,相应的地质资料上也把原来的大同镇的长垣改称大庆长垣,于是,将这个在长垣构造带上发现的油田定名为大庆油田。

欧阳钦(1900—1978年),东北局第二书记、黑龙江省委第一书记,湖南宁乡人,1919年赴法国勤工俭学,参加了中国旅法学生爱国请愿活动。1924年加入中国共产党。欧阳钦是忠诚的无产阶级革命家、坚定的共产主义战士

松基三井虽然喷油,但根据以往的勘探经验和教训,一口井出油,并不等于拿到了一个油田。时任石油工业部部长的余秋里尖锐地提出:"究竟这个油田是大油田还是小油田?是活油田还是死油田?是好油田还是坏油田?还要继续进行更加扎实、深入、细致的工作,不断扩大勘探成果。"

根据对油田构造的分析,石油工业部肯定了大同镇长垣整个含油,认为

该区域是有利区域，提出要以整个二级构造带为钻探对象，全面甩开。松辽石油勘探局的地质人员根据地震勘探等方面的资料，初步确定对高台子构造南面面积较大、含油情况可能更好的葡萄花构造进行钻探，并提出了钻探部署方案，设计在葡萄花构造上部署3条剖面，共打9口探井。

葡萄花构造的探井于1960年初陆续喷出工业油流。1月7日，葡7井最先喷油，用4毫米油嘴试油，日产油15.5吨，后续用不同油嘴测试，产量稳定。葡7井见油后，葡4井、葡10井、葡11井、葡14井等4口探井相继喷出工业油流，其他几口尚未完钻的探井也见到较好的油气显示。葡萄花构造的见油情况证明了从葡萄花到高台子一带，油气规模比较大，能够稳产，从而肯定了大庆长垣是一个大油田。

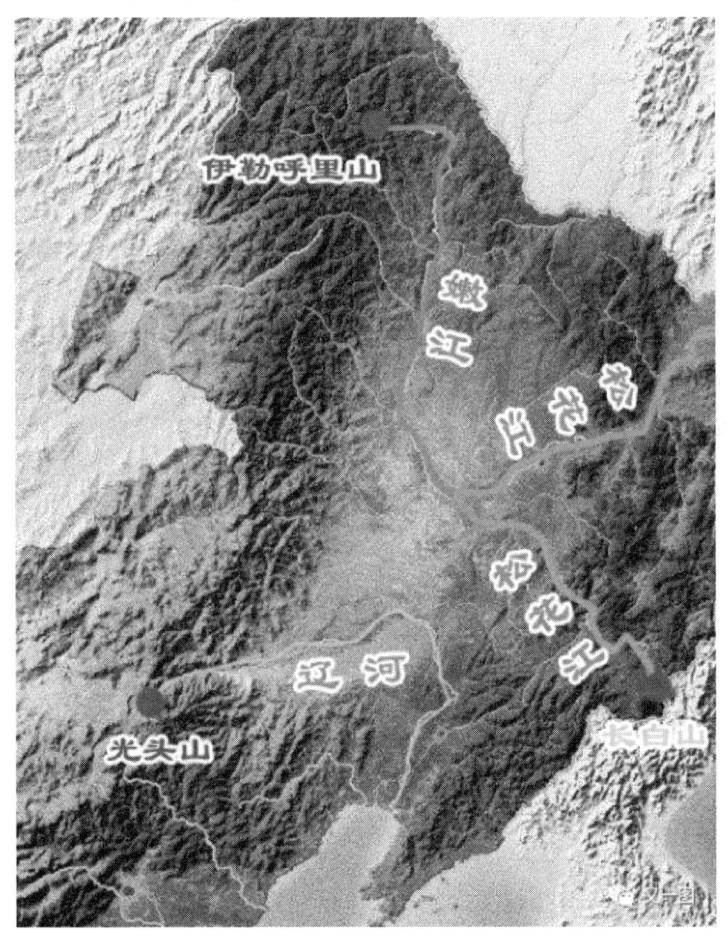

松辽盆地示意图

松辽平原一口接一口的探井喷油，一个巨大的储油构造带越来越明晰地显现出来。1960年2月，石油工业部党组召开了长达8天的扩大会议，充分研究分析了松辽盆地石油勘探情况。经过反复讨论，部党组议定从全国石油系统各局、厂、院校抽调队伍，集中人力、物力、财力，全力以赴，用打歼灭战的方法，组织一场石油大会战。

第二节　开展石油大会战

1960年2月13日，石油工业部党组向党中央呈送了《关于东北松辽地区石油勘探情况和今后工作部署问题的报告》。一周后，中央正式批准并向相关部委、省市和地区转发了该报告，批复指出：中央同意石油工业部为了加强松辽地区石油勘探和开发工作，准备抽调各方面的力量"进行一次'大会战'"的工作部署，认为"这一办法是好的"，对于迅速改变我国石油工业的落后状况，有着重要的作用。于是，一场波澜壮阔的石油大会战在松辽大地展开。

一、会战是背水一战

大庆石油会战发生在1960年，正是年轻的共和国经受内外交困的艰难时期。在国内，全国上下正在遭受"大跃进"和连续几年全国性自然灾害的影响，史称"三年困难"时期。在国际上，20世纪50年代末至60年代初，风云变幻的国际形势使中国周边形势也日趋紧张，政治压力和经济封锁如同一团团黑云向华夏大地压来，使刚刚步入社会主义建设道路的中国人民经受了前所未有的考验。

新中国成立伊始，中国在外交上采取"一边倒"政策，完全倒向了以苏联为首的社会主义阵营，使得美帝国主义不甘心在中国的失败，对新中国极端仇视，在政治上采取不承认和孤立政策、在经济上实行封锁禁运政策、在军事上实施封锁包围、伺机侵略颠覆的方针，并借助1950年爆发的朝鲜战争，企图把年轻的新中国扼杀在摇篮之中。20世纪50年代前期是中苏关系的蜜月期，面对新中国百废待兴的经济建设及社会发展需要，苏联曾给予中国人民以无私的援助。当时成千上万的苏联专家来到中国这片陌生的土地，他们把知

第三章 决定命运的大会战

识、经验和技术传授给中国,并与中国人民一道挥洒汗水,为新中国政权的稳定、经济的恢复和工业化基础的建设贡献了自己的力量。然而到20世纪50年代末期,双方的分歧与矛盾逐渐呈现,并随着时间的推移,中苏争端愈演愈烈,矛盾不断恶化。

1956年苏共二十大以后,中苏在如何评价斯大林的问题上出现明显分歧,特别是从20世纪50年代后期开始,苏联为了实现"美苏合作,共同主宰世界"的全球争霸战略,将意识形态的分歧扩大到国防合作和国家关系上,企图染指中国国家主权,进而导致了中苏关系从友好到恶化的转变。1958年4月,苏联国防部部长马利诺夫斯基致函中国国防部部长彭德怀,提出希望由中苏共同建造一座大功率的长波电台,以指挥苏联在太平洋地区活动的潜艇。信中还明确提出,建造电台的大部分费用由苏联支出,小部分由中国支出。虽然中国对这种军事设施也有需要,但因为事关国家主权,中方在对苏方提议表示同意的同时,提出费用由中国全部承担,欢迎苏联提供技术帮助,建成后可由两国共同使用,并建议两国政府就此签订一项协议。但是,苏联对中国政府的意见没有重视,仍然坚持共建、共管和共同拥有。长波电台问题尚未结束,苏联又向中国提出建立共同潜艇舰队的问题。赫鲁晓夫通过苏联驻华大使尤金向中国方面表示:希望同中国商议建立一支共同的潜艇舰队。毛泽东听后当即表示:首先要明确方针,是我们办,你们帮助,还是只能合办,不合办,你们就不给帮助。

由于苏联所处的国际地位及其在对外关系中长期存在的大国沙文主义表现,使中苏在长波电台和联合舰队的问题上无法达成共识是必然的。第二次世界大战后,苏联社会主义建设取得了巨大成就,但其总体实力与美国相比还有差距。随着国际局势的缓和,苏联热衷于推行美苏合作,企图共同主宰世界。于综合实力较弱的苏联而言,要想实现这一愿望,只有把中国纳入苏联的全球战略当中,使中国在军事上依附于苏联,才能使苏联在美苏争霸中处于有利地位;而刚刚站立起来的中国人民,自近代以来,受尽外强凌辱,无数中华儿女浴血奋斗才获得今天的独立解放,自然无法答应苏联的要求。赫鲁晓夫和苏联方面想要在东北地区建联合舰队、在大连设常波电台,这些因涉及我国的国家主权和安全,遭到毛泽东的断然拒绝。这两件事情加速了中苏关系恶化。1960年7月16日,苏联政府突然照会中国政府,单方面召回苏联在华专家，在一个月内全部撤回了在中国帮助工作的1390名苏联专家，撕毁了中苏两国政府签订的2个协定和两国科学院签订的1个议定书以及345个专家合同和合同补充书，废除了257个科学技术合作项目。他们撤走时带走了所有的图纸、计划和资料，并停止供给中国建设急需要的设备，使中国一些重大的设计和科研项目中途停顿，一些正在施工的建设项目被迫停工，一些正在实验生产的厂矿不能按期投产。苏联的这些举动，使中国的经济建设受到严重的损失。

这对于正在医治战争创伤、开始社会主义建设的中国，犹如釜底抽薪。1958年10月，苏联开始逐渐卡紧对我国的援助合作，推迟对"两弹一星"的援助，导致我国从苏联进口石油产品锐减，全国成品油供应严重短缺，城市公共汽车背上煤气包，军队配给也被迫缩减，军队执勤、训练受到严重影响，坦克绝大多数已经蒙上帆布，除了必需的战备巡逻外，军机的正常训练全部停止。至此，国家安全遭遇空前威胁。朱德总司令曾忧心忡忡地说："现在战争打的就是钢铁和石油，有了这两样东西，打起仗来就有了物质保障。没有石油，飞机、坦克、大炮不如一根打狗棍。"举国上下对石油充满无限的渴求！与此同时，西方资本主义国家对我国的经济封锁也在持续，也无法通过国际贸易来缓解我国油气供应不足、物资紧缺的局面。中国共产党和中国政府在巨大压力面前保持了独立自主的品格和自力更生的精神。正如邓小平在回复苏联人时说的那样：中国人民准备吞下这个损失，决心用自己双手的劳动来弥补这个损失，建设自己的国家。

百折不挠是中华民族的优秀品质，在如此困难的条件下，石油工业部决定集中人力、物力、财力，以打歼灭战的形式，积极组织大庆石油会战，党中央、毛主席热情支持社会主义建设中这一新的创举。要求全国各地区的有关部门给予大力支持和配合。与此同时，中央军委还作出决定，从中国人民解放军退伍军人中，动员3万人参加大庆油田会战，随后又安排3000名转业军官参加油田工作；石油工业部集中了全国37个厂矿、院校的精兵强将，抽调了其他油田几十个钻井队，共计约4万名职工从五湖四海向着大庆油田汇集。

解放军万名复转军人参加会战

二、再苦再难也要上

大庆石油会战是大庆人开创我国石油工业快速发展的关键战役，会战之时正是我国处于内忧外患之际，在中国石油史上留下了光辉的一页。广大会战职工胸怀爱国主义的情怀，发扬我党我军自力更生、艰苦奋斗的优良传统和作风，取得了会战的胜利。在当时的条件和环境下，面临有关"吃、住、行"基本生存问题的挑战，会战职工克服困难，不懈努力，创造了一个个奇迹。

大庆石油会战的三年正好处在我国最困难的"三年困难"时期，粮食奇缺，国家给会战人员提供的配给也被迫削减。会战初期，职工吃粮基本能按工种定量供应，1960年10月，黑龙江省的粮食储备越过"危险线"，不得不减少会战人员定量配给。随着会战的逐步推进，工作量越来越大，但粮食供应却越来越少，最严重的时候，会战工委不得不以"五两保三餐"作为保底线的标准，即每人每天只吃五两粮食。在副食品贫乏，又以强体力劳动为主的会战中，每人每天五两粮食，就是身体再好又能支撑多长时间呢！定量配给吃不饱，有的职工饿得难受，不得不到冻土地里拣白菜梆子和甜菜叶子来充饥；有的在开水里加点酱油喝，以安慰饥饿的"肚皮"；更有甚者靠变卖衣服、手表甚至被褥，去自由市场换一点土豆、甜菜。1961年1月，会战队伍中出现了因饥饿造成的浮肿病，并快速蔓延，最严重时有4600人患病，生产一线大量减员。某一天，余秋里部长去医院，看到病房里躺满了患浮肿病的职工，他们想跟部长握手，但有人却抬不起胳膊，甚至连答应一声的力气都没有。余秋里握着一名职工的手，发现是软软的，轻轻按一下，塌下的地方半天都弹不起来。看到这些，余部长半天都没有说话，心里好似压上了一块重重的石头。旁边病床有个职工还勉强支撑着手臂，颤抖地给部长敬了个标准的军礼，余秋里再也忍不住泪水，不停地和大家说："同志们，会好的！会好的！"由此可见，当时的粮食供应是何等紧缺！粮食紧缺已成为决定会战能否继续进行的一大考验。

面对缺粮的情况，会战领导小组召开会议，并作出决定：第一把手既要抓生产又要管生活，书记下伙房，专管生活；食堂设立政治指导员，就餐人数在200人以上的要建立伙委会；指挥部派车出去搞生活物资；得浮肿病的职工一律停止工作，为他们办专门营养伙食；大搞代食品，在上班途中、下班路上，每个人把采挖野菜作为义务；组织打猎队、捕鱼队。由于采取了有效的措施，浮肿病得到了有效的控制，发病率逐月下降。1961年5月底，会战指挥部提出了新的措施：缩短战线，集中力量，保证重点；大力开荒种地；大挖野菜，大搞主副食品加工；建立农副业生产基地，掀起一个南泥湾式的大生产运动，从会战队伍中抽出两万人突击农活。钻井指挥部家属站的家属薛桂芳、王秀敏等5人率先响应号召，主动去开荒。她们的事迹被誉为"五把铁锹闹革命"。在其精神鼓舞下，广大职工家属自觉"组织起来，走生产自给的道路。"这一系列举措使会战队伍在1961年秋季粮食收获季节就基本缓解了缺粮的问题。1961年冬到1962年春，在严寒里会战的一线职工没有一人得浮肿病。1963年，95%以上有劳动能力的家属组成了3398个家属生产队，开荒种地18000亩，初步解决了职工家属的口粮和副食供应问题。

不仅"吃"是问题，"住"也曾是关乎会战能否坚持下去的一个大问题。大庆石油会战的重点区域在萨尔图，萨尔图在蒙语和满语中分别为"多风之地"和"大酱缸"（泥泞的沼泽）的意思，5月份地表依然覆盖着一米多深的

第三章　决定命运的大会战

五把铁锹闹革命

冻土层，又逢雨季，大雨有时连续下十几天不停。当9月雨季过后，因受西伯利亚寒流影响而多大风，于国庆节前后开始下雪，冬季最冷时可达零下40多摄氏度。刚到大庆的会战队伍基本上住在临时搭建的帐篷、牛棚、地窖、木板房，无法抵御冬日的严寒，几万人冬天住哪里，便成了影响会战正常进行的一个大问题。

会战职工野外露营

为了解决冬季"住宿"问题，会战指挥部形成了两种不同的意见：一种认为人是最为宝贵的资源，为了保护会战队伍，除少数留守人员外，应当分批把队伍就近撒到各中等城市的石油厂矿或学校去过冬，待到来年4月大地开始解冻的时候，再继续会战；另一种意见则认为，如果把队伍撤离会战地区，来年再上，至少要耽误半年时间，这必然要延缓我国石油工业的发展，加重国家的经济困难。对此，指挥部争论不休，时任黑龙江省委书记的欧阳钦对余秋里和康世恩提议，可以建"干打垒"的房子，就地取材，建成速度快，既节省木材又冬暖夏凉。

对这一提议进行讨论后，会战工委和会战指挥部果断地作出打一个过冬突击战的决定，要求在严寒到来之前，必须做到"人进屋、机进房、车进库、菜进窖"。为此，会战工委专门成立了"干打垒建设指挥部"，由副部长孙敬文负责，采取组建部分专业队伍和广大职工劳动自建相结合的办法。专业队伍主要负责拉运木材、加工门窗、制造工具等技术性工作，业余队伍白天干本职工作，晚间挑灯打"干打垒"。上至部长，下至工人，男女老少齐上阵，下了班就卷起袖子动手掘土打夯，挑水和泥，脱坯抹墙，一起建房子。经过120天奋战，全油田建成了30万平方米的"干打垒"房子，解了石油会战中几万石油工人住宿难的"燃眉之急"。

职工、家属自己动手，因陋就简，就地取材，盖"干打垒"
房屋，解决了会战队伍的受冻问题

"干打垒"是特定历史条件下的产物，它体现了白手起家、勤俭节约的创业精神。当时建造30万平方米干打垒，只投资了900万元，如果建成砖瓦结构的房屋，大约需要6000万元。在1960年国家经济建设最困难的时期，为国

第三章 决定命运的大会战

家节省了半个多亿的资金。在《大庆精神大庆人》一文中有这样一段记载：看到了"干打垒"就像看到了当年的延安窑洞，来到大庆，就像回到了战争年代的延安。

对大庆人而言，会战不仅要解决吃住等困难问题，还要战胜因交通不便、物资紧缺带来的种种挑战，更要面对几十年不遇的雨水天气造成的难题。

之所以说会战是在困难的地点展开的，是因为这里的自然条件相当恶劣，松辽地区的雨季来得特别早，大地刚解冻，就开始下雨。1960年遇到了40年不遇的连绵降雨。大庆石油会战时的萨尔图不仅没有通公路，连电话线路也未接通，组织指挥生产全靠步行传达，从各地运来的设备、器材、行李堆满了长达50公里的铁路沿线。没有工业水源，无送水管线、设备，钻井用水只能到水泡子去破冰化水，而且要一盆盆地端往井场。钻井设备笨重，安装机械严重短缺，运输汽车载重小，道路破烂不堪，几十吨的钻机运输与安装基本上全靠人拉肩扛。几千台设备运转起来后没有修理设备房，更谈不上机修厂，机修人员在露天进行机器维修。更困难的是当雨季到来后，很多人没有雨衣雨鞋，只能光着脚蹚在水中。衣服晾不干，整天黏糊糊地黏在身上。虽然有帐篷、活动板房、牛棚马圈可以住，但四处漏雨，一天到晚屋外下大雨，屋里下小雨，屋外不下，屋里还滴滴答答。床和被子漏湿了，拧也拧不干，睡不能睡，坐不能坐。就连余秋里住的牛棚，有一天晚上，为了避雨，也把床挪了7次。

雨季给生产带来更大的困难，许多工地和井场都被泡在水塘中，工人们都是站在没膝深的水中干活，还要保证安全和质量。土路经过车碾人踩、大雨冲刷，简直成了烂泥塘，车辆寸步难行。由于洪水隔绝，生活用品上不去，器材设备上不去，支援队伍上不去，有的连音讯都断绝了。有一个5人油建小分队在荒原深处施工，被暴风雨困在野外，失去联系。他们靠野菜充饥，用雨水解渴，坚持施工，度过了7天7夜。连绵的雨季，使大片的草原低洼地变成沼泽，人踩车碾，道路完全不可辨认，运送设备和施工耗材的大型载重运输车很容易陷进泥塘，一线的钻井队、工程队面临停钻、停产的危险，纷纷向指挥部告急。

为解决这一问题，会战指挥部向全战区宣布了战胜雨季的命令：不管雨下多大、多久，哪怕天上下刀子会战也不能撤，只准前进，不许后退，千方百计战胜雨季困难，抓住夏秋季施工的黄金季节。全战区不分干部工人，不分前方后方，不分你的我的，把所有车辆组织起来，由领导干部带队，派出勘察道路的侦察人员,选择最好的第一路线,并同时预备好第二、第三条行车路线,保证最好的车况和出车率,以及适当的载重量;不管哪个地段出现了陷车,驻在附近的队伍,都要有求必应、主动支援;请求附近的国营农场和生产队把他们所有的拖拉机动员出来,摆在陷车最多的地段,随时准备把陷车拖出来。把马车、牛车、人拉的架子车也动员出来,以帮助汽车不能到达的分散单位运送粮食和材料;运输供应战线全体总动员,日夜突击,保证了前线的急需。试油试采工人,雨天抬着绞车到井场试油和清蜡。基本建设和物资供应部门更是千方百计同雨季做斗争。他们抢晴天、战阴天,最终战胜了雨季,站稳了脚跟。解放军沈阳部队派出3000多名指战员到大庆修建公路和供水管线,在雨季里连续紧张施工240天,完成了40多公里的公路和近30公里的"八一"输水管线的修建任务。

1960年6月1日,仅用了一个月时间,大庆油田生产的第一列车原油,就冲破雨雾驶向辽宁锦西炼油厂,汇入了我国石油工业的大动脉。

康世恩(前排左二)为大庆油田首车原油外运剪彩

不经历风雨,难见彩虹。不经过艰难困苦的磨炼,难以成就伟大的精神。可以说,大庆会战胜利,不仅仅为中国人民收获了世界级特大油田,也凝练出了石油人艰苦奋斗、自力更生的民族精神。

三、靠精神更讲科学

大庆石油会战是在国家经济极端困难的条件下,是在原油极其缺乏的严峻形势下展开的。为尽快改变我国原油紧缺状态,甩掉石油工业落后的帽子,会战是用一种超常规方式进行的。1960年2月20日,中央同意会战的批复刚刚下达,2月下旬到3月3日,石油工业部即在哈尔滨市召开了松辽会战第一次筹备工作会。到3月15日,离第一次筹备会议结束还不到两周,各单位到达大庆地区的职工已达1000多人,部队转业官兵已到11000多人,加上松辽局原有5000余名职工,会战队伍已集结了1.7万人,运抵安达的设备器材已有247个车皮,1万余吨。

全国支援大庆石油大会战

1960年3月25日至27日,石油工业部党组在哈尔滨市召开了大庆石油会战第二次筹备会议。余秋里部长在会上宣布:石油会战领导机关立即前往第一线办公。到4月上旬,石油工业部机关党委、各司局领导干部和松辽石油勘探局相继搬迁到黑龙江省安达县,组成了石油会战的指挥机关。据当年4月统计,参加石油会战的人员已到达4万多人。其中总工程师、总地质师、大学教授、工程师和地质师等各类工程技术干部达1000多人。同时,从全国各地运到大庆的各种器材设备已有几十万吨。

就在石油会战队伍集中的同时,石油勘探工作仍在进行。大庆长垣北部的三口探井相继喷出工业油流,对石油会战重点地区的转移起到了推动作用。第一口探井是位于萨尔图构造中央部位的萨66井。这口井于1960年3月11日完钻喷油,日产原油50吨。根据这种新情况,会战领导小组考虑到萨尔图地区交通方便,有利于油田的勘探、开发和建设,决定把石油会战的重点由大庆长垣南部转移到北部的萨尔图地区。于是,1960年3月17日,会战队伍由大同镇一带挥师北上,以萨尔图地区为重点展开了石油会战。

《人民画报》刊发的大庆长垣南部队伍向北部重点地区转移的照片

接着位于高台子以北、萨尔图以南的杏树岗构造上的第一口探井——杏66井,于4月9日完钻喷油,日产原油27吨。位于大庆长垣最北部喇嘛甸构造上的第一口探井喇72井,亦于4月25日完钻喷油,用5毫米油嘴试油,日产原油48吨,用14毫米油嘴试油,日产原油174吨。萨66井、杏66井和喇72井三口探井相继喷油,表明大庆长垣的含油面积又进一步向北延伸。从南起敖包塔、北到喇嘛甸的800余平方公里范围内,都发现工业油流,显示出了大庆油田的轮廓。长垣北部地区的地质条件优于南部地区,越往北地下油层越厚,油井产量越高。因此,人们把萨66井、杏66井和喇72井三口探井喷油,称为"三点定乾坤"。

当时,在萨尔图地区的茫茫草原上,人烟稀少,天寒地冻,可谓是"头

第三章 决定命运的大会战

上晴天一顶,脚下荒原一片",道路没有,电话不通,几万人的石油会战队伍吃、住困难。况且我国当时尚未开发建设过这样大的油田,既没有现成的经验可以借鉴,也不可能照抄照搬国外经验,方方面面的困难接踵而来。余秋里部长和会战领导小组成员学习《实践论》《矛盾论》,总结以往油田勘探和开发中的经验教训,运用唯物辩证法来解决会战中的各种问题。1960年4月10日,石油工业部机关党委作出了大庆石油会战的第一个决定——关于学习毛泽东同志所著《实践论》和《矛盾论》的决定,指出:"党委决定立即组织全体共产党员、共青团员和干部学习毛泽东同志的《矛盾论》《实践论》,并号召非党员职工学习这两个文件,用'两论'的立场观点和方法组织石油大会战的全部工作。"很快,在参战职工中掀起了学"两论"的热潮。大家边学边议,针对面临的困难和矛盾,研究相应办法和措施。

"两论"的学习,统一了大家的思想,大家认为:这困难那困难,国家缺油才是最大的困难;这矛盾那矛盾,在国家缺油这个主要矛盾面前,其他的一切矛盾都是次要矛盾。广大会战职工奋发图强,舍小家为大家,涌现出了以铁人王进喜为代表的英雄人物。王进喜是从玉门油田来大庆参加会战的1205钻井队的队长,在玉门时,王进喜就是全国劳动模范。王进喜带领37位队友,1960年3月15日从玉门油田出发,3月25日到达大庆。到达大庆后,由于吊车、拖拉机、汽车等运输工具短缺,王进喜不等不靠,带领1205钻井队的工友们靠人拉肩扛把60多吨的钻机运到井场,又靠翘杠翘、滚杠滚、人拉肩扛的办法,硬是竖起了井架。打井没有水,王进喜带领大家在附近的水泡子里砸冰端水保开钻。自从钻机运抵大庆,王进喜不分昼夜,连续10多天吃住都在井场,房东大娘为王进喜送饭时,看到累得又黑又瘦的王进喜,心疼地说王进喜真像个铁人,从此,"铁人"的称号,就成为王进喜的代名词,在油田广为流传。

1960年4月29日,在石油大会战誓师大会上,王进喜作为石油会战中涌现出的第一个标兵,披红戴花,骑着高头大马,被职工们敲锣打鼓地送上主席台。王进喜喊出了"宁可少活20年,拼命也要拿下大油田""有条件要上,没有条件创造条件也要上"的豪迈誓言。余秋里部长在大会上带头高呼:"向铁人学习,人人争做铁人。"随着"学铁人,做铁人"活动的深入开展,大庆石油会战高潮迭起:钻井队队长马德仁在泥浆泵上水管线冻结时,不畏严寒,破冰下泥浆池，疏通上水管线；钻井队队长段兴枝在吊车和拖拉机不足的情况下，利用钻机本身的动力设施，解决了钻机搬家困难问题；大庆油田第一个采油队队长薛国邦自制绞车，给第一批油井清蜡，又手持蒸汽管下到土油池化开凝结的原油，保证了大庆油田首车原油外运列车顺利启程；工程队队长朱洪昌在供水管线漏水时，用手捂着漏水，忍着灼烧的疼痛，让焊工焊接裂缝，保证了供水工程提前竣工。王进喜、马德仁、段兴枝、薛国邦和朱洪昌，是在艰苦创业的大庆石油会战初期涌现出的先进标兵。1960年7月1日，会战指挥部再次召开万人大会，树立铁人王进喜为首的"五面红旗"。7月20日，石油工业部机关党委作出《关于开展学习王、马、段、薛、朱运动的决定》。于是，被誉为石油会战"五面红旗"的这5个先进典型，感召和引领参战职工比学赶帮超，连创佳绩。

"五面红旗"——王进喜、马德仁、段兴枝、薛国邦、朱洪昌（自右至左）

1960年5月，在大庆油田第一次思想政治工作会议上，石油工业部党组总结并高度赞扬石油会战职工在艰苦创业中展现出来的"三要""十不"革命精神。"三要"：一要甩掉石油工业落后帽子；二要高速度、高水平拿下大油田；三要赶超世界先进水平，争集体荣誉。"十不"：第一，不讲条件，有条件上，没有条件创造条件也要上；第二，不讲时间，特别是工作紧张时，不分白天黑夜地干；第三，不讲报酬，是为革命而不是为个人物质报酬而劳动；第四，不分级别，有工作大家一起干；第五，不讲职务高低，不管是局长、队长

第三章 决定命运的大会战

都一齐来;第六,不分你我,互相支援;第七,不分南北东西,不分玉门来的、四川来的、新疆来的,为了会战,大家一齐上;第八,不管有无命令,只要是该干的活就抢着干;第九,不分部门,大家同心协力干;第十,不分男女老少,能干就干,什么需要就干什么。经过部党组积极倡导,"三要""十不"精神在大庆油田蔚然成风。这种革命精神一直激励着石油会战职工奋发向上,锐意进取。

大庆石油会战不仅是一部"革命加拼命"的艰苦创业史,更是一部科学求实的自主创新史,是多种学科、多项技术和多个部门相互配合完成的一项大型系统工程。如果没有科学的理念做指导,尊重知识,尊重人才,尊重客观规律,如果没有"因地制宜""土洋结合""苦干加巧干"的科学方法,如果没有广大群众对科技创新工作的积极参与,要想取得会战的胜利是不可想象的。

发现大庆油田是海底捞针,经过了千辛万苦。如何开发好这个大油田,更是让许多人绞尽了脑汁,废寝忘食。会战指挥部从一开始就提出"一切科学分析要建立在大量数据资料、大量事实的基础上"。石油人从最基础做起,制定出《大庆油田勘探和开发过程中取全取准20项资料和72种数据的技术规程》,掀起了以"四全四准"为要求的群众性获取地质资料工作。领导和科技人员组成许多三结合小组,在井场、工地实行"四同五包",其中很重要的工作就是包资料整理和向工人讲地质课。历史资料的齐全准确,为油气储量计算、开发方案制定、油层动态研究、"六分四清"措施、储层挖潜增产、表外储量递增和提高采收率措施等,打下了坚实的基础。广大会战职工和科技工作者,以"三老四严"的科学求实态度,默默奉献,他们不仅攻破了油田开发早期的重重难关,其科学求实的工作态度和精神,也为油田后期的开发、迅速上产、实现高产、持续稳产,创造了一个个世界工业史上的奇迹,积累了大量丰富的原始资料。

在会战中,采用"全民大办地宫"的办法,运用图表、模型等形式,因地制宜,用通俗易懂的方式向群众普及地质知识。科技人员深入基层,同工人同吃、同住、同劳动、同娱乐,为工人群众普及科学知识,提高了广大职工尊重科学、积极参与科技创新的积极性。广大科技工作者以敢为天下先的创新精神,将集体的智慧和科技人员的聪明才智相结合,先后解决了油田开发早期的原油含蜡高、凝点高等系列世界性难题,创造了注水开发的世界水平。

如当年 26 岁的年轻技术员、1954 年毕业于西安石油学校的冯家潮提出利用地层能量，采用"挂灯笼"式的管输流程设计方案，以及北京石油学院的张英教授和任瑛老师发明的水套式加热炉等方法，在油田开发早期就很好地解决了原油含蜡高、凝点高、黏度高的原油集输的世界性难题，这一发明后被命名为"萨尔图流程"；采油技术研究室刘文章主任带领大家历经 1018 次实验，成功发明的"糖葫芦"封隔器，创造了注水开发的世界水平；钻井技术研究室主任陈李中组织的"三结合"攻关队对钻头进行革新，发明的镶装阶梯式刮刀钻头，把仿苏式刮刀钻头平均单只进尺只有 173 米提高到 1000 米以上。1964 年，大庆油田的三项革新成果"水力皮球式封隔器""水套式加热炉""镶装阶梯式刮刀钻头"获得国家重大革新奖，1965 年"萨尔图流程"获得国家发明证书，20 年后，"萨尔图流程"获得了国家科委颁发的发明一等奖。

　　大庆石油会战，不仅体现了中华民族勤劳勇敢的奋斗精神，更体现了大庆人面对科学实事求是的严谨作风。在中国开始寻找石油的时候，外国专家说中国贫油不可能找到石油，大庆找到油田后，一些外国人又换了一种说法，大庆油田原油又黏又稠，只有搬到赤道才能开采，低于 28 摄氏度就会凝固，并吹嘘离开他们中国人就不能开发这样大的油田。但是对于余秋里、康世恩来说，中国人不信这个邪，因为中华民族历来就是一个敢于迎难而上、不服输的民族。用余秋里的话说："对于一个国家来讲，要有民气，对于一个队伍来讲，要有士气，对于一个人来讲，要有志气，这三股气结合起来就会形成强大的精神力量，就没有战胜不了的困难。"也正如王进喜所讲的那样："要将中国贫油的帽子甩到太平洋里去！""宁可少活 20 年，也拼命也要拿下大油田。"正是这种上下一心、众志成城的志气和气概，中国人完全依靠自己的力量，成功开发建设了大庆油田这个世界级特大油田，挺起了中国石油工业的脊梁，让世界石油领域从此有了中国的位置。

第三节　甩掉"贫油"帽

　　大庆石油会战经过三年多艰苦奋斗，取得了重大的成就。会战的三年是只争朝夕的三年，1960 年 4 月吹响会战的号角，当年的 6 月 1 日实现首车原油外运；1962 年大庆的原油首次对外出口，中国由依赖"洋油"过日子一跃成为石油输出国;1963年,大庆探明了一个含油面积达800多平方公里、地质储量达22.6亿吨的大油田,这是当时世界上为数不多的几个大油田之一;到1963年底,已开发建设了146平方公里的油田,年产原油生产能力600多万吨,当年生产原油450万吨,石油产品已达几百种,对实现我国石油的基本自给起了决定性的作用。

大庆石油会战的成功,使中国石油工业的发展实现了历史性的转变。1963年12月3日,周恩来总理在第二届全国人民代表大会第四次会议上庄严宣布:"中国人民使用'洋油'的时代,即将一去不复返了!"会场里顿时响起了雷鸣般的掌声。12月4日《第二届全国人民代表大会第四次会议新闻公报》宣布:"我国需要的石油过去绝大部分依靠进口,现在已经可以基本自给了!"这个重大的历史性宣告,轰动了世界,震惊了全国,也振奋了全国人民的信心。同时,也让大家感觉很惊讶,为什么惊讶呢?由于中国当时面临的国际局势和压力,大庆油田的会战是在保密的情况下进行的,当年会战时,大庆油田对外使用的称呼是"安达农垦总厂"。

王进喜、石油女工身穿印着"农垦"字样的工作服

随着石油自给的喜讯传开,大庆油田的会战情况也应告知于国人了。于是,在全国人大二届四次会议上,按照大会安排,余秋里在人民大会堂向与会代表作了半小时报告,简要汇报了关于开展大庆石油会战的情况。他深有感触地说:"大庆会战并不光在于拿下了一个大油田,关键是摔打出了一支队伍,

可以打上甘岭那样的队伍！"紧接着，12月24日，康世恩在首都体育馆召开的北京市干部大会上作了长达两天的《关于大庆石油会战的报告》；25日，《人民日报》发表了新华社记者采写的《石油产品已基本自给，"洋油"时代将一去不复返》的报道；28日，在人民大会堂由余秋里为北京中直机关的17级以上干部又做了一场有关大庆石油会战的情况报告。就这样，胜利的石油大会战用报告会、新闻、喜讯等方式，通过口口相传、红色电波传遍了祖国的天涯海角，让全国人民都为之骄傲。

在康世恩长达两天的报告中，主会场有千余人，还设有几个分会场。中央政治局委员、中央书记处书记兼北京市委书记彭真主持大会，余秋里也出席了报告会。大会全面、系统地总结了大庆石油会战的历程、成果、做法和经验等，使首都人民开始认识并了解了大庆人和大庆石油会战。他总结到大庆石油会战在三年半的时间搞成了三件大事情：第一件是拿下了一个大油田，这个油田是世界上特大油田之一；第二件是在这个油田上，已经建成一个年产600万吨原油的石油基地；第三件，建成了一座大型炼油厂，第一期工程已经投产。同时，他指出，会战更重要的收获是培养和锻炼了一支队伍。这支队伍经过艰苦的锻炼，思想觉悟大有提高，组织性、纪律性得到了加强，技术水平也有很大进步，能吃苦耐劳、能打硬仗。

余秋里和康世恩的报告，在中央机关和北京市领导干部中引起强烈反响。刚刚经历了三年困难时期的人们，听到这样一个长我志气、扬我国威的生动报告，受到了极大的振奋和鼓舞。接着，人民日报、新华社等新闻单位的记者纷纷奔赴大庆采访。

系列报告会后，石油工业部党组在余秋里和康世恩报告的基础上，又经过认真讨论总结，于1964年元月向中央写了《关于大庆石油会战情况的报告》。报告共分两部分：一是三年来取得的主要成绩；二是会战取得的九条经验。

第一个方面，取得的六项主要成绩：

第一，拿下了一个大油田，创造了一系列世界先进成绩。

大庆油田，从1959年9月第一口井见油，到1960年底，就探明了油田面积并且大体上算出了储量，这期间只用了一年多一点的时间。而苏联最大的油田——罗马什金油田，是他们勘探速度最快的一个大油田，从1948年第一口井见油，到1951年，用了三年多时间，才大致了解了油田面积。

第三章 决定命运的大会战

会战3年多,打了一千多口油井,都是一千多米深井。每台钻机平均每月打井的速度,与1958年和1959年两年相比,要快一倍多;与1957年相比,要快三倍多。也就是说,1963年的一台钻机顶1957年的4台使用,1套人马做了那时4套人马的工作量。这反映了打井速度与技术水平的提高。

苏联部长会议正式命名的格林尼亚功勋钻井队,1960年用11个月左右的时间,打井31300米。而大庆油田1202钻井队,1961年只用9个月左右的时间,就打井31746米,超过了苏联的这个功勋队。

可以看出,大庆油田的勘探速度和打井速度,与国外水平比较,也是比较高的。苏联第二个大油田——杜依玛兹油田,从1945年到1955年,用了10年多的时间,建成年产原油995万吨的生产规模;大庆油田达到它同样的生产规模,大约用了5年的时间,速度要比他们快一倍。

第二,建成了年产原油几百万吨的生产规模和大型炼油厂第一期工程,工程质量处于先进水平。

三年多来,在大庆油田开发区,建成了集油、输油、储油、注水、供电、机修、通讯、道路等八大系统工程。

大庆油田打井质量好。油井合格率达到99.6%,岩心收获率达到95.6%。苏联教科书上讲,岩心收获率达到45%就是好的,而他们实际上比这低得多,比如杜依玛兹油田的岩心收获率,1960年只有30.5%。

油田建设工程质量也是好的。已经建成验收的输油、输气、输水管线几百公里,有十几万个焊口,一次试压的结果,不漏油、不漏气、不漏水的达到99.92%。1963年建成的100多项工程,由于在建设过程中严格保证质量,全部达到试车、投产一次成功。

在大庆油田上建设的大型炼油厂,完全是我国自己设计、自己施工的。从1962年4月开始,只用了一年半的时间,建成了第一期工程,1963年10月已投入了生产。这个工程,与苏联设计、苏联供应设备、苏联帮助施工的兰州炼油厂同类工程比较,其建设速度加快了一年多时间,装置布局比较合理,用材料少,工程质量更为良好,做到了"四个一次成功",即工程质量总验收一次合格、一次投产成功、产品质量一次合格、油品收率一次达到设计要求。这是我国炼油厂建设的新水平。

第三,三年多累计生产原油1166.2万吨,油田生产管理水平不断提高。

大庆石油会战1960年4月29日召开誓师大会，6月1日就实现首车600吨原油外运。会战三年，原油产量连年增加，到1963年底，建成了年产600万吨产能，累计生产原油1166.2万吨。

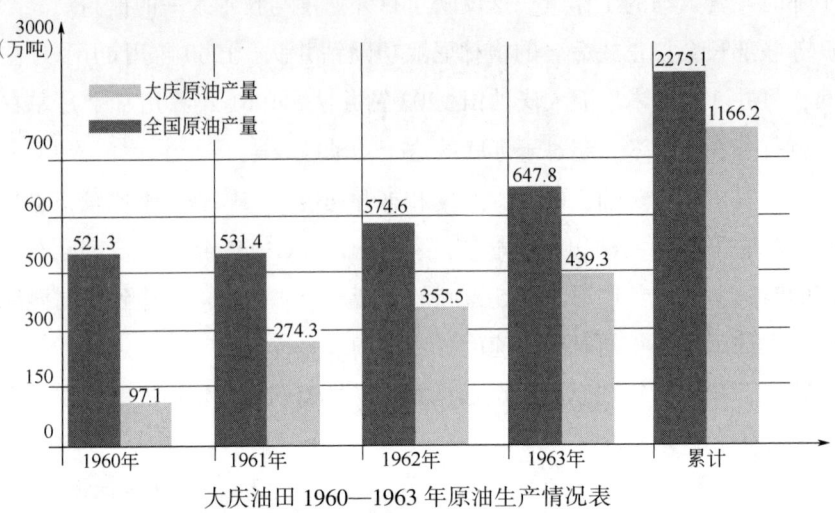

大庆油田1960—1963年原油生产情况表

在大庆油田，在已开发区域内，所有生产井全部做到了井场无油污、井下无落物，也就是井上没有一点油污、井下没有掉一件东西。这是苏联油田生产管理上没有做到的事情，这表明我国油田生产管理已上升到一个新的水平。在勘探、钻井、采油、运输、供水、仓库和生活管理等各个方面，都建立了基层岗位责任制，油田生产建立起严格、正常的秩序。

会战开始，大庆的同志们提出了一个口号：要"高速度、高水平地拿下这个大油田"。为了搞清是不是做到了这一点，他们组织了国内五六百名专家，到那里去鉴定，还专门组织了曾留学苏联、罗马尼亚、美国、意大利的人员进行检查，要大家挑毛病，看到底是不是高水平。专家们看到大庆的地质资料那么好，看到井场没有油污、不漏油、不漏气，就连声夸赞说：这是他们从来没有看到过的，并再三询问这一切究竟是如何做到的。这反映了大庆油田的建设水平和生产管理水平是比较高的。

第四，进行了大量的科学研究工作，解决了世界油田开发史上的几大技术难题。

在制定油田开发方案的科学依据方面，大庆油田的开发方案，其资料比较充分，比较符合油田实际情况，执行得比较顺利。如苏联杜依玛兹油田开始制订开发方案时，只有16口探井的资料，只有1270多块岩心样品的分析数据，而大庆油田在制订开发方案时，就有85口探井的资料，有28000多块岩心样品的分析数据。

开采多油层的油田，需要有个封隔器，只有这样才能分层开采、分层注水。国外一般采用钢制的封隔器，很不安全。他们根据大庆油田多油层的特点，自己创造了水力皮球式多级封隔器，使用方便安全，可封隔五六个油层。有了这个工具，在井下，就可以做到要封隔哪一层就封隔哪一层，注水要注哪一层就注哪一层。

大庆原油的特点，是含蜡多、凝点高、黏度大，在地面零上28℃就不流动了。如何集中和输送这种原油，是个大难题。印度尼西亚有这种原油，但它位于赤道附近，采用两根管子输送：一根管子送油，一根管子用热水加温伴送。这样就需要大量锅炉、管线、建设慢、投资大、费用多，我们用不起。于是，他们发动了相关人员进行攻关，结果创造了一个既科学、简单，又经济、安全的办法。不仅解决了输送这种原油的大难题，而且比普通输送方法还节约成本。比如，与苏联设计的克拉玛依油田的输送方法比较，节省钢材33%，节省投资13.5%。

第五，经济效果好，国家投资已经全部收回，并开始为国家积累资金。

1960年到1963年，四年共用国家投资七亿一千万元；上缴利润九亿四千四百万元，折旧一亿一千六百万元，合计十亿五千六百万元，投资回收率达到

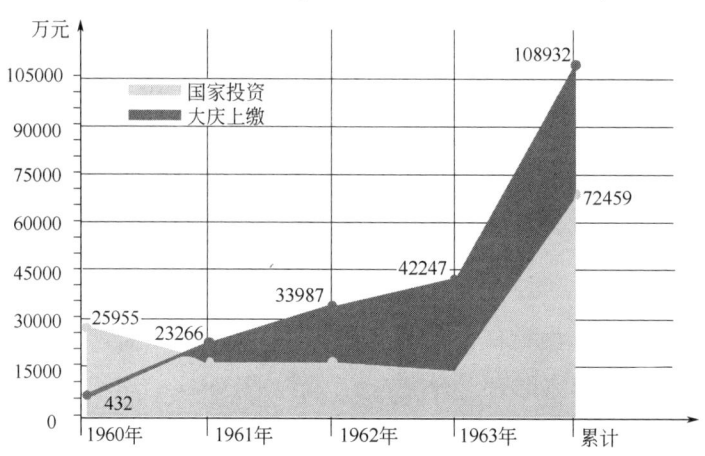

1960—1963年国家为大庆油田投资及资金回收情况

149%。除回收全部投资外，还为国家积累了资金三亿五千万元。所以我们建设大庆油田，真正做到了又多、又快、又好、又省。

第六，更重要的是，大庆石油会战锻炼培养出了一支有阶级觉悟、有一定技术素养，干劲大、作风好，有组织、有纪律，能吃苦耐劳、能打硬仗的石油工业队伍，并且取得了比较丰富的经验。

第二个方面，就是取得了九条基本的经验：

一是社会主义的现代化企业，必须革命化。大庆油田是总路线的产物，是毛泽东思想的产物。大庆石油会战的胜利，其灵魂不是几大技术问题的解决，而是坚持党的实事求是的思想路线，尊重和坚持按照客观规律办事，如果不按照毛泽东思想办事，在那样艰苦的条件下，要想拿下这个大油田，速度又这样快，质量又这样好，水平又这样高，是不可能的。大庆石油会战的胜利，在于坚持了正确的政治方向，坚决按照总路线的精神办事，始终鼓足干劲、力争上游、毫不犹豫、毫不动摇、坚决顽强、战斗到底；同时，认真地吸取了过去工作中的教训，总结了经验，以高度的革命精神，把工作做得更细致、更扎实，实事求是，调查研究，步子走得更正、更好。

二是高度的革命精神与严格的科学精神相结合。大庆石油会战职工的革命精神和革命干劲，是三年如一日的。有了这个精神，才人人争上游、事事争上游，才敢于提出在大庆油田的勘探和开发上要争夺世界冠军。高度的革命精神、冲天的革命干劲，与严格的科学精神结合在一起，最终发挥巨大的威力，使主观与客观相一致，使生产和科学技术都达到预期的效果，做出很好的成绩。

三是现代化企业要认真搞群众运动。现代化企业，要不要搞群众运动？对于这一问题，大庆石油会战作出了肯定的回答。搞社会主义企业，要依靠广大职工的革命行动。大庆石油会战本身就是一个大规模的群众运动。问题不是要不要搞群众运动，而是要认真搞、扎实搞；不然的话，就可能搞乱，就可能使群众疲劳，妨害生产。现在看来，在企业里搞群众运动的主要形式应以"五好"为目标，以先进为榜样，开展轰轰烈烈的比、学、赶、帮。这样的群众运动，因其与生产紧密结合，有充实的内容，有鲜明的旗帜，所以越比越有劲，越比越进步。

四是认真做好基础工作，狠抓基层建设。要办好一个企业，必须把根基打

第三章 决定命运的大会战

得扎扎实实、牢牢靠靠,只有这样,生产秩序就会井井有条,生产就会稳定上升,队伍就能打硬仗,就可以有效地贯彻执行党的方针政策。因此,在一个企业内部,不能仅搞轰轰烈烈,只图热闹,更重要的是,应该把力气使在打基础上。

五是领导干部亲临前线,一切为了生产。企业是搞生产的,衡量企业办得好不好,最终要以生产成绩为标准。因此,企业领导及部门,对于一切工作,都必须从生产出发,以搞好生产为共同目标。离开生产这个主题,就会失去工作内容,就会脱离群众,脱离实际。其结果必然是分散力量,搞不好生产。

六是积极培养和大胆提拔年轻干部。干部队伍的建设是队伍建设中的一个重要问题。对现代化企业而言,重要的是要建设一支素质精良的技术干部队伍,因为现代化企业如果没有一支好的技术队伍,技术水平就不能提高,企业则无法发展。培养干部,首先需要领导重视,要从整个革命事业出发。干部是革命的最大本钱。培养干部,这是一件意义长远的大事,不仅关系到现在,而且还关乎将来。因此,培养和提拔年轻干部,是非常重要的。

七是培养良好作风。工作作风很重要。一个队伍,如果没有好的作风,松松垮垮,马马虎虎,稀稀拉拉,是办不好事的。而好作风的实质,则要求把革命精神和扎扎实实的工作态度具体化,成为人们日常行动的准则。

八是全面关心职工生活。会战中大庆油田职工的工作紧张、劳动强度大。但是,职工的精力一直很充沛,情绪始终很饱满,这是什么缘故呢?这除了职工有高度的政治觉悟外,也由于会战中领导比较全面地关心了职工生活,适当地注意了劳逸结合,适当地注意了按劳付酬,贯彻执行了党的政治鼓励与物质鼓励相结合的方针。

九是认真学习人民解放军的政治工作。政治思想工作就是高举毛泽东思想红旗,发扬革命精神,结合石油工业的特点,认真地学习人民解放军的政治工作经验。

此报告经毛主席同意,1964年2月5日,中共中央向全党转发了这个报告,而且在转发报告的文件中,中央通知并要求:中央和各地报刊、电台向全国人民介绍大庆石油会战的情况和经验,号召在全国工业系统、交通战线正式开展"工业学大庆"运动。在全国文教战线、政府部门,参照大庆经验开展学大庆运动。

思考题

1. 大庆会战是在什么样的历史背景下展开的?
2. 大庆会战胜利的意义是什么?
3. 大庆会战取得了哪些成绩和经验?

第四章 大庆精神的产生

第一节 毛主席号召"工业学大庆"

大庆石油会战取得的成绩及成功经验,得到了毛泽东主席的高度评价。1964年1月7日,毛泽东在听取全国工业交通情况汇报时,指示报纸要写点新鲜事物,报道学习解放军、学习石油工业部,并在会上肯定了石油工业部的经验,表扬了大庆铁人王进喜。

1964年1月25日,毛泽东在中南海听取余秋里汇报石油大会战情况。余秋里讲道:"我们在松辽搞的这个石油大会战,能这么快取得胜利,关键是靠'两论'起家,靠学习主席的《实践论》和《矛盾论》这两本书的指导。"说起大会战,他如数家珍,原计划讲半个小时,不知不觉地竟讲了两个半小时。听了余秋里的汇报,毛泽东感到很满意。他笑着说:"我看这个工业,就要这个搞法,向你们学习嘛!要学大庆嘛!"随后,《人民日报》以一版头条通栏刊出毛泽东的号召:"工业学大庆"。毛泽东的号召,极大地振奋了全国人民自力更生、奋发图强的精神,促进了各行各业比、学、赶、帮、超等运动的深入开展。

1964年2月5日,中共中央下发〔64〕78号文件,要求各地将《中共中央关于传达石油工业部〈关于大庆石油会战情况的报告〉》全文和录音传达到基层,通知指出:"大庆油田的经验虽然有其特殊性,但是具有普遍意义。他们贯彻执行了党的社会主义建设总路线,坚持政治挂帅,坚持群众路线,系统地学习和运用解放军政治工作经验,把政治思想、革命干劲和科学管理紧密结合起来,把工作做活了,把事情做活了。它是一个多快好省的典型。它的一些主要经验不仅在工业部门中适用,在交通、财贸、文教各部门,在党、政、军、群众团体的各级机关中也都适用,或者可做参考。"通知要求把文件一直传达到基层,同时布置要播放石油工业部报告的录音。全国工业战线迅速掀起了学习大庆精神、学习大庆油田经验的热潮。

1964年2月13日,在人民大会堂的春节座谈会上,毛泽东发出号召:"要鼓起劲来,所以,要学解放军、学大庆","要学习解放军、学习石油部大庆油田的经验,学习城市、乡村、工厂、学校、机关的好典型"。此后,全国工业交通战线掀起了学习大庆经验的运动。

全国性的"工业学大庆"运动从1964年开始,至1981年结束,前后历时17年,大致可以分为四个阶段。

第一阶段(1964.1—1966.5):大庆经验被广为宣传,形成全国工业学大庆运动高潮。

1964年1月25日,毛主席发出"工业学大庆"伟大号召,2月5日,中共中央向全国转发了石油工业部《关于大庆石油会战情况的报告》,4月19日至20日,新华社记者袁木、范荣康采写的《大庆精神大庆人》长篇通讯在中央人民广播电台播出,同时在《人民日报》等各大报纸发表。首次向全世界公布中国发现了大庆油田。此后,《人民日报》又陆续发表了《永不卷刃的尖刀——记大庆油田一二〇二钻井队》《在岗位上——大庆油田李天照采油井组纪事》《在革命化的道路上——大庆油田工人座谈会记录》《他们是怎样看,怎样做思想政治工作的?——大庆油田基层政治工作人员座谈会记录》《康庄大道——大庆油田自力更生赞歌》等多篇通讯报道。这些文章从不同的侧面反映出大庆人的英雄业绩。《人民日报》发表这些文章的目的,除了宣传大庆这个先进典型,还特别注意宣传大庆人将革命干劲与科学态度相结合的精神。与此同时,中央和各地报刊电台都连续宣传报道了大庆石油会战的事迹和经验,使"工业学大庆"号召在全国叫响。"工业学大庆"活动对于当时振奋中国人民自力更生、奋发图强的精神,推进社会主义建设事业,起到了十分积极的作用。

1964年12月,在全国人大三届一次会议上,周恩来总理在《政府工作报告》中对大庆石油会战的基本经验做了总结。在肯定了大庆油田的成绩之后,

第四章 大庆精神的产生

周恩来满怀豪情地说:"现在,由于大庆油田的开发和一些新炼油厂的建成,我国经济建设、国防建设和人民生活所需要的石油,不论在数量或者品种方面,基本上都可以自给了。"

1964年4月20日,《人民日报》第一版发表《大庆精神 大庆人》

周恩来在报告的最后还特别强调,要在全国各行各业开展比先进、学先进、赶先进、帮后进的运动,形成学解放军、学大庆的热潮。他强调,我们各级领导机关、各种事业单位和广大干部,要学习解放军、学习大庆的彻底革命的精神和工作作风,使自己在革命化的道路上向前迈进。

1965年1月14日,中共中央将周恩来的这个报告发至党内县团级以上干部学习。随着报纸、电台等新闻媒介的广泛宣传,"大庆"这个原来鲜为人知的名字开始传遍全国各地。一大批文化艺术界、新闻界的知名人士在周恩来的鼓励下,陆续来到大庆,深入生活进行创作,讴歌中国工人阶级在社会主义建设中的创造性劳动。随后,郭沫若、赵树理等知名作家为大庆油田创作了诗词，特别是随着歌曲《我为祖国献石油》的传唱，"我当个石油工人多荣耀，头戴铝盔走天涯"。"我为祖国献石油，石油滚滚流，我的心里乐开了花"，这些充满激情的豪迈歌词与旋律，使大庆油田被全国人民所熟知，并在全国范围内掀起了学习大庆的热潮，大庆成为全国工业战线学习的标杆和旗帜！电影《大庆战歌》、话剧《初升的太阳》、歌曲《大庆家属闹革命》，以及后来创作的电影《创业》等便是其中的代表作。随着中央文件的传达和新闻工具、文艺作品的广泛宣传，工业学大庆运动在全国轰轰烈烈地开展起来。

1964年，《中国画报》封面照片——王进喜

在掀起工业学大庆运动前后，全国各地纷纷组成学习参观团赴大庆参观学习，党和国家领导人周恩来、朱德、董必武、贺龙、陈毅等先后多次到大庆视察工作，或赞扬，或肯定，或指示，或题词，对大庆油田生产和工业学大庆运动都起了积极的促进作用。

在一代伟人的亲切关怀和悉心培养下，大庆这面红旗在全国树立起来。它是那样的鲜明，充满了生命力、号召力和凝聚力。旗帜是方向，旗帜是力量，

第四章 大庆精神的产生

在大庆这面红旗指引下,各行各业掀起学大庆、赶大庆的高潮。工业学大庆运动的广泛开展,极大地鼓舞了广大职工的革命精神。

从1966年1月至4月,《人民日报》以社论、短评、文章、编者按等形式,先后十余次发表了关于大庆和有关学大庆的论述,"工业学大庆"运动逐渐形成高潮。全国各地工交企业普遍开展学习大庆"自力更生,艰苦创业""三老四严""四个一样"等经验,一个比学赶帮超的群众性运动在全国城乡各地迅速掀起。3月7日《人民日报》刊载近两年来全国工业交通战线涌现出的潞安矿务局石圪节煤矿、石景山钢铁公司炼铁厂等70个大庆式先进单位。

工业学大庆运动在全国工业、交通领域产生了很大的影响。各地在学大庆运动中都十分注意学习大庆的基本经验和大庆精神,注意学习大庆"两论"起家的基本功,学习大庆人为国分忧,自力更生、艰苦奋斗的革命精神。1966年3月21日,《人民日报》在《学大庆、赶大庆、超大庆,创造更多的大庆式企业》的总标题下,发表了一组各地干部职工学大庆的心得体会来信,并配发编者按,编者按指出:"学大庆应该从各个企业的具体情况出发,应该把大庆的先进经验同本企业的具体情况结合起来。兄弟单位的先进经验,不通过自己的实践,不通过总结和推广自己的经验,是不可能生根、发芽、开花、结果的。每个地区、每个单位、每个企业学大庆,都要总结自己的经验,这样才能把大庆经验真正学到手。"可以说,这一时期的"工业学大庆"是实事求是的,没有出现拔高和脱离实际的情况。

第二阶段(1966.5—1976.10):"文革"时期的"工业学大庆"运动。

正当全国工业学大庆运动步入迅速发展之际不久,由于"文化大革命"运动的冲击和"四人帮"的干扰,工业学大庆运动受到了严重影响和破坏,经历了一个曲折的发展历程。但大庆广大职工与"四人帮"针锋相对,自觉发扬大庆精神、铁人精神,坚强勇敢,排除干扰,坚守岗位,大幅度提高原油产量,使国民经济在大动乱中仍能取得进展。

持续十年的"文革"开始后,1966年10月,大庆展览在北京历史博物馆展出,江青一伙攻击说是突出刘少奇的黑展览。从此开始,"四人帮"一伙把矛头对准大庆,诬蔑大庆是"唯生产力论"的典型,把大庆的基本经验统统攻击为"修正主义"的东西,把"三老""四严""四个一样"《生产岗位责任制》诬蔑为套在工人脖子上的精神枷锁,叫喊要"火烧一切制度、彻底解放工人"。更为严重的是,他们竟鼓吹"不搞科研照样出油",造成了油田生产管理上的混乱。在关键时刻,周恩来同"四人帮"一伙进行了针锋相对的斗争,旗帜鲜明而又坚定地保护了大庆油田和大庆的广大干部。1967年,周恩来在关于大庆军管的文件开头亲自加上"大庆油田是在伟大的毛泽东思想哺育下成长起来的我国工业战线上的一面红旗",并说明这是按毛主席批示办的。1970年,周恩来在《关于当前大庆油田主要情况的报告》上批示:要保护好大庆油田,要加速解放大庆的干部,特别强调大庆不要忘本,要恢复"两论起家"的基本功。周恩来保护大庆油田的举动震慑了"四人帮"一伙的嚣张气焰,给处在困境中的大庆广大干部职工以巨大鼓舞和支持。

"文化大革命"十年当中,党中央国务院多次通过重要会议、文件以及党报社论,反复重申"工业学大庆。"毛泽东、周恩来等党和国家领导人多次肯定大庆经验,反复提倡学习大庆精神、铁人精神,广大干部职工响应党中央毛主席的号召,极力抵制"四人帮"的干扰和破坏,使工业学大庆运动在反复和曲折中开展。1970年9月25日,《人民日报》发表《我国石油工业多快好省地向前发展》的社论,肯定了大庆经验,肯定了工业学大庆运动,此后工业战线上工业学大庆的群众运动又开展起来了。1971年6月20日,《人民日报》发表社论《工业学大庆》。此篇社论由周恩来亲自修改审定,强调指出:"大庆是伟大领袖毛主席树立的一面红旗""工业学大庆,是毛主席向全国人民发出的伟大号召,大庆的道路是按照毛主席的无产阶级革命路线发展工业的道路,大庆油田的开发和建设充分体现了鞍钢宪法的精神,是我国工业史上一次伟大的革命实践。"自6月20日《人民日报》的《工业学大庆》社论发表以后,全国工业战线广大干部和群众立即组织学习,深刻领会和坚决落实毛主席关于工业学大庆的伟大号召,出现了一个新的工业学大庆热潮。

"文革"期间,大庆生产建设一天也没有停止,并提出口号"大干社会主义有理、大干社会主义有功、大干社会主义光荣、大干了还要大干"。在此期间,大庆干部职工排除干扰,开发建设喇嘛甸油田,建设大型化纤厂、化肥厂,支援辽河、江汉和输油管线会战,克服困难,坚持大干,原油产量平均每年以28%的速度递增,1976年使原油产量达到5000万吨,为支撑当时濒于崩溃边缘的国民经济做出了重大贡献。

第四章　大庆精神的产生

1971年6月20日,《人民日报》发表社论《工业学大庆》

第三阶段（1976.10—1980.9）：第二次全国"工业学大庆"运动高潮。

粉碎"四人帮"后，党中央为肃清"四人帮"在工业战线的流毒和影响，为使国民经济从瘫痪、半瘫痪状态走出来，中共中央于1977年1月19日发出《关于召开全国工业学大庆会议的通知》，通知充分肯定大庆这个典型，对其贡献、经验、革命精神、意义予以高度评价。1977年4月20日至5月13日，"全国工业学大庆会议"召开。大会分为两个阶段，先后在大庆和北京隆重举行。党和国家领导人华国锋、李先念、纪登奎、汪东兴、李德生、陈永贵、吴桂贤、苏振华、王震、余秋里、谷牧等和来自全国各地的7000多名代表参加了会议。这次会议使全国工业学大庆运动再掀高潮，运动的内容也转为创办"大庆式企业"。在运动中全国涌现出一些像开滦煤矿那样的"大庆式企业"。会议对粉碎"四人帮"后，对企业开展整顿，把"四人帮"颠倒了的是非重新正过来，起了很重要的作用。运动中各地企业以大庆为榜样，建立健全了企业管理制度。促进了全国工业生产形势的迅速好转。但同时，会议又在学大庆运动上表现出浮夸和冒进的倾向。要求在第五个五年计划期间，全国至少有三分之一的企业办成大庆式企业,还要求石油部门要为创建十来个大庆而奋斗。这个要求脱离了国情,是不切实际的。但是对于推广大庆经验,发扬大庆精神,整顿被"文革"严重破坏的工交企业,起了积极的作用。

第四阶段（1981.12）：全国"工业学大庆"运动终结。

1978年,党的十一届三中全会恢复了实事求是的优良传统,全国工业战线涌现出许多各式各样、在改革开放方面成绩卓著的先进典型和先进经验。显然,"工业学大庆"以群众运动方式推动企业生产的方式已不合时宜。1980年9月,针对社会上各种思潮和对大庆经验的议论,中共黑龙江省委第一书记李力安,给中央写了一封信,提出工业学大庆问题,要有一个明确的说法,以便统一大家的认识。时任中共中央总书记的胡耀邦对这封信作出批示,要求中央书记处对信中提出的问题研究讨论。

根据中央要求,国家经委党组认真组织全国性的"工业学大庆"运动调查研究。1981年11月,将调查结果形成报告,给中央书记处写了《关于工业学大庆问题的报告》。中央书记处在认真研究这个报告后,决定以中共中央名义转发。这就是1981年12月18日发出的中共中央第47号文件——中共中央转发国家经委党组《关于工业学大庆问题的报告》的通知。

1981年12月26日,《人民日报》第一版发表《发扬大庆艰苦创业精神推进四化建设》

第四章 大庆精神的产生

通知中肯定了大庆的基本经验。这些经验不仅在过去起了好的作用，而且对于加强政治思想领导，振奋革命精神，搞好现有企业的整顿，提高企业管理水平，推进社会主义现代化建设仍然有重要意义。

通知中明确指出："大庆油田在生产建设实践中创造了许多宝贵经验，其中最可贵的是他们从油田的实际出发，认真学习和运用毛泽东思想，在实际斗争中培养出来的大庆精神。"通知又指出："过去我们靠这种精神甩掉了石油工业的落后帽子，今后还要靠这种精神推进社会主义现代化建设。"通知同时强调："大庆的许多宝贵经验，仍然有着重要的现实意义，中央希望全国工交战线的领导干部和广大职工，都要从自己的实际情况出发，学习和发展包括大庆在内的一切先进典型的好经验，以改进领导作风，建设职工队伍，加强企业管理，推进四化建设。"中央在通知中还分析说："大庆石油职工之所以能够创造出那样的英雄业绩，为国家做出那样大的贡献，最重要的就在于他们继承和发扬了我国工人阶级的革命传统和优良品德，就在于他们有强烈的爱国主义精神和民族自豪感，有不怕困难、勇挑重担的革命英雄主义气概，有高度的国家主人翁责任感，他们的这种精神充分体现了我国工人阶级的本色，在社会主义现代化建设的新时期，应该进一步发扬光大。"

中央的通知在充分肯定大庆精神和大庆基本经验的同时，也实事求是地指出，过去在长期"左"的思想影响下，大庆的一切经验几乎都和阶级斗争、路线斗争联系起来，去总结、去拔高，总结一次，拔高一次，直接把这些经验绝对化、模式化，在宣传和推广中出现了这样和那样的问题，这是在特定的历史条件下造成的，主要责任在当时的党中央，在有关的上级领导。

中央的通知下达后，随着我国经济体制改革的步伐步步深入，随着对外开放步伐的加快，随着社会主义市场经济体制的逐步建立，我们已经改变了依靠群众运动推动经济建设的做法，中央虽然肯定指出大庆的许多宝贵经验，仍然有着重要的现实意义，大庆的基本经验仍然应该继续宣传和推广，大庆自力更生、艰苦奋斗的革命精神仍然应该继续提倡和发扬，以铁人王进喜为代表的大庆职工的好思想、好作风，仍然应该学习和表彰。但"工业学大庆"运动的做法不再推广，"工业学大庆"的口号也不再继续宣传，学大庆主要是坚持弘扬大庆精神、铁人精神，而不是开展群众性运动。

这个始于1964年，结束于1981年的全国性"工业学大庆"运动，其间有两次大的高潮。这一运动历经17年之久，走过了一个曲折发展的历程。这一运动，在共和国的历史上可以说是持续时间长、波及面广、涉及人数众多，对于全国政治、经济、文化诸多方面产生深远影响的一次运动。中央47号文件下发以后，自1964年毛主席发出"工业学大庆"号召以后，中央在国务院国家经委下专门设立的主要领导、指导和推动全国的"工业学大庆"运动办公室随即撤销。全国性的"工业学大庆"作为一项运动渐渐尘埃落定。

第二节 大庆精神的凝练过程

"大庆精神"从作为一个政治概念被提出来，再到它的成文经历了一个长时间的孕育、总结、凝练和升华的过程。在这方面，党和国家领导人、政工宣传干部、新闻媒体功不可没。总的来说，大庆精神的凝练过程大体分为四个重要阶段。

第一个阶段（1964—1978年）： 此阶段虽然提出"大庆精神"的名词，但"工业学大庆"主要以学习大庆"三老四严""四个一样"等经验做法为主。

1964年1月25日，毛主席发出"工业学大庆"这个号召以后，全国性的"工业学大庆"运动随即轰轰烈烈展开。这个时候的"工业学大庆"主要是学大庆会战的9条经验，以及以"三老四严"为核心的一些具体做法。9条经验是：社会主义现代化企业，必须革命化；高度的革命精神与严格的科学态度相结合；现代化企业要认真搞群众运动；认真做好基础工作，狠抓基层建设；领导干部亲临前线，一切为了生产；积极培养和大胆提拔年轻干部；培养一个好作风；全面关心职工生活；认真地学习人民解放军的政治工作经验。

1964年4月20日，《人民日报》在第一版《学习大庆经验，把革命干劲和科学精神结合起来》的通栏标题下，发表了记者袁木、范荣康写的长篇通

第四章 大庆精神的产生

讯《大庆精神，大庆人》，在配发的编后语《崇高的榜样》中讲到："大庆精神，就是无产阶级的革命精神。大庆人，是特种材料制成的人，就是用无产阶级革命精神武装起来的人。这种精神，这种人，就是我们学习的崇高榜样。"正是这篇著名的长篇通讯，第一次向世界宣布，中国有了属于自己的特大油田——大庆油田；第一次提出了一个具有伟大意义的政治概念——大庆精神。通讯以"延安革命精神发扬光大""为了全国人民的远大理想""岩心和赤胆忠心""好作风必须从小处培养起""永不生锈的万能螺丝钉""关心别人胜过关心自己"为题，从6个方面介绍了大庆石油会战的历程和经验，通过会战展示了各方面优秀人物的典型事例、先进集体的奋斗业绩，介绍了大庆人在困难的时候、困难的地方、困难的条件下，以"两论"为指导，以铁人王进喜为代表的大庆人发扬自力更生、艰苦奋斗的革命精神，用革命加拼命的精神，展开夺油大会战的情景。通讯使大庆人的精神处处力透纸背，却并未就"大庆精神"的内涵进行归纳提炼。但从此开始，"大庆精神"这个名词就像一把号角，成为鼓舞我们前进、推动企事业发展的强大动力，成为我们享用了半个多世纪的精神财富。

1964年12月，在全国人大三届一次会议上，周恩来总理在《政府工作报告》中对大庆石油会战的基本经验做了总结。他指出："这个油田的建设，是学习毛泽东思想的典范，用他们自己的话说，是以'两论起家'。""这个油田也是大学解放军、具体运用解放军政治工作经验的典范。这个油田自始至终坚持了集中领导和群众运动相结合的原则，坚持了高度革命精神和严格的科学态度相结合的原则，坚持革命精神和勘探建设相结合的原则，全面体现了社会主义建设总路线的多快好省的要求"。

这是周恩来总理在国家层面从理论到实践对大庆石油会战九条经验的高度概括，对引导和推动全国"工业学大庆"运动的顺利开展，对于人们准确理解和学习大庆经验及"大庆精神"具有重大现实意义。

1974年9月下旬，黑龙江省为总结全省"工业学大庆"10年来的经验，纪念毛主席向全国发出"工业学大庆"伟大号召10周年，推动"工业学大庆"的群众运动深入发展，中共黑龙江省委召开了全省工业学大庆经验交流会。1975年1月12日《黑龙江日报》以《坚持'两论'起家，走自己工业化发展的道路》为题，总结了大庆油田14年来的基本经验：一、始终在组织广大干部群众认真看书学习上下功夫;二、始终在贯彻落实党的基本路线上下功夫;三、始终在依靠群众,大搞群众运动,大干社会主义上下功夫;四、始终在学习人民解放军加强政治思想工作,抓基层、打基础上下功夫;五、始终按照五条标准,在培养老中青三结合的干部队伍上下功夫;六、始终在坚决贯彻独立自主、自力更生的方针上下功夫;七、始终在发扬革命精神,培养革命作风上下功夫;八、始终在加强社会主义企业管理上下功夫;九、始终在贯彻《五·七指示》上下功夫;十、始终在加强党的领导,建设一个得力的指挥部上下功夫。

1977年4月20日至5月13日,中共中央先后在大庆和北京召开全国工业学大庆会议。会议指出:"大庆是学习和运用毛泽东思想的典范,是大力学解放军、具体运用解放军政治工作经验的典范,坚持了集中领导同群众运动相结合的原则,坚持了高度革命精神和严格科学态度相结合的原则,坚持了技术革命和勤俭建国的原则。"

会上,大庆油田党委书记宋振明做了《高举毛主席的伟大旗帜,走我国自己工业化发展的道路》的报告,这个报告总结了石油会战以来17年间大庆取得的主要成绩,总结了大庆的基本经验。概括为以下6条:一、学习马克思主义,批判修正主义,坚持毛主席的革命路线;二、学习解放军的政治工作经验,建设一支铁人式的革命化队伍;三、坚持独立自主、自力更生、艰苦奋斗、勤俭建国的方针,多快好省地发展生产;四、全心全意依靠工人阶级,建立一套严格的科学的社会主义企业管理制度;五、坚持"五七"道路,建设工农结合、城乡结合的社会主义新型矿区;六、加强党对企业的一元化领导,搞好领导班子革命化。

无论是"文革"时期刊载于《黑龙江日报》的"工业学大庆"十周年发表的大庆基本经验"十条经验",还是在粉碎"四人帮"初期,宋振明在全国工业学大庆会议上总结的大庆基本经验的"六条经验",它们多少都包含了一些"左"的成分。人们之所以不断反复地总结和概括大庆基本经验,其主要原因还是因为这一阶段还没有总结和凝练出"大庆精神"的确切内涵,从而推动和引导"工业学大庆"运动。所以,这一时期工业学大庆活动主要还是以学大庆基本经验以及以"三老四严""四个一样"为特征的一些具体做法。

第四章 大庆精神的产生

1977年4月中共中央召开全国工业学大庆会议

第二个阶段（1977—1981年）：这一时期，邓小平第三次视察大庆，促使人们完整准确地理解大庆经验和大庆精神，为"大庆精神"科学内涵的提出奠定了思想基础。

在党的十一届三中全会召开前夕，1978年9月中旬邓小平第三次视察大庆油田。这距他第二次来大庆已经14年了。这期间，我国经历了太多的风风雨雨，特别是经历了长达10年的"文化大革命"，在这场波及全国的内乱中，大庆红旗被"左"的思想歪曲了。从1978年5月开始，一场声势浩大的关于真理标准问题的大讨论在全国兴起，中国的历史将要翻开新的篇章，正是在这个伟大转折的前夕，邓小平又一次来到大庆。

邓小平第三次视察大庆时，亲切接见了大庆的干部群众和英雄群体代表，非常关心大庆的生产和广大干部职工的生活情况。他特别强调在新的时期要敢于打破平均主义，真正做到按劳分配，多劳多得。语重心长地嘱咐，要把大庆建成一个美丽的油田，要建楼房，改善职工生活。作出了"建设美丽的大庆油田"的重要指示，自此，大庆发展才发生了质的变化和飞跃。在1978年之前，大庆一直保持了会战初期的"干打垒"的状态，坚守会战初期余秋里所定的三条硬的规定：即在大庆油田，所有的办公场所永远不允许有沙发；永远不允许为领导干部单独盖宿舍；不能给领导干部配小汽车。从此以后，大庆就

— 89 —

一直保持了会战初期那样一个状态。所以邓小平1978年视察时心疼地说:"几十年了,大庆做了这么大的贡献,还是这么一个状态。"同时,他又提出"要建设一个美丽的大庆油田"的号召并亲自题词。所以从这个时候,大庆才开始大范围、大面积地建设楼房,1979年设立了大庆市。

邓小平的这次视察,不仅在改革开放新形势下解放了人们的思想,丰富了大庆精神的内涵,使人们对大庆精神的理解更加全面深刻,为"大庆精神"科学内涵的提出奠定了思想基础,更为大庆的现代化和未来发展指明了方向。邓小平视察之后,大庆的城市面貌、生产建设等均发生了翻天覆地的变化。

第三个阶段（1981—1990年）:这一期间,是解放思想、再创辉煌、赋予大庆精神新的科学内涵的时期。

随着全国真理标准问题大讨论的深入和改革开放的开启,针对有人对"工业学大庆"运动的质疑,1981年12月18日,中共中央转发国家经委党组《关于工业学大庆问题的报告》(中发〔1981〕47号)。文件指出:"大庆油田在生产建设实践中,创造了许多好的经验,其中最可贵的,是他们从油田的实际出发,认真学习和运用毛泽东思想,在实际斗争中培育出来的大庆精神。"《报告》指出:"大庆职工面对苏联霸权主义的封锁,那种发愤图强、自力更生、以实际行动为中国人民争气的爱国主义精神和民族自豪感;在严重困难面前,那种无所畏惧、勇挑重担、靠自己双手艰苦创业的革命精神;在生产建设中,那种一丝不苟、认真负责、讲究科学、'三老四严'、踏踏实实做好本职工作的求实精神;在处理国家和个人关系上,那种胸怀全局、忘我劳动、为国家分担困难、不计较个人得失的献身精神,等等。这些都是中国工人阶级优秀品质的表现,是需要大大提倡和发扬的。过去我们靠这种精神,甩掉了石油工业的落后帽子;今后还要靠这种精神,推进社会主义现代化建设。"

这个《报告》是胡耀邦总书记批转黑龙江省委书记李力安同志关于"工业学大庆"问题的来信给国家经委,由国家经委历时一年左右时间,对开展"工业学大庆"运动进行全国性调查研究的结论。《报告》不仅充分肯定了大庆经验,而且对大庆在生产实践中培育出来的"大庆精神"从四个方面进行了高度概括,这种以中央文件形式对大庆精神进行集中阐述还是第一次。从这四个方面可以把大庆精神概括为"爱国、创业、求实、献身"8个字。

这个《报告》是根据党的十一届三中全会的思想路线,对"工业学大庆"

运动进行的全面总结，《报告》主要内容包括：一、对大庆基本经验应该肯定；二、"工业学大庆"运动主流是好的，对其历史作用应该加以肯定；三、对今后学习和宣传先进典型的一些意见。《报告》指出："实事求是地评价大庆经验，认真总结学大庆中的经验教训，正确对待工业学大庆运动，对于调动工业交通战线广大企业和职工的积极性，坚持和发展我国自己管理企业的好经验、好传统，继续正确地开展学先进活动有着积极的现实意义。"《报告》明确指出："对大庆基本经验应该肯定""工业学大庆运动主流是好的，对其历史作用应该加以肯定""大庆许多好经验是可贵的。"

中央肯定了这个《报告》，并在通知中指出："大庆石油职工自力更生、艰苦奋斗的实践，大庆油田不断前进和发展的历史，大庆广大干部和群众创造的一套我国自己建设和管理现代化企业的经验表明，大庆不愧为我国工业交通战线的先进典型，大庆职工不愧为我国工人阶级的先进部分，必须肯定，大庆的许多宝贵经验仍然有着重要的现实意义。"

始于1964年的"工业学大庆"运动，历经17年，持续时间之长，在共和国历史上，可以说是前所未有。这一运动在探索中国社会主义工业化道路过程中，起到了应有的积极作用。工业学大庆运动涌现出来的许多先进典型，对我国工交企业管理水平的提高，对国民经济在内乱中仍能取得进展，起了积极作用，在其他许多方面，为我国社会主义建设提供了十分宝贵的经验。从大庆培育出的大庆精神铁人精神，已成为中华民族精神的重要组成部分。

第四个阶段（1990年至今）：这一阶段是与时俱进、创百年大庆、大庆精神与时代同行的时期。

1990年春节期间，江泽民任总书记到大庆视察，在视察过程中，他结合时代特点，把大庆精神"爱国、创业、求实、献身"8个字的最后两字"献身"改成了"奉献"，并亲自审定了大庆精神的科学内涵，将其完整地表述为："为国争光、为民族争气的爱国主义精神；独立自主、自力更生的艰苦创业精神；讲究科学、'三老四严'的求实精神；胸怀全局、为国分忧的奉献精神。"简称为"爱国、创业、求实、奉献"这8个字，一直沿用至今。

爱国。爱国主义是人们对祖国的深厚情感，是一个民族、一个国家经济发展和社会进步的强大动力。大庆石油会战所洋溢的不甘落后、知难而进，决心改变我国石油工业落后面貌的团结精神，以铁人王进喜为代表的英雄模范所表

第四章 大庆精神的产生

现出来的革命加拼命的英雄主义气概，集中展现了石油职工为国争光、为民族争气的爱国主义情怀。

创业。创业是一个民族、一个国家、一个企业实现崇高理想和奋斗目标的意志体现。大庆石油会战是一部艰难的创业史。广大石油职工战天斗地、以苦为乐，在十分艰难困苦的条件下，干出了前人没有干出的业绩。大庆油田的勘探和开发，没有外国人参与，完全是我们中国人摸索出来的。它用铁一般的事实证明，我们国家完全能够依靠自己，高速度、高水平地勘探大油田，开发大油田。

求实。科学求实就是尊重实践，遵循事物发展的客观规律。大庆油田会战把革命精神和科学态度紧密结合起来，以《实践论》和《矛盾论》为指导，进行了大量的科学研究工作，解决了几个重大技术难题，创造了世界石油发展史上的一个奇迹。一丝不苟的严格管理，使大庆石油职工形成了"当老实人、说老实话、办老实事""严格的要求、严密的组织、严肃的态度、严明的纪律"的优良作风。

奉献。会战时期，石油职工始终不渝地把国家的利益放在第一位，识大体，顾大局，积极为国家作贡献。一望无际的大草原上天寒地冻，没有床铺、灶具，连吃饭、住房等起码的生存条件都成了问题。沼泽地很多，蚊子多得吓人。是先建石油城，还是先把会战搞上去？大庆石油职工提出："先国家后个人""先生产后生活"。打井没有水，就破冰取水。没有房子，就挖"地窝子"，建"干打垒"；粮食短缺，就挖野菜充饥，开荒种地。始终把国家利益视为最高利益，把最美的青春奉献给石油工业，将无私奉献的精神体现在劳动中。

每当我们讲到大庆精神的时候，就不能不提到铁人与铁人精神。铁人是玉门钻井闯将1205钻井队队长王进喜的代名词。1960年3月，王进喜带领1205钻井队，奔赴大庆参加石油会战。王进喜下了火车不问吃、不问住，却到处追着人问我的钻机到了没有？我的井位在哪里？大庆这里最高的钻井纪录是多少？在没有吊车和拖拉机的情况下，王进喜硬是靠人拉肩扛，把钻井设备运到井场，竖起井架，靠脸盆端水保开钻。当打井遇到井喷时，王进喜纵身跳入泥浆池，用身体搅拌泥浆压井。王进喜英雄的壮举被他的房东大娘称为铁人。铁人王进喜也是大庆会战中最早树立起来的标杆和旗帜。在大庆广泛开展的

第四章 大庆精神的产生

"学习王铁人，人人争做铁人"运动中，铁人精神一直是引领人们前进的一面旗帜。

铁人精神是大庆精神的典型化体现和人格化浓缩，是大庆精神的重要组成部分，从铁人身上所散发出的那种豪迈的爱国主义情怀，他喊出的"宁可少活 20 年，拼命也要拿下大油田"的铮铮誓言和英雄事迹，铁人精神曾感召和激励无数中华儿女。随着大庆精神的广泛学习与传播，让铁人与铁人精神也家喻户晓。对铁人精神较为集中的概括表述最早出现在 1996 年 10 月出版的《余秋里回忆录》中。《余秋里回忆录》第 23 章在《"铁人"精神光耀千秋》一节中讲到："'铁人精神'概括地说，就是：为国分忧、为民族争气的爱国主义精神；宁肯少活 20 年，拼命也要拿下大油田的忘我精神；有条件要上、没有条件创造条件也要上的艰苦奋斗精神；干工作要为油田负责一辈子，经得起子孙万代检查的认真负责精神；不计名利，埋头苦干的无私奉献精神；当了干部还是个钻工，永做普通劳动者、廉洁奉公的公仆精神；同志间互相关心，互相帮助的团结友爱精神等。"余秋里从七个方面概括了"铁人精神"。

对"铁人精神"最具权威的概括，是 2003 年思想理论界纪念铁人王进喜诞辰八十周年活动时正式提出的，并以《铁人精神：推进企业发展的不竭动力》为题，发表于 2003 年《求是》杂志第 17 期上，文中对铁人精神集中表述为："为国分忧、为民族争气"的爱国主义精神；"宁可少活 20 年，拼命也要拿下大油田"的忘我拼搏精神；"有条件要上，没有条件创造条件也要上"的艰苦奋斗精神；"干工作要经得起子孙万代检查""为革命练一身硬功夫、真本事"的科学求实精神；"甘愿为党和人民当一辈子老黄牛"，埋头苦干的奉献精神。这高度概括的"五种精神"，此后便作为铁人精神的内涵。

"铁人"不仅仅是一个先进人物的代表，更体现着一种精神，也是一种力量，凸显了一种坚忍不拔创业的勇气，更是一种标志，凝缩着一个民族不畏困难的民族气概。几十年来，无数中华儿女以"铁人"为榜样，在祖国的建设大业上，兢兢业业，无私奉献，创造了许多令世人震惊的奇迹，为祖国争得了荣誉。所以，"铁人精神"，它不仅仅是一个时代的影子，它凝缩了一个民族、一个国家的精神风貌，它凸显了中华民族不懈拼搏、创造未来的民族气概。

在新中国石油工业半个多世纪的实践中，大庆精神、铁人精神以其鲜明的时代特征，在各个历史时期都发挥了巨大的作用，充分显现了强大的生命力。面对改革开放新时代，我们进行新的创业，实现新的发展，必须大力发扬大庆精神、铁人精神。无论过去，现在还是将来，大庆精神、铁人精神永远是鼓舞中华儿女不畏艰难、奋勇前进、不断胜利、再创辉煌的不竭动力和强大精神支柱。

第三节 领袖的关注与关怀

大庆精神是毛主席亲手树立的，是周总理精心培育的，受到中央历代领导人高度关注的一种精神。

大庆石油会战是在困难的时期、困难的地点、困难的条件下展开的。1960年，正是我国三年经济困难中最艰难的时期，我国许多重大的建设项目几乎全部下马，唯有大庆会战轰轰烈烈地开展起来，得到党和军队及全国人民的大力支援。特别是来自党和国家领导人关注与关怀，给予会战职工莫大的鼓舞和鼓励，对广大职工在艰难困苦中坚持会战，最终取得石油大会战的全面胜利发挥了重要作用。

毛主席太关心石油了，中国缺油和贫油问题，一直是压在党和国家领导人心中的一块心病。1952年，朱德在与新任命的燃料工业部石油管理总局局长康世恩谈话时忧心忡忡地讲："没有石油，飞机、坦克、大炮不如一根打狗棍啊！我要求产一吨钢铁，就产一吨油，一点不能少。"1953年，毛泽东在中南海召见地质部部长李四光时说："要进行建设，石油是不可缺少的，天上飞的，地上跑的，没有石油转不动。"1956年，毛主席在听取石油工业部工作汇报时感慨地说："看来搞石油工业，还要革命加拼命。"1960年组织大庆石油会战，毛主席亲自批准3万多名解放军指战员复员、转业参加会战。1961年6月，毛主席在听取国务院副总理李富春简要汇报大庆石油会战的情况时，用号召性的语气对在场的党政军领导人说："人家在那里搞石油大会战，你们去看一看嘛！"于是，鏖战犹酣的大庆人迎来了自己第一批尊贵的客人。

1961年7月23日，中共中央书记处总书记邓小平成为第一位视察大庆的最高国家领导人。参观了孙玉庭井队、北1—58井、干打垒房子、北一排2号

第四章 大庆精神的产生

转油站、三排 1 号注水站和正在建的西油库。同时，检查了职工生活设施，作出了重要指示，为大庆勾画出了一个美丽壮观的宏图。1961 年，邓小平同志第一次视察大庆。

1961 年 7 月，邓小平同志第一次视察大庆，在中区干打垒工地，康世恩（左一）汇报会战职工建造干打垒情况

1961 年夏季，是大庆人激动而又难忘的季节。7 月送走了领导人邓小平，8 月 7 日又迎来了共和国主席刘少奇。参观了西油库、三排的一号注水站和一号转油站、马德仁钻井队、北一排 52 井喷油、地质图表，听取汇报，召开了座谈会并作了重要指示，对大庆家属红红火火搞生产奠定了基础。

1961 年，先后还有多位国家领导人视察了大庆油田。6 月 25 日中共中央统战部部长李维汉，全国人大常委会副委员长、全国政协副主席陈叔同视察大庆油田。8 月 7 日国家主席刘少奇，8 月 9 日中共中央政治局委员、中央书记处书记、国务院副总理谭震林，8 月 22 日全国政协副主席高崇民，9 月 19 日国防部副部长、中国人民解放军总参谋长粟裕也分别视察大庆油田，10 月 22 日全国政协副主席帕巴拉·格列朗杰视察大庆油田，10 月 30 日国务院副总理罗瑞卿视察大庆油田。

1961年8月7日,中共中央副主席、国家主席刘少奇视察大庆油田

1962年6月21日,周总理第一次视察大庆,同行视察的还有邓颖超及童小鹏同志。周总理等由余秋里、康世恩同志陪同,视察了1202、1203钻井队、北二注水站、北一区三排63井、西油库、新三站。周总理在北二注水站看了职工宿舍、家属宿舍以及职工食堂,在"二号院"看了岩心,还接见了大庆会战的负责干部以及工程技术人员。

1962年6月21日,周恩来总理第一次视察大庆油田

第四章 大庆精神的产生

1962年8月22日,中共中央军委副主席叶剑英同志视察大庆,在油田上参观了钻井队、油井、泵站和油库。叶剑英为油田题诗:"大地沉沉睡万年,人民科学变油田。一场会战十三路,预祝高歌唱凯旋。"同年8月10日,最高人民法院院长谢觉哉也视察了大庆油田。

1962年8月22日,中共中央军委副主席叶剑英(右二)视察大庆油田

1963年6月19日,周总理、陈毅副总理及黑龙江省委书记欧阳钦同志陪同朝鲜贵宾崔庸健委员长一行视察大庆。参观了1203井队、六排十七井、中三转油站、中二注水站、采油三矿职工宿舍,在西油库参观了原油装车。同年8月25日,国务院副总理邓子恢视察大庆油田。

大庆会战期间,党和国家领导人能够亲临会战前线视察,指导会战工作,帮助解决定会战中遇到的各种困难,使广大会战职工深切地感受到党和人民对大会战的关注与关怀,给会战职工在精神上以巨大的安慰和鼓舞,也为会战胜利后毛主席发出"工业学大庆"伟大号召奠定了舆论和组织基础。

1964年,毛主席发出"工业学大庆"倡议,全国上下轰轰烈烈学习大庆经验,许多政府部门和地方政府及企业组成的参观学习团到大庆参观学习,多位国家领导人参观视察大庆油田。这对促进大庆自身开展"全国学大庆,大庆怎么办?"活动,指导大庆油田持续发展,推动全国的"工业学大庆"运动,宣传和推广大庆经验,都产生了积极而广泛的效果。

1963年6月19日，国务院副总理兼外交部部长陈毅（左一）视察大庆油田

同年5月6日，中共中央政治局委员、中央书记处书记彭真视察大庆油田，7月17日中共中央书记处候补书记杨尚昆、国务院副总理薄一波、李富春一起视察大庆油田，7月28日全国人大常委会副委员长刘伯承视察大庆油田，8月1日委员长朱德、国家副主席董必武视察大庆油田，8月4日最高人民检察院检察长张鼎丞视察大庆油田，10月5日中共中央政治局委员、国务院副总理李先念视察大庆油田。同时，全国劳动模范，北京永定机械厂工程师倪志福也视察了大庆油田。

1964年8月1日，朱德委员长、董必武副主席和王维舟同志亲临大庆油田视察。朱老、董老视察了松基六井、中六排十七井、中三转油站、大庆炼油厂、西油库等地。朱德委员长在视察中指示："你们有那么大的面积能不能多搞些，搞到一千五百万吨""现在是石油时代，石油太需要了，以后要的还多""大庆油田是闯出了一条建设社会主义企业的道路来，你们要继续前进""家属要很好组织起来，做好政治工作。这里种地时间很短，季节性很强，农忙时要集中力量搞农副业，工业忙时，家属也可以搞工业。"董必武副主席指示："你们已经创造出来一条道路，沿着这条道路，根据中央精神，继续前进，就会创造出条更广阔的道路。"并为大庆油田题词："八一参观大庆田，采油部队建功全；围攻四载荒丘灭，创造百年企业坚；政治恰符群众意，指挥亦并士兵肩；大军十万开天地，结合工农典范编。"

第四章　大庆精神的产生

1964年8月1日，朱德、董必武视察大庆油田

　　1964年12月26日，是毛泽东71岁生日。毛泽东请正在参加第三届全国人代会的代表大庆"铁人"王进喜、大寨党支部书记陈永贵、著名科学家钱学森、知识青年上山下乡的带头人邢燕子和董加耕等人吃饭。毛泽东高兴地说道："今天既不是做生日，也不是祝寿，而是实行'三同'，我用我的稿费请大家吃顿饭。我的孩子没让来，他们不够资格。这里有工人、农民、解放军在一起，不光吃饭，还要谈谈话嘛！"当谈到大庆时，毛泽东对王进喜说："石油工人们一起奋斗搞出一个大庆来，很不错嘛！石油工人干得很凶，打得好。要工业学大庆。"毛泽东一席话为进一步加强工业学大庆营造了很好的氛围。

　　在大庆会战取得胜利后，先后有众多国家领导人视察了大庆油田，对大庆经验及后来大庆精神的形成与凝练起到了积极的推动作用。在文化大革命期间，虽然参观视察大庆经验的国家领导人减少了，但是1966年5月3日周恩来总理第三次视察了大庆油田，1969年中共九大毛主席又一次接见了大庆精神的践行者与代表人物铁人王进喜。

　　1966年5月3—4日，周总理、李富春副总理、宋任穷同志等陪同阿尔巴尼亚部长会议主席谢胡一行视察大庆。康世恩、徐今强同志陪同周总理、李富春副总理以及阿尔巴尼亚贵宾参观了南二区6排32井、南2—1油库、1202钻井队、油建工地、大庆炼油厂以及井下丰收村家属管理站。周总理在大庆视察期间，住在办公室，亲自审定食谱，顿顿有粗粮。周总理三次亲临大庆视察，作了许多重要指示。

1966年5月，周恩来总理第三次视察大庆。这是在康世恩（左一）、宋振明（右一）陪同下，周总理视察油田建设工地的情景

在"文化大革命"中，大庆始终得到毛主席和周总理的亲切关怀和支持，"四人帮"一伙不断对大庆进行了反革命围剿，他们派出各种名目的"战斗队""调查队"窜到大庆，恶毒攻击大庆红旗，全面否定大庆的基本经验。叫嚣要"彻底批判大庆道路"，污蔑大庆工人阶级的优秀代表王进喜同志，疯狂迫害广大干部、群众，妄图砍倒大庆红旗。在这个关键时刻，敬爱的周总理代表毛主席、党中央接见了大庆工人代表，再次肯定大庆红旗，戳穿了他们的阴谋。在党的第九次全国代表大会上，毛主席和周总理亲切接见了王进喜同志，给了大庆工人阶级巨大的鼓舞力量。当"四人帮"一伙污蔑大庆是"先红后黑"时，毛主席批发了《工业学大庆》的社论，重新肯定了大庆的基本经验，并再次号召"工业学大庆"。周总理及时做出了大庆要"恢复两论起家基本功"的重要指示。1973年，毛主席又热情赞扬："大庆搞得好"。1974年，一部以铁人王进喜为原型，反映石油工人艰苦创业的真实故事改编的电影《创业》诞生。以江青为首的"四人帮"极力打压，仅仅放映了几个月就被禁映。1975年7月25日，毛泽东对影片创业编剧的来信作出批示："此片无大错，建议通过发行。不要求全责备，而且罪名有十多条之多，太过分了，不利调整

党的文艺政策。"这一批示使电影《创业》等一批文艺作品解禁，大涨了工人阶级的志气。

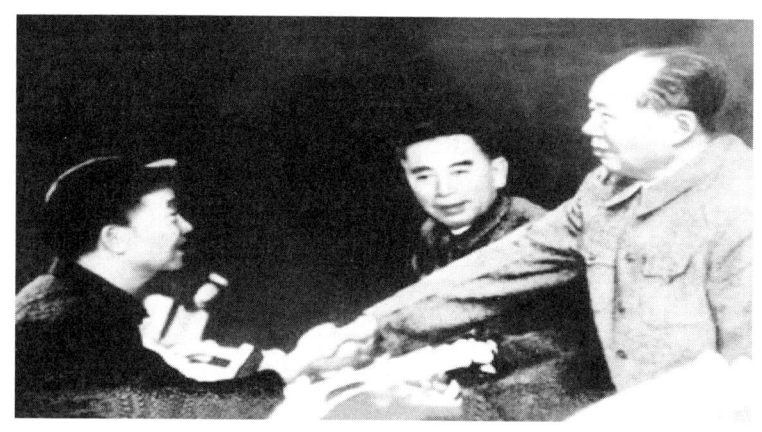

1969年4月，毛泽东主席和周恩来总理在中国共产党第九次全国代表大会上亲切接见铁人王进喜

1972年5月24日中共中央军委副主席徐向前视察大庆油田，1973年12月28日中共中央副主席李德生视察大庆油田。

"文化大革命"结束后，1977年，全国工业学大庆会议召开。大庆经验不仅经受住了"文革"考验，而且受到了党和国家领导人的又一次高度肯定与认可。

1977年4月11日国务院副总理谷牧视察大庆油田，4月16日国务院副总理王震、中共中央政治局候补委员、中国人民解放军海军政委苏振华一起视察大庆油田，5月28日全国人大常委会副委员长赛福鼎·艾则孜视察大庆油田，9月11日，中共中央政治局委员、广州军区司令员许世友视察大庆油田，1978年9月14日，邓小平和中共中央政治局委员彭冲等中央领导视察大庆油田，这是邓小平第三次视察大庆油田。

邓小平第三次视察大庆，先后视察了研究设计院地宫、采油六部喇二联、大庆展览馆、采油一部六排十七井、大庆机关、供应萨尔图仓库、采油二部图强管理站大寨田、大庆化肥厂和乙烯会战工程指挥部等九个点。作出了"建设美丽的大庆油田"的重要指示，让大庆发生了质的变化和飞跃，激励大庆油田干部发扬革命加拼命，拼命加科学的精神，立志为建设四个现代化的社会主义强国努力作出新的贡献。为大庆精神的凝练也奠定了有力基础。

1978年9月，陈烈民（前右）陪同邓小平参观大庆铁人展览馆

1981年的中央47号文件发出后，党和国家领导人又多次来视察大庆油田，关心爱护着大庆油田的成长，让这片油田逐渐变成了美丽的让人向往的地方。全国政协副主席荣毅仁、吕正操先后视察大庆油田。中共中央政治局委员、全国人大常委会副委员长耿飚，中共中央政治局委员、中央书记处书记、国务院副总理乔石，中共中央政治局常委、中央书记处书记胡启立等先后视察大庆油田。

1988年8月7日，全国政协副主席、中国科协主席钱学森被大庆科学求实精神所吸引，亲临大庆油田讲学并视察大庆油田。

1988年8月7日，全国政协副主席、中国科协主席钱学森（左三）视察大庆油田

第四章 大庆精神的产生

江泽民总书记曾两次调研大庆油田。1990年2月25日江泽民总书记第一次视察大庆时,把大庆精神进一步概括为"爱国、创业、求实、奉献",为新时期发扬大庆精神奠定了基础。在2000年8月24日,这个对油田人来说值得纪念的日子,在大庆油田开发建设40周年、年产原油5000万吨以上稳产25周年之际,江泽民总书记再次亲临油田考察,再一次把党中央的关怀与温暖送到了油田干部工人的心坎上。总书记考察了中十六联合站萨中Ⅱ聚合物配制站,还来到铁人王进喜生前所在的1205钻井队。他关心前线工人的作业情况,关心工人的工作环境,更关心油田的未来和发展。江总书记说:"我对大庆的未来满怀信心。"党的第三代领导集体成员李鹏、朱镕基、李瑞环、李岚清等分别在90年代视察大庆油田。

胡锦涛先后三次到大庆调研。1984年8月16日,时任团中央书记处常务书记胡锦涛来大庆检查工作。19日在大庆团干部会上讲话时指出:大庆的精神,体现了我们中华民族的优良品质和我们中国工人阶级的英雄气概,或者说,是中华民族的优良品质和我们中国工人阶级的气概在革命的历史条件下,在我们大庆工人阶级身上集中地体现出来了。

1996年3月21日中共中央政治局常委、国家副主席胡锦涛在接见大庆油田主要负责同志时指出:"大庆的历史功绩不仅在于为国家生产了大量的原油资源,而且还在于为国家造就了一支英雄的工人阶级队伍,培养输送了一批领导骨干和科技骨干;不仅在于创造了巨大的物质财富,而且在别人卡我们脖子、国家十分困难的时候,用石油支撑了共和国的经济大厦。还有很重要的一条,就是在大庆油田的开发建设中培育了大庆精神、铁人精神这一宝贵的精神财富"。并殷切希望大庆油田要"珍惜大庆的光荣史,再创大庆的新辉煌"。

1998年8月26日,中共中央政治局常委、中央书记处书记、国家副主席胡锦涛来到大庆抗洪前线和受灾地区,慰问抗洪军民,看望灾区群众,鼓励广大军民与洪水斗争到底,夺取最后胜利。胡锦涛先后来到大庆抗洪抢险最前沿库里泡泄洪干渠的仁合堡桥,大同区太阳升镇米太营子附近构筑的大坝上,向奋战在抗洪一线,并取得阶段性胜利的数万名军民致以亲切的慰问。

2009年6月26日，时任国家主席胡锦涛到大庆油田考察，看望慰问一线干部员工、科研人员和劳模代表并发表重要讲话，充分肯定大庆油田为我国石油工业发展做出的贡献，强调大庆精神永远是激励我们不畏艰难、勇往直前的宝贵精神财富。在调研中，还出现了一个动人的场景：在高高的井架下，胡锦涛同石油工人们激情满怀地唱起歌曲《踏着铁人脚步走》，鼓励他们继承和发扬铁人精神，为祖国建设加油。

第四代领导集体成员温家宝、贾庆林、曾庆红、黄菊、吴官正，李长春等在任期间先后视察大庆油田，对大庆及大庆油田建设做出重要指示，进一步推动了大庆精神的弘扬。

2009年9月22日，大庆油田发现50周年庆祝大会在黑龙江省大庆市举行。时任国家副主席习近平出席庆祝大会并讲话。他说："在大庆油田开发建设的艰苦环境和激情岁月里形成的以爱国、创业、求实、奉献为主要内涵的大庆精神、铁人精神，集中体现了我国工人阶级的崇高品质和精神风貌，永远是激励中国人民不畏艰难、勇往直前的宝贵精神财富。"

2019年，在大庆油田发现60周年之际，中共中央总书记、国家主席、中央军委主席习近平发来贺信，代表党中央向大庆油田广大干部职工、离退休老同志及家属表示热烈的祝贺，并致以诚挚的慰问。

习近平在贺信中指出，60年前，党中央作出石油勘探战略东移的重大决策，广大石油、地质工作者历尽艰辛发现大庆油田，翻开了中国石油开发史上具有历史转折意义的一页。60年来，几代大庆人艰苦创业、接力奋斗，在亘古荒原上建成我国最大的石油生产基地。大庆油田的卓越贡献已经镌刻在伟大祖国的历史丰碑上，大庆精神、铁人精神已经成为中华民族伟大精神的重要组成部分。

习近平强调，站在新的历史起点上，希望大庆油田全体干部职工不忘初心、牢记使命，大力弘扬大庆精神、铁人精神，不断改革创新，推动高质量发展，肩负起当好标杆旗帜、建设百年油田的重大责任，为实现"两个一百年"奋斗目标、实现中华民族伟大复兴的中国梦作出新的更大的贡献！

国务院也发来贺电，希望大庆油田以习近平新时代中国特色社会主义思想为指导，按照党中央、国务院决策部署，持续深化改革、降本增效，坚持稳油

第四章　大庆精神的产生

增气、内外并举，积极培育新动能，着力推动高质量发展，为保障我国油气安全稳定供应、推动东北全面振兴全方位振兴、实现"两个一百年"奋斗目标和中华民族伟大复兴的中国梦作出新的更大贡献。

大庆油田的开发建设史是艰苦创业、艰苦奋斗，依靠科技进步，推动油田勘探、开发和生产建设的发展史；是继承发扬大庆精神、铁人精神，弘扬优秀文化的文明史；更是高擎旗帜，永葆先进，为国家多做贡献的奉献史。

在新时代，大庆精神、铁人精神以其鲜明的时代特征，仍显现了强大的生命力，也成为中华民族精神的重要组成部分。面对新形势新任务，我们进行新的创业，实现新的发展，必须大力发扬大庆精神、铁人精神。无论过去、现在还是将来，大庆精神、铁人精神永远是鼓舞全国人民战胜困难、奋勇前进、实现小康、建设强国的不竭动力和强大精神支柱。

1. 如何认识"工业学大庆"运动？
2. 简述大庆精神铁人精神的凝练过程。

第五章 铁人精神的形成

第一节 从苦命娃到钻井闯将

一、酸楚苦难的童年

王进喜1923年10月8日出生于甘肃省玉门县赤金堡一个贫苦的农民家庭,祖籍陕西大荔县。据说王进喜祖上大约在清道光年间(1821—1850年)由陕西迁到甘肃河西赤金堡。经过几辈人的努力,到王进喜的祖父王博学当家时,王家不仅有地产上百亩,房屋连片成院,还开有一处当铺。清同治年间(1862—1875年),因受太平天国农民起义影响,陕甘等地发生回民起义,河西地区发生兵变,匪患猖獗。一股土匪袭击了赤金堡,把王家洗劫一空,然后一把火烧个精光。到1894年王进喜的父亲王金堂出生时,王家已彻底衰败。但王博学不甘心这样穷下去,他和叔伯兄弟们苦撑苦熬,供王金堂念私塾,学认字,还把他送到富人家里学管账,使王金堂勉强成为一个会写字,能算账的庄稼汉。

王金堂30岁得子,王进喜刚出生时,王金堂看到出生的是一个男孩子,心里非常高兴。按照当地的习俗,父亲王金堂把婴儿包上一件老人衣服,装在草编的框子里挂到秤上一称整好十斤,于是就给孩子起名"十斤娃"。十斤娃名字听起来非常壮实,可身材瘦小。十斤娃长大后,按照王家的家谱往下排,起名王进喜。王进喜年幼时,父亲因遭债主毒打,双目失明。作为全家最大的孩子,六岁的王进喜就牵着双目失明的父亲四处讨饭,关于这段讨饭生活,《人民日报》记者田流同志采访时,王进喜曾有过叙述"地不打粮,只好要

第五章　铁人精神的形成

饭。我拉着棍子，给双目失明的父亲领路，走南村，串北庄，出去要饭，地主家的狗也怪，单咬穿破烂的，这不，（卷起裤子给大家看）当年咬的伤疤还在。张口叫门要吃的，可真不容易，那时候好一点的人家给点麸皮，坏的人家还出来打我们一顿棍子，家里穷得光光的，要啥没啥，全家人靠讨饭度日，真是一天比三年还长"。十岁时，王进喜和三个小伙伴到祁连山为地主放牛，几个月回不了家。年底结账时，以王进喜弄丢了牛为由，扣了他的工钱，还不准他来年再干。只好在周边河沟里捡拾"黑油"（实际就是渗漏出地面的石油）变卖以补贴家用。12岁那年，王进喜不畏强权，独自到财主家去讨要他家被霸占的土地。虽然只要回了几丈白土布，却是王进喜与恶势力抗争的一次胜利。

幼年贫穷、饥饿、讨饭的痛苦经历，深深地刻在王进喜的脑海里，成为他感恩新社会，终身报国的一种动力。放牛娃的那段经历，影响了他的一生，在以后三十几年的奋斗生涯中，他经常讲"我是个放牛娃"，从不忘记自己的苦出身。当大队长以后，他一再声言自己要当一个勤勤恳恳的老黄牛，为人民服务一辈子，这不能不说与他儿时形成的"黄牛情结"有关。

二、扛长工的获解放

1938年玉门油矿开发时，15岁的王进喜进玉门油矿当童工。玉门油矿地处塞外戈壁，自然条件十分恶劣。"山上不长树，地上不长草，空中无飞鸟，风吹石头跑"是人们对老玉门自然环境的生动描述。尤其是老君庙一带，山高、坡陡、沟深，石油河水穿过几十米高的悬崖峭壁，正如老玉门人常说的"穷山恶水"。因此有民谣说："出了嘉峪关，两眼泪不干，向前看，鬼门关，向后看，白碱滩。"王进喜年龄虽小，却干着和大人一样的重活。住的是"金窝子"、石窑洞、西棚子，穿的是一张光板羊皮袄，"白天穿，晚上盖，雨天毛朝外"，吃的是稀饭、黑面馍、盐水辣子菜，常年不见油，更别想有肉。这样的生存环境，对正在长身体的王进喜来说非常残酷。无论是运煤、搬石、铲沙、打土坯……样样得和大人一样干，加上他性子直，脾气倔，爱争个高低是非，经常挨工头的打骂，受尽屈辱。

王进喜进矿以后，一段时间矿上只管饭，不给工钱。到1939年7月才给工资，微薄工资只能勉强补贴家用，王进喜始终在社会最底层挣扎，十年间，在繁重的劳动中，他个子一天天长高，骨头一天天变硬，但工资却没有增加。1947年，王进喜已经24岁了，可还是光棍儿一条。王进喜在矿上苦干10年，却没有攒下娶媳妇的钱。没有办法，父母只好拿17岁的妹妹与别人换亲，给王进喜娶了邻村的姑娘王兰英。王兰英虽然个子不高，却身强力壮，从小受苦，养成了老实厚道、少言寡语的性格，进门第二天就干活。乡亲们夸奖，公婆满意，王进喜也乐得合不拢嘴。

解放前夕，王进喜心中充满了对自由生活的向往，和工友们一起参加了护矿斗争。正是这苦难的经历和恶劣的生存环境，炼就了他刚毅坚韧、倔强不屈的性格。玉门解放时的军事副总代表、解放后长期担任玉门石油局领导、后任石油工业部副部长的焦力人曾说："解放以后，王进喜在党的教育下觉悟提高很快。在工作中拼命干，有使不完的劲，并成为铁人，这是有源头的。他在解放前长期受压迫，对艰苦困难承受能力特别强，长年累月的苦干苦熬，磨练出坚韧不拔的韧劲，磨练出吃苦耐劳的耐力，这就是铁人的基础，铁人精神的源头。"

三、从钻工到钻井队长

1949年9月25日，快速西进的中国人民解放军第一野战军解放了玉门油矿，使王进喜和玉门油矿都获得了新生。玉门油矿的解放，不仅赶跑了长期欺压和盘剥工人阶级的反动势力，还镇压了个别作恶多端、民愤极大的国民党爪牙，而且从监狱中救出了几十名"四五事件"中因反对国民党当局克扣工人工资斗争被抓的工友。这一切都使王进喜深切感到了新旧社会的不同，感到共产党是向着工人，为老百姓办事说话的。没有共产党自己还得像过去一样受苦，他下定了死不回头，跟着共产党走的决心。

1950年，王进喜成为解放后玉门油矿正式招收的第一批钻井工人。解放前，王进喜在国民党统治的玉门油矿干了10年，开始当短工，后来当长工，主要以干杂役为主。在这次招录考试中，王进喜不服输、争强好胜的性格表露无遗。当时，钻井工人是技术含量比较高的工种，招考安排了文化课和实际操作两个环节，当时人们文化水平普遍较低，文化课是以念报纸的形式来进行的，王进喜因为从来没上过学，斗大的字不认识几个，自然被淘汰了。和王进喜文化程度相当，且同批参加招考的工友，大多被安排到后勤等其他工种。对

第五章 铁人精神的形成

此,王进喜仍不甘心,他发誓一定要当上钻工。因为当时在玉门油矿普遍流行一种对各工种形象比喻的说法,"钻井是老虎,炼油是狐狸,运输是狼,后勤杂役是绵羊。"王进喜和别人说:"要当就要当老虎,绝不能当小绵羊。"找领导和主考师傅软磨硬泡,非要当钻工。招考的师傅们看他人瘦个子小,估计他要搬动钻井平台上日常操作的卡钻都很困难,就想让他上去操作一下打发他走。没想到王进喜上去后,按照师傅的示范和要求,非常轻巧连贯地完成了整个动作。他不仅钻杆、提卡瓦等力气活干得出色,而且上到钻台打大钳、拉猫头等动作同样干净利索。第一次操作的王进喜动作的协调性、连贯性、善施巧劲的机灵劲,还有他那双透着灵性,滴溜溜会说话的大眼睛,给师傅们留下了深刻印象。在这样的情况下,油矿为王进喜特别安排一次补考,破例招收其为钻井工人。

王进喜成为钻井工人后,虽也好学上进,但却一时难以克服从小养成的自由散漫的习性。解放了的玉门,民主氛围日益浓厚,这让王进喜产生一种错觉,认为解放了就自由了,就可以想干啥就干啥了。他爱听秦腔戏,周围无论哪里有秦腔,也不管井队闲忙,王进喜必到无疑;他离家近,动不动就回了家里;油田组织的识字扫盲班,也很难提起他的兴致。但人们也发现王进喜为人厚道,很孝顺,懂得感恩。干活从不惜力气,又肯动脑子,善于鼓动大家,只要他在,井上的活干得又快又好。面对这个优点突出、缺点明显的王进喜,井队领导很是伤脑筋。油矿领导根据王进喜的表现,结合他的成长经历分析后认为,这是一个本质非常好、潜力非常大的好苗子,只要善于引导和加强培养,一定会成长为一个难得的骨干力量。

为了重点培养王进喜,油矿领导让在全油矿最德高望重的老钻井队长郭孟和做王进喜的师傅。按照领导要求,王进喜和郭师傅签订了师徒合同,正式拜郭为师。人称"国际石油工人"的郭孟和,山东即墨人,幼年家境贫困,12岁流落到青岛,先后在工厂、作坊做工。1927年,20岁的他因生活所迫逃难到东北,后又闯出国境,流落到苏联伯力,参加了苏联的社会主义建设。1938年回国,在新疆乌苏油矿当钻工。1945年到玉门油矿工作,1949年参加护矿斗争,迎接解放。解放以后,郭孟和积极参加各项活动,是油矿第一个入党、第一个提拔为大队长的工人。郭孟和师傅见多识广,积极苦干,公而忘私,是全国石油系统最早的劳模,是第一届全国人大代表。王进喜跟随郭孟和师傅三年，不离左右，郭师傅不仅教导王进喜应该怎样做事，而且还悉心开导他如何做人，怎样做一个受人尊重、有家国情怀、能对国家有更大贡献的人。郭孟和师傅的精心培养和言传身教，使王进喜完成了个人成长历程中一个质的飞跃。1956年王进喜入党，同年4月调任贝乌五队（1205钻井队的前身）钻井队副队长，两个月后当队长。从此开启了王进喜的别样人生。

王进喜的师傅郭孟和

王进喜入党使他完成了从跟着共产党走到成为党的人，永远奋斗在党的旗帜下的思想转变；成为钻井队长，使他有了一个施展自己才能的舞台。从此，铁人的成长与一支钢铁钻井队的成长就紧紧地联系在一起。

四、善打硬仗的标杆

王进喜之所以能当队长，而且能当一个好队长，身上有几大特点：

一是思想品德好。旧社会的坏习气没有沾，公家东西不沾，吃喝嫖赌拿全没有。

二是能吃苦。干活不惜力气、从不偷懒。

三是有组织能力。不但善于组织好当下工作，还能做到干这个班想下一个班，干今天想明天。这是一般人做不到的，也是他身上一个特别的潜质。

四是有一股子永远不服输的劲头。干司钻时，不能有哪个班超过自

第五章 铁人精神的形成

己,当队长后,更不能有哪个队超过自己队。他当司钻时,队上事故多,他给队友说"我这个司钻都没脸见人,到食堂吃饭都不好意思。"所以他常给队长提建议,和别的司钻商量改进办法,到别的队学习,一心想把队里的事办好。

这样的素质基础,是王进喜当好一个钻井队长的先决条件。

王进喜当队长后,很快把一个全油矿有名的"豆腐渣"队、"烂杆子"队变成了标杆队。该队曾经全年完成的钻井进尺还不如油田最先进的钻井队一个月的进尺多。王进喜发挥他脑子灵活、能吃苦、会干活、善鼓动的特长,充分发挥现有设备潜力,团结带领全队人员,瞄准每一个比自己好的队,对照学习,不断查找问题,逐个追赶超越,带领贝乌五队成为一个敢打敢拼的战斗队。1956年11月,贝乌五队在三角湾打765井,当快要完钻时,王进喜接到在765井旁13米开外再打一口新井的任务。王进喜大胆设想只有13米距离,能否不拆井架直接搬迁?王进喜排除大家的顾虑,和技术员一起研究搬迁方案,召集大家反复讨论完善方案。在上级部门的支持下,他们用14台拖拉机做牵引,由王进喜统一指挥,只用了10分钟的时间就完成了钻机整体搬家。这次整体搬家的成功,轰动了整个钻井战线,王进喜名噪一时。

首创钻机整体搬家使王进喜初露锋芒。1957年3月,王进喜"虎口拔牙"的故事,则彰显了他敢打敢拼、善打硬仗的作风。1957年3月上旬的一天,钻井公司领导找到王进喜对他说:"五队现在能打硬仗了,有个硬任务你敢不敢接?""什么硬任务?"王进喜问,"在319的边上再打一口319怎么样?"王进喜思索了一会儿说:"行!"领导提醒说:"这可是个老虎屁股啊!""我不但要摸这个老虎屁股,还要拔它一颗牙!"他信心十足。一提起319,人们马上想起那场大火:1956年7月1日处在悬崖峭壁边上高压区的319井,晚上10:00在打到L层时发生强烈井喷引起大火,40米高的井架像一把通天火把,声震山谷,照红了半边天,400米外烤人,在嘉峪关能看到火光,10分钟后巨大的钻塔轰然倒下,井废人伤,损失惨重。在那废墟上再打319,地形险恶,万一出事连个退路都没有。

王进喜和支部书记孙永臣、技术员田肇雄商量以后,先召开一个党员干部和骨干会,统一思想,树立必胜的信心。然后亲自带领一帮人到打319井的那个队，请技术员讲当时的情景，查看有关的资料，分析地下情况和出事的原因。终于搞清楚发生井喷的主要原因在于观察不细，发现问题不及时，泥浆比重不够等。回来以后又组织大家讨论分析，献计献策，最后形成了完整的方案，制定了严密的安全防护措施。经过全队35天的拼搏，顺利地打完了新的319井，胜利实现了"虎口拔牙"的誓言。

王进喜当队长后，他和贝乌五队成了玉门《石油工人报》经常报道的先进典型。到1958年，王进喜所带领的贝乌五队已成为玉门油矿钻井记录最高的钻井队。1958年10月，王进喜前往克拉玛依油田，和张云清率领的著名的1202钻井队打擂台，他喊出了"月上千，年上万，祁连山上树标杆"的豪言壮语。当时，钻井队平均月进尺只有500多米，为了实现自己提出的目标，他回家搬上行李直接住到井上，24小时"全天滚"。他不但带领大家拼命干活，还抓各个环节和工序，大到地下情况，打井方案、泥浆配置、钻头使用；小到钻杆摆放，丝扣抹油，里里外外不放松，一丝一扣。他还不断开动脑筋进行技术革新，把现有设备的潜能全部挖掘出来，创造了月进尺5009.47米的全国最高纪录，王进喜带领的贝乌五队被授予"钢铁钻井队"称号，他个人被授予全国劳动模范。

第二节 泪洒"沙滩"而争当铁人

一、参加群英会

1959年金秋，中华人民共和国成立10年大庆，举国上下一片欢腾。9月下旬，甘肃省劳模会在兰州召开，王进喜既是"钢铁钻井队"的代表，又是省劳动模范，是双料标兵。为了在经验交流会上做好发言，王进喜请求跟他一起参会的钻井总工程师彭佐猷为他写发言提纲。彭总工程师按照王进喜的意思为他写了4句话：一、玉门形势好；二、大家干出的成绩；三、党的领导和培养；四、放牛娃当劳模，社会主义好。王进喜照着这4句话的提纲，在分组会上发言，讲了两个小时，讲得生动活泼，入情入理，头头是道，全组200多人都受了感染，交口称赞。彭佐猷听得入了神，一个劲儿在心里说："人才，人才，是个难得的人才！"彭佐猷后来回忆：在油田和王进喜朝夕相处，知道他

第五章 铁人精神的形成

文化程度低,却很会组织、操作、管理和技术全在行,是个实干家,优秀的钻井队长。但听了他的发言,感到他很有个性,能在荣誉面前把自己位置摆正,说明他很有思想,这样的人才就更难得。

在甘肃省劳模会上,王进喜被推举为国庆观礼代表,同时被推选为出席"全国工交群英会"代表。就这样王进喜平生第一次穿上崭新的中山装站在天安门观礼台上。在北京,他见到了日思夜想的救命恩人毛主席,聆听了那么多中央领导的讲话。坐在繁星万点、灯火辉煌的人民大会堂里,王进喜心里一股一股地直翻热浪。他文化低,记不了笔记,就认真听,往心里记。在大会堂,听了时传祥天天按时掏大粪,就想着干活就得有股扎扎实实的耐心劲儿;听了李瑞环、张百发突击队抢时间、闯高速的事迹,他又想干工作就是不能等,得抓得紧紧的,拼命往前抢……会上还发了两样奖品,一件是三卷《毛泽东选集》,另一件是一支英雄牌金笔。这一件件、一幕幕都使王进喜感到新奇、兴奋,备受鼓舞。特别是第一次见到了日夜想念的毛主席,王进喜激动得睡不着,写下了平生第一首诗:北京见到毛主席,浑身是劲精神抖。满怀豪情干革命,永生永世不回头。

1959年王进喜(左一)和王崇伦(左二)、倪志福(左四)参加国庆观礼

王进喜这种轻松、愉快的心情,渐渐地被沉重和愁闷所替代。随着会议交流的深入,从来没有出过远门的王进喜却明显感到一个奇怪现象,就是在所有的报告和交流中,每当煤炭、钢铁等部门的代表出场或发言时,会场气氛都十分热烈,唯独石油系统的代表出场时,会场反应却异常冷淡,正当王进喜为此

纳闷时，有人告诉他这是因为石油系统是全国唯一一个没有完成第一个五年计划的部门。

二、泪洒沙滩

　　国庆节后，有关部门组织劳模们参观著名的"十大建筑"。一天下午休会，王进喜和几个代表上广场去看天安门，随后又参观故宫。王进喜从小从母亲那里听了不少历史故事，长大后爱看秦腔，又学了不少历史典故，什么木兰从军啊，五虎上将啊，明成祖定都北京啊等等都知道一些，所以对故宫有一种特殊感情，来时就计划看一下故宫。参观完故宫以后，从神武门出来，几个人商议再去王府井看看，就顺着景山前街来到五四大街上。几个人边走边聊，很快就来到北大红楼附近的沙滩。首都的一切对王进喜都是新鲜的，他这瞅瞅，那看看，慢慢地他把注意力集中到来来往往的汽车上。他看到街上的公共汽车，每个车的车顶上都背一个很大的包，又笨又难看，走得也很慢。王进喜不解地问别人，汽车顶上背那么大个包干啥？别人告诉他因为北京缺油，因为没有汽油，那个大气包是煤气包，用煤气供汽车的发动机之用。一听到这些话，他立马感到满脸通红。他告诉别人说："你们先走，我在这儿再呆一会儿。"王进喜来北京之前，除去过克拉玛依油田打擂台以外，从来没有出过远门。在油田，油多得不得了，到处都是油，他从来没有过缺油的感受。他看着大街上来来往往背着煤气包的公交车，心想：在北京，在毛主席的脚下，公共汽车都没有油烧，可见国家缺油到了什么程度！王进喜越想越不是滋味，越想越难过，不由自主地低下了头，蹲在大街上抱头痛哭。一个西北大漠造就的硬汉子、钢铁男儿，为此哭了！这是男儿的泪，也是英雄的一种境界。

　　"为什么我的眼里常含泪水？因为我对这土地爱得深沉……"只有一个怀有赤子之心的人，才对国家、民族落后的痛苦体味得如此深沉，王进喜，他哭了，抱头痛哭！什么叫天下兴亡，匹夫有责，什么叫责任担当，什么叫不忘初心？从这一刻开始，王进喜落下了"病根"，他事后跟人讲：国家缺油像千斤重担，压得我喘不过气来。我时常想起来，就像有一把锥子扎在我心上，难过心酸。

　　在现实生活中，很多人常常面对自己应尽的责任和职责时，逃避责任、推

第五章　铁人精神的形成

卸责任、嫌弃责任，把责任当负担，不敢担当；而王进喜是个钻井队长，按当时的身份还是个工人，按一般人的理解，他能当好队长，创出月钻 5000 米进尺的全国纪录，已经够荣光的了，知道国家缺油，回去再加紧好好干也就够了。可王进喜却把国家缺油当作石油人的耻辱，当作自己的耻辱。他主动把这份责任扛起来，变成推动自己前进的动力，知耻而后勇。这就是王进喜初到大庆便人拉肩扛的动力来源，这就是一个西北汉子所表现出的男人气概。从此以后，公共汽车上驮着个煤气包的画面时常在他的脑海中出现，成为他后半生为国分忧、为民族争气的动力。

群英会结束后，石油工业部向代表们预告了我国东北发现大油田的消息，受到刺激的王进喜主动找到副部长康世恩，坚决要求到东北去开发大油田。康世恩告诉他先回玉门做一些准备工作，到时肯定抽调他到大庆参加会战。

1959 年 11 月 8 日群英会胜利闭幕，玉门代表应约分赴山东、江南等地传经送宝之后，于 12 月 2 日回到玉门。从 9 月下旬在省城兰州参加劳模会到回到玉门，历时 80 多天，在北京受到的教育和感染，在全国各地的见闻和交流，使这个过去长期封闭在玉门的王进喜不但看到外面的世界，更激发了他深藏心底的家国情怀，使他彻底完成了对新中国从感激报恩到做主人翁的转变。从此，王进喜完全以一个主人翁的姿态站上了历史舞台。

回到玉门的当晚，他召集全队拿出群英会发给五队的奖状，向大家传达国庆观礼见到毛主席的幸福情景和群英会的大会精神。特别讲述了首都汽车背煤气包和祖国各地缺油的状况及代表们要油的呼声。他说不出玉门，不知道外面有多大，也不知道全国石油有多缺，咱们以前蹲在老君庙的山沟沟里，只看到自己的脚面面鼻子尖，以为油多得不得了。可这一出去才知道祖国建设大发展，到处都喊油不够用，就连首都也缺油，首都那是毛主席、党中央住的地方，油都不够用，咱们这打井采油的，还有啥脸去参加群英会，可真是臊死人……

说到这儿，他说不下去了，眼里含满了泪花。

"怎么办呀？"停了一下，王进喜接着说："地种不上找农民，火车开不动找铁路，国家缺油问谁去？问我们，这是咱们的责任。从今往后咱们要借群英会东风再加一把劲儿,多打几口井,多采一些油,以新的成绩向毛主席报喜。"

在群英会精神鼓舞下,贝乌五队投入了冬季打井战斗,他们用了26天9小时,创造了冬季打井"四开三完"(开钻四口井钻完三口井)的最好成绩,受到矿务局和钻井公司的表扬。

与此同时,王进喜还着手准备器材、检修设备,调整人员搭班子,为到东北参加会战做了充分的准备。

三、奔赴大庆

1960年3月15日,王进喜带领全队共37人从玉门出发奔赴大庆。途中在北京换乘,王进喜到北京六铺炕石油工业部见到了部领导康世恩,康世恩告诉他各路人马现在正往大庆集结,时间还来得及,要他带领着队友们在北京多转转、多看看,吃点好吃的,到了大庆就非常艰苦了,也难得再有机会出来了。可是王进喜第一天晚上到北京,第二天领着大家看了故宫,又到沙滩那地方看了背着煤气包的公交车。沙滩这地方,正是五四运动的发祥地。不远处就是老北大红楼。1919年5月4日,爱国学生就是在这里集合,走上天安门广场,开始了反对北洋政府投降卖国的游行示威,举起了反帝反封建的大旗,开启了中国新民主主义革命的伟大历程。对此,朴素的王进喜并不了解。但站在沙滩,中华民族优秀儿女振兴中华的血脉却始终相连。

晚上9点,王进喜领着他的队友上了火车,直奔大庆。

3月25日,王进喜率领的1205钻井队37人,顺利抵达萨尔图火车站。萨尔图,这个光绪二十九年(1903年)随东清铁路建成的末等小站,一直是三股道岔,客车一般只停车一分钟,十几平方米的小票房只能待二三十个人。如今一下子上来成千上万的人,成千上万吨的物资,变得异常紧张、热闹非凡。到站后,他们发现小小的萨尔图火车站,来自四面八方的人,说着南腔北调的话。站台上、铁路沿线到处是等待卸载的车皮,路边堆满了需要运走的器材和设备。刚一下车,王进喜没问吃到哪儿,住在什么地方,见人就问,并派人四处打听:自己的钻机到了没有?目前大庆的最高钻井纪录是多少?分配的井位在哪里?这三问就是后来被人们广为传诵的王进喜"下车三句话"。

第五章 铁人精神的形成

1960年的萨尔图火车站

1960年3月25日，玉门石油管理局首批参加大庆石油会战的1286人全部到达战区

心情急迫的王进喜来到临时指挥部报到，并了解情况、领受任务。指挥部领导宋振明告诉他，几万人的队伍正在往大庆集结，大量的设备器材也陆续往这里调运，萨尔图火车站过去只是一个过路小站，非常狭小，运输量又过于集中，钻机什么时间能够到达还无法确定。但让王进喜高兴的是，他在此得知了他们下一步要开钻的萨55井井位，在铁道南的马家窑，离车站就十几里。于

— 117 —

是王进喜把全队人员分成三组,一组到铁路沿线等待和寻找钻机;一组到井场平整场地;另外一组到附近村庄安排全队吃住,并在驻地帮助老乡家干活。王进喜则带领技术员郭继贤到距此较近的萨66井了解情况,萨66井是萨尔图构造上的第一口探井。胜利完成萨66井钻探任务,正在搬家的韩队长热情地接待了王进喜一行,向他们详细介绍了全井钻进情况和井下地层情况,王进喜一一记在心里,郭继贤认真地记在本子上。韩队长提醒他们,要提前多挖上几个"卸车台",并讲解了卸车台的作用和挖法。这个小窍门在他们下来的人拉肩扛中发挥了不小的作用。

四、人拉肩扛

1960年4月2日,1205钻井队队员天天期盼的钻机终于到了。可是,没有吊车、拖拉机,汽车也不足,怎样才能把60多吨重的钻机从火车上卸下来呢?

"石油工人一声吼,地球也要抖三抖"。1205钻井队工人在王进喜(钻台上高举双手者)雄壮的号子声中拼尽全力把钻机绞车拉上钻台

王进喜果断地对大家说:"没有吊车,咱们37个人就是37台吊车;没有

第五章　铁人精神的形成

拖拉机,咱们37个人就是37台拖拉机!就是靠大绳拉、肩膀扛,也要把钻机卸下来,运到井场上安装起来!"

一场人与钢铁、力量与困难的较量开始了。三天三夜,王进喜带领队友们把整部钻机拆散化整为零。他们用撬杠撬,滚杠滚,大绳拉,硬是靠双手和双肩把钻机卸下火车,装上汽车,搬运到井场。正是靠着这种顽强的作风,他们才一寸一寸、一尺一尺地把钻机卸下来,最终运到位于马家窑的萨55井井位上。

队长王进喜同工人们一起奋力拉钻机

接下来,更大的困难出现了:如何把钻机安装起来?

王进喜想,早一天开钻,就早一天出油。他说:"咱们三十几双手能从火车上把钻机卸下来,也能把钻机拉到两米多高的钻台上去。"地面放置的设备可用人拉肩扛加滚杠,累了还能喘口气。可转盘、绞车、变速箱、离合器、带泵轴、柴油机大大小小十几件,小的几百斤,大的上万斤,要搬上两米多高的钻台,全靠人力,哪个都不容易。最难搬的还是上万斤的绞车,他们用几根钻杆作导轨,在绞车前部拴牢大绳,把碗口粗的撬杠插入绞车后部。大家各就各位后,王进喜站在钻台上双手高高地举过头顶,猛地向下一挥,大吼一声:"同志们使劲拉呀!""嘿哟嘿!"工人们和声应道,"绞车往上爬呀!""嗨哟嗨！"……

钻台上的人双手紧拽大绳，双足死蹬钻台，身体向后猛仰，拼尽全力往上拉。在绞车后面的人则把长长的翘杠插在绞车底座下，用肩膀扛住全力往上推，万斤绞车就在王进喜沙哑的吼声中，在三十几名工人的拼命肉搏中一点一点地向上爬，眼看过半了，眼看到达三分之二……这是力量与重量的较量，是人与钢铁的肉搏，这是英雄的五队工人在向人体体能极限的挑战！

正在千钧一发的紧要关头，两根绷得紧紧的大绳"咔"的一声断了，绞车开始向下滑去，王进喜大吼一声："快闪开！"只听到"砰"的一声，绞车重重地砸在地面，震得大地发颤。

这样反复几次都不能奏效，王进喜命令大家休息。经过总结他们发现，面对上万斤重的铁家伙和两米多高的钻台，这样拉法，工人必须一口气拉上去，中间不能歇息，仅靠人力是不可能的。后来有人提议在钻杆上用电钻打上一眼，拉一节用钢筋当销子将其别住，它就不会下滑了。经过短暂的休息调整，重抖精神，在王进喜的号子声中，上万斤绞车被拉上了钻台。全队队员硬是靠着"人拉肩扛"的办法，才把绞车、转盘、柴油机这些钢铁大件，一件一件地拉上钻台。后来，王进喜又带领大家经过一天一夜的努力，40多米高的井架终于在荒原上矗立起来。

在人拉肩扛过程中，王进喜和几个司钻轮流喊着号子来鼓舞全队士气，就是在这个过程中，他们喊出了"咱们一声吼啊！""大地也发抖啊！""钻工干劲大啊！""困难再大也不怕啊！"后来，工作组组长宋振明帮助王进喜把这些句子加工整理，使这些劳动号子变成了这样一首诗：

石油工人一声吼，地球也要抖三抖。石油工人干劲大，天大困难也不怕！

这就是后来广为传诵的"石油工人一声吼！"的诗句，受到了毛泽东主席的称赞。1964年，毛主席接见美国记者埃德加·斯诺时，斯诺问毛主席："对当前反华大合唱，你有什么要告诉世界的？"毛主席回答："我国东北新开发的大油田，有一个钻井工人说'石油工人一声吼，地球也要抖三抖！'"可见，王进喜吼出的"石油工人一声吼，地球也要抖三抖"的诗句，不仅表达了中国工人阶级的豪迈之情，也代表了中国人民面向世界的声音。

第五章　铁人精神的形成

宋振明，1926年生，河北馆陶人，历任玉门矿务局运输处处长、玉门石油管理局采油厂厂长、党委书记，大庆油田党委书记。1975年任石油化学工业部副部长。1978—1980年任石油工业部部长，国家能源委员会副主任，后任中国石油天然气勘探开发公司总经理。在大庆石油会战期间，宋振明同志常年在第一线组织指挥生产建设，亲身实践并身体力行"三老四严""四个一样"的优良作风，培养"铁人"式的职工队伍

　　王进喜带领1205队全体工人下了火车就要任务，创造条件上，靠人拉肩扛安钻机，在他们自己觉得没啥，无非是比过去多吃一点苦。可在他们的新朋友、当地的老乡看来可是了不得。其中感受最深的当属王进喜的房东赵大娘。

　　在小屯中，赵大娘是个开明、干净利索的老人，因此生产队长特意把王进喜等几个领导安排在她家住，赵大娘也以此为荣。为了照顾好这些石油人，赵大娘做好热的饭菜，王队长没有回来吃过；她备上炒好的瓜子、黄豆、爆米花，王队长没来动过；他烧好了洗脚水，王队长没回来用过。大娘就直纳闷："王队长这几天干什么去了？这么大冷的天，怎么也不回来睡觉？"

　　自从钻机到了以后，井场上人拉肩扛的号子声，叮叮当当的钢铁撞击声，震动了大地，震动了马家窑。乡亲们都像过去看解放军拉练、运大炮、军马场训马一样，到井场上来看热闹，那震天动地、气吞山河的号子声，都使人们受

到震撼，感到还是咱工人有力量。赵大娘也来到井场，看到了王进喜。只见他脱掉了棉工服，只穿单衣在站台上，一会喊号子，一会儿拉大绳，一会儿用撬杠，到了跟前大娘跟他说话也像没听见一样，嘴唇干裂，嗓子沙哑。看到工人们那撕裂的伤口、满手的血泡和红肿的肩膀，大娘心里就发疼。回到家中，晚上到后半夜了，还是睡不着，她想：人家都说工人比农民生活好，可这伙钻井工人比农民苦得多、累得多。我活了大半辈子，没见过这么拼命干活的，这王队长可真像个铁人。

赵大娘看到1205队工人同钢铁搏斗，从"人是铁，饭是钢"的民谚中悟出一个结论：王队长是个铁人。工人们说："大娘叫铁人是个功绩。"
这是王进喜在大娘家。左一为王进喜，右一为赵大娘

井架树起来了，他们又遇到了新的困难：开钻需要有大量的水。在前期调研时，松辽局同行曾告诫他们，在这里打井两点要特别注意：一是上部地层要注意防漏；二是六七百米处要注意防喷。遇井漏时不能停钻，发现气侵现象要快循环泥浆以防止井喷，这里关键的关键是要储备大量的水。水的作用有三：一是给钻头降温；二是把钻下来的岩屑由井底带到地面；三是用适当比重的泥浆压住高压水层、气层、油层，不让它喷。因此需要大量的水。钻井本身需要水，防止井漏、井喷需要更多的水！保证开钻，至少需要60吨以上的水。

第五章 铁人精神的形成

机关干部和老乡们也来支援,帮1205队运水。左三为王进喜

没有输水管线,没有运水罐车。王进喜告诉大家,就是尿尿都要保证开钻。他们在井位旁打了几口水井,但水量根本不够,于是,全体队员就用洗脸盆、水桶,一盆盆、一桶桶地从几里外端,附近的群众和干部也加入到运水的队伍中,从而满足了开钻所需60吨水的要求,保证了及时开钻。

萨55井是王进喜到大庆后打的第一口油井,也是大庆会战打的第1口生产井。为了多打井、多出油,王进喜又开始"全天滚"。井架树起来了,见王队长还是不回家,赵大娘不放心,又煮了鸡蛋,做好了饭,便提着柳条筐,领着孙女来到井上看望队长,想叫他吃上一顿热乎饭。赵大娘提着饭菜来到井场,满井场却找不到王进喜,正巧碰上队员许万明,大娘说:"人是铁,饭是钢,就是铁人也得吃饭啊!"许万明把大娘领到发动机旁的一个泥浆槽子边,她看到王进喜躺在侧放着的泥浆池里,身下铺着稻草,身上盖着羊皮袄,头下枕着一个铁疙瘩钻头,正在睡觉。房东大娘看到在这样艰苦的条件下熟睡的王进喜,回想几天来为打井不眠不休的王队长,非常心疼,不由得说:"你们队长真像个铁人啊!"从此,"铁人"的称号就在油田传开了。

第三节　拼命也要拿下大油田

一、"铁人"称号的由来

王进喜来到大庆后,他"下了火车三句话,人拉肩扛树井架"以及房东大娘称赞他为"铁人"的事迹,被工作组反映到大队书记李玉生那里,李玉生又汇报给了萨中指挥部党委副书记李光明。了解情况的李光明和李玉生一起在党委会上做了汇报,党委书记兼指挥宋振明听完后果断地说:"大娘叫得好,王进喜当之无愧!我们立即向上级汇报!"当余秋里听到王进喜的故事后非常兴奋,听到房东大娘把王进喜称作"铁人"时,他拍着大腿激动地说:"好!'铁人'叫得好,我们就把王进喜称'铁人',我们正需要这样的铁人,我们不光要把他叫'铁人',而且'要人人学铁人,人人争当铁人'"。

余秋里认为,作为一个民族要有民气,一支队伍要有士气,一个人要有志气。而要树立这三股气,一要靠领导严格要求和不断培养,二要有好的典型来带。过去打仗每次战役都要出现一批带头往上冲的杀敌英雄,一个好典型比领导做100次报告还管用。这场大会战面临的不是一般的困难,需要全体职工拿出战争时期那种不怕死,不怕苦,勇于舍命往上冲的牺牲精神,有一种敢于压倒一切敌人而不被敌人所压倒的英雄气概。目前会战队伍主流是好的,但也存在不少问题,有的干部一下火车不问任务,不管队伍,先打听供干部用餐的中灶在哪里。有井队遇见困难不是想办法克服,而是坐等条件,等吃、等住、等吊车、等拖拉机、等材料、等钻头、等专业队伍配合……而王进喜这种"有也上,无也上,天大的困难也要上!"的精神,不正是我们需要的吗?

余秋里多么渴望有一个典型能够用行动、用事实来回答,在困难面前应当怎么办?正在苦苦思索和寻觅的时候,萨中指挥部来汇报"铁人"王进喜的事迹。

1960年4月9—11日,油田会战指挥部召开第一次技术工作分析会,王进喜参加了这一次会议。当会议快要结束时,余秋里突然高声喊道,"王进喜来了没有?"王进喜坐在后排,紧张地喊道,"我来了",余秋里让王进喜走到前排来。他站在余秋里身旁,余秋里把王进喜到大庆以后,下车三句话,人拉肩扛树井架,砸冰取水保开钻,以及房东大娘称王进喜为"铁人"的事迹一

第五章 铁人精神的形成

一讲述给大家听。他说,会战刚刚开始,几万石油职工一下子集中到这片荒原上,很多条件还不具备,没吃的、没住的,生产和生活困难重重,国家这么缺油,可有些人还在等,等这等那……他一口气数了18个"等"字。余秋里讲完王进喜的故事后,带头在会场上高呼口号,"向王铁人学习!人人争当铁人!"在口号声中,王进喜被大家高高抬起,手拉手抛向空中,绕会场相互传递着抛了一圈。最后余秋里激动地高声说:"我们每个队、每个单位、每个人都要向铁人王进喜学习。像他那样保持革命战争时期那种敢于冲锋陷阵、英勇牺牲的精神和压倒一切困难而不被困难所压倒的英雄气概。要人人学'铁人',人人做'铁人',高速度、高水平拿下大油田!"

会议作了两个决定,一是学"两论",二就是在全油田开展"向铁人学习,人人争做铁人"的活动,4月16日,油田会战的报刊《战报》第二期刊出社论,《学习"铁人"王进喜,人人作"铁人"》。从此,一个学铁人、做铁人的热潮在油田蓬蓬勃勃开展起来。

在4月11日结束的油田技术座谈会上,余秋里部长号召"学习'铁人'王进喜,人人作'铁人'"。图为刊登会议消息的《战报》第二期。上图为第一版,下图为同期第二版上刊登的探区指挥、工作组长宋振明介绍铁人事迹的文章

二、著名的"铁人一口井"

1960年4月14日,1205钻井队到大庆打的第一口井萨55井开钻。

开钻前一切准备就绪了,王进喜又领着大家从钻头、钻具、柴油机、泥浆等大的方面仔细检查,就连绷绳固定得紧不紧,平台栏杆牢不牢这些细节的地方也都看到、摸到、试到。开钻前一天晚上他们专门召开全队动员大会并对有关工作做了细致的安排。

4月14日一大早,高高的井架上红旗迎风招展,井场四周插满了彩旗,中间摆一个包装箱当"主席台",上面用大黑板当横幅,写着:"庆祝萨55井胜利开钻!"两边用红纸贴了一副对联:

上联:誓夺班进300日进500三天上千五天打完一口井
下联:深入开展六大运动力争高速度高水平拿下大油田
横批:向党报喜

注:下联所说的六大运动,是指余秋里在1960年4月9—11日召开的第一次油田技术座谈会上提出的要大力开展以"大搞技术革命,大表演,大竞赛,大评比,大检查,大学毛主席著作"为主要内容的"六大运动",掀起群众运动的高潮,力争高速度高水平拿下大油田。

兄弟井队到现场观摩学习,宋振明指挥亲自到场讲话。

上午8点整,王进喜下令:"开钻!"

为打好会战第一口井,他们克服一道又一道难题,闯过一道又一道难关,到4月19日上午胜利完钻,只用了5天4小时。实现了"3天上千5天完钻"的目标,创造了当时的最高纪录,这也是1205钻井队到大庆的第一个新纪录。

这第一口井于5月20日投产,用小油嘴控制日产原油19吨。以后随着整个油田开发方案落实,调整配产方案,最高日产到过113吨,几十年来已为国家生产原油20多万吨。

铁人一口井——萨 55 井铁人王进喜在给大家讲会战故事

如今人们把这口井称作"铁人一口井",曾在这里建立过"铁人事迹陈列馆"和"铁人王进喜同志纪念馆",办过展览,保留了当年王进喜和工人们挖的卸车台、水井、泥浆池等遗迹。这里已被列为国家和省级教育示范基地,在这里,最早产生了大庆会战艰苦奋斗的"六种精神"之一——"人拉肩扛精神"(还有后续产生的"干打垒"精神、回收队精神、修旧利废精神、五把铁锹闹革命精神、缝补厂精神,这六种精神也被称为大庆艰苦奋斗"六个传家宝")。"铁人一口井"是铁人到大庆打的第一口井,也是大庆会战打的第一口井,是英雄称号"铁人"的产生地、是铁人精神的发源地。因此它成为大庆地区当时唯一列入《中国名胜词典》的景点,每天参观的人络绎不绝。"铁人一口井"以它独特的魅力向人们展现着铁人精神的光辉!

三、誓师会上的诺言

1960 年 4 月 29 日,天气晴朗,风和日丽,在离萨尔图火车站约一华里的一处空地上,会战指挥部召开"五一万人誓师大会",发布动员令,宣布大庆石油大会战从 5 月 1 日正式开始。后来人们把这里称作"万人广场。"

1960年4月29日，石油大会战誓师大会在萨尔图召开

为了开好这次大会，4月26日、27日会战指挥部总指挥康世恩在一栋牛棚里开了一次创纪录的长会，听取各路大军的汇报，落实5、6两月的会战任务和要求，研究怎样把29日的大会开好。他要求这次大会要开得内容充实，目标明确，典型突出。在形式上要隆重热烈，生动活泼，要把铁人这面旗帜高高地举起来，把学铁人的气氛搞得浓浓的。康世恩还出了一个主意，要像当年晋察冀根据地聂荣臻司令员表彰战斗英雄那样，给王铁人披红戴花，骑高头大马，绕场一周。余秋里说，要把气氛搞得像古时候中状元一样，让我们的英雄典型骑高头大马，披红戴花，敲锣打鼓，让英雄人物万人敬仰，人人羡慕，才能使英雄层出不穷。

会议定于29日上午10点正式开始。凌晨3点，各探区和总部的人就乘火车、汽车奔向会场。而清晨4点，王进喜却带领1205队的工友们在萨55井的井场指挥搬家，他要早搬家，早安装，让第二口井早开钻。他和书记商量，29日清晨先放井架，放完以后一半人开会，一半人留下继续工作。可万万没有想到的是王进喜正在全神贯注指挥放架子时，从背后飞快滚来的一根钻杆砸在右腿上，把腿砸伤了。他忍着剧痛放完井架，乘大卡车来到会场。

万人大会会场已是人头攒动，锣鼓喧天。临时搭起的主席台正中悬挂毛泽东主席的巨幅画像，两边是鲜艳的五星红旗，会场周围插着几十面迎风招展的彩旗，摆满了报捷的图表和模型，各探区代表按单位呈方阵坐在场地上，秩序井然。

上午10时整，大会在震撼山河的礼炮声和雄壮的"社会主义好"军乐声中开始。这时以红旗和锣鼓队为先导，17个一级红旗单位，14个先进单位和223名红旗手的代表步入会场。铁人王进喜披双红，戴大花，骑着匹枣红色的高头大马，由三探区办公室副主任张延明牵马拽凳，从松枝搭成的"英雄门"进入了会场。刹那间"向铁人王进喜同志学习！""向铁人王进喜同志致敬！""人人学铁人，人人做铁人！"的口号声，响彻云霄，高亢的锣鼓唢呐声，震天动地。

"五一万人誓师大会"上，铁人王进喜（后排举花者）披红戴花骑大马，接受检阅和祝贺

王进喜在乐队簇拥下绕场一周，接受万人的欢呼和庆贺，在场职工无不为党给予工人阶级先进代表这样高的荣誉而感到光荣和骄傲。随后王进喜作为主席团成员被请上主席台，坐在余部长和康部长中间。

大会首先由余秋里部长作大会的动员报告，这位身经百战的将军总结了备战阶段所取得的成绩，阐述了油田大好形势和组织大会战的伟大意义，提出了会战任务和要求。他还不时地高举起单臂，做着各种有力的手势。他用极为简练的语言讲到了铁人王进喜的事迹，再一次号召学铁人、做铁人。康世恩副部长代表石油工业部党组和会战指挥部发布五、六月份第一战役的会战动员令。

接着是先进单位代表讲话和比武打擂。首先由铁人发言，王进喜强忍住腿痛，像没事一样走到台前，对着麦克风，对着坐在场上的万名工人，大声地说："盼了多少年了，大油田终于找到了，我们1205队，一定要创造条件，快安装，早开钻。石油工人一声吼，地球也要抖三抖！我们要把地球钻穿，让大油海翻个，把大金娃娃抱出来！人活一口气，拼死干到底，为了把贫油落后帽子摘掉"，他摘下前进帽举过头顶，高声说："宁可少活20年，拼命也要拿下大油田！"这就是铁人面对万人发下的誓言，他的话再次激起了万人欢呼。

四、定格在泥浆池的英雄

王进喜留给世人最深的印象就是他不顾腿伤，带头跳进泥浆池里，用身体搅拌泥浆压井喷的难忘瞬间。

这是发生在1960年5月，1205钻井队打第二口井时出现的情况。第二口井地处高压区，王进喜把防漏、防喷当作重点。挖了两个大水池储满了水。技术人员提出压井要用重晶石粉，可惜因缺货没送来。倒是送来500袋固井用的水泥。果然打到700多米时，突然发生了井喷，强大的高压液柱冲出井口，一直冲向井架，不一会儿就达到十几米、二十多米高。

没有压井用的重晶石粉，液柱越喷越猛，越喷越高。吼声震得人耳朵发聋，一场大事故就要发生。王进喜忘了伤痛，对大家说："同志们，现在情况紧急，就是搭上命也要压住井喷。"这时有人提出往泥浆池里加水泥和黄土，代替重晶石。王进喜觉着方法可行。方案确定以后，人们急速行动，像固井时那样搬起水泥往泥浆池里倒，有人用铁锹，有人用手往里扒黄土。问题也跟着出现了，大量的水泥沉入池底，泥浆混合不好，比重提不高，而且又糊住了池底的上水管口，泵不上水，现场又没有搅拌机，连杆泥浆枪也没有……

井在喷，水柱在往高里窜，吼声传得老远，眼看更大的事故就要发生！怎么办？在这千钧一发之际，只见铁人王进喜忘了自己的腿伤，扔掉双拐，"扑通"一声跳进两米深的泥浆池中，手划脚蹬，用身体来搅拌泥浆。

第五章　铁人精神的形成

王进喜奋不顾身跳进泥浆池搅拌泥浆

队长跳下去了！紧跟着，在井队实习的女学生段功武、司钻戴祝文，还有几名工人也跳了下去，大家奋力滑动搅拌，上水管线畅通了，泥浆比升高了……整整经过三个小时的紧张搏斗，井喷被制服了。

这时仍在池子里的王进喜已精疲力竭，伤腿上的绷带纱布已不知去向，伤口被碱性很强的泥浆浸泡冲刷变得血肉模糊，疼痛难忍，大家刚把他拉上来，他就昏倒在地。人们正张罗送他回去休息，他清醒后大声说："不要管我，看井压住没有，赶快大排量循环，防止水泥凝固，快点处理泥浆。"工人们帮他擦去身上的泥浆，披上老羊皮袄，他坐在那里，分派工人们处理事故后的各种问题，依然是那样坚定、沉着！

这口处在开发试验区的第一口井，是王进喜用生命打出来的。他不顾腿伤，一直坚守在井场上，在关键时刻扔掉拐杖，跳进泥浆池，用自己已经带伤的血肉之躯搅拌泥浆压住井喷。这是在用生命践行他"宁肯少活20年，拼命也要拿下大油田"的豪迈誓言！

伟大出于平凡，平凡造就伟大，如果说人拉肩扛树井架、砸冰端水保开钻是铁人在困难面前的挺身而出，那么泥浆池前的纵身一跃这一英雄形象，则被永远地定格在人们的心中。

王进喜是解放后新中国第一代钻井工人，他年纪轻轻就有了"主人不能当长工"的主人翁意识。加入中国共产党当了队长以后，他立志要"打他一个翻身仗",带领工人很快改变了"豆腐队"的落后面貌;参加石油大会战,自觉加压,担负起甩掉"贫油落后"帽子的历史使命;喊出了"有条件要上,没有条件创造条件也要上"的口号;立下了"宁肯少活20年,拼命也要拿下大油田"的誓言;发出了"石油工人一声吼,地球也要抖三抖"的吼声,带领英雄的1205钻井队,用血肉之躯同钢铁和困难搏斗,向人类的生命极限挑战,成为冲锋陷阵的会战先锋,名副其实地成为铁人。

第四节 守初心而不忘使命

随着学习铁人活动的开展,"铁人",一个英雄的名字,一个光荣的名字,一个不朽的名字,在大庆油田家喻户晓。每当人们提起这个名字都感到很自豪、很温暖,备受鼓舞。从此,"王进喜"的大名似乎已经被人们淡忘了。领导们亲切地喊他为"老铁",工人们称呼他"铁人",只有1205钻井队的工友们仍然亲切地叫他"队长"。然而,我们直到今天之所以怀念他,崇敬他,除了王进喜在祖国最需要的时候所表现出来的"天下兴亡,匹夫有责"的责任和担当以外,更可贵的是在他成名以后,人们从他身上看到的一个个感人的故事,以及从他身上所散发出来的那些人性的光辉。

英雄,不是一时的表现,而是一世的积累。

一、攻克识字阅读关

王进喜在世47年,有26年在旧社会受苦,这26年的穷困煎熬、牛马生活和西北大漠的砥砺,成为他后21年不断进取的坚实基础。旧社会王进喜受的压迫,使他从小就有一股改变贫穷地位的强烈愿望和坚定意志。

王进喜在旧社会受尽苦难,从来没有上过学,认识的几个字,还是在扫盲班学习的,文化程度很低,刚解放时油田办的识字扫盲班,因为年龄大,学习困难,没有引起王进喜的重视。直到当了队长,才感到文化的重要,在工作实践中,他努力学习,会的字他写下来,不会的他就用图画出来一些符号记下来,勉强能应付。

第五章　铁人精神的形成

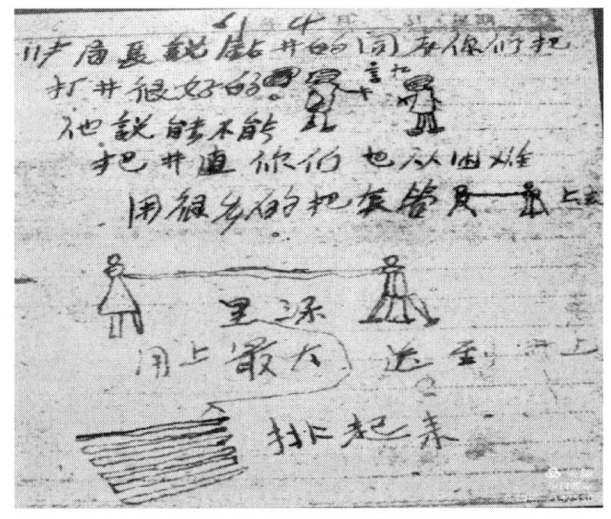

王进喜识字不多，不会写的字就用图画出来

但因为没有文化，曾经闹出过一个大笑话，却深深地刺痛了他，使他下决心学习文化。他从小迷恋秦腔，最熟悉秦腔，一次秦腔团到钻井队现场慰问演出，他照着别人给他写好的稿子念，竟然把"秦腔"念成了"秦·月·空"，被沦为笑谈。从此他发誓要学文化，他说，学文化对我来说很难，但是我认一个字儿，就像搬走一座山，我要翻山越岭去见毛主席。从此，王进喜从学《毛泽东选集》开始，一手拿着毛选，一手拿着字典，一遍一遍、一篇一篇地认真阅读，一边学习，一边做笔记。他还坚持做工作笔记，会的字就写下来，不会的字就用图形或图画把它画出来。就这样，经过一点一滴积累，他终于能写出一段完整的文字。可见王进喜知耻而后勇，有不断进取的精神。

但如果有人以为铁人没文化，把他的吃苦肯干和"蛮干""瞎整"联系在一起，那就错了。一个刚到大庆的钻井队因为没有钻机，变成了"徒手队"。王进喜从"徒手队"要来的司钻闻昆山，没来几天，他就看出王队长的厉害。王进喜不但要求严，而且会调动、会管理，粗中有细。闻昆山说："王队长没事儿就蹲在井场上抽旱烟，想事情，大眼珠子转来转去，把多少天的事情都谋划好了。全队工作能干今天，看明天，想着五六天的。他这种'干一看三想着五'的特点，一般的队长不具备。"王进喜就是看得远，想

— 133 —

王进喜认真学习《毛泽东选集》

得全。虽然他人在井上,心里想着全队,昼夜不停地谋划整个工作,在他脑子里转的,除了怎样打好井,还有井队怎样过好生活。除了眼前的事情,还有将来工作的长远安排。每提一个目标,他都要经过精心的计算和筹划;每打一口井,开钻前王进喜都要根据地层地面情况提出具体要求。据史料记载,在大庆打第1口井时有个"9条"要求,第2口井是"10条",第3口井变成了"12条",每个岗位明确,责任分明,方方面面都想到。他的这种作风不仅体现在动手干体力活上,更表现在动脑筋搞好技术革新和科学管理上。1960年《战报》上一篇《一个很好的指挥员》的短文,有过这样的记载:

王队长一到井场,两耳听的是钻机运转声,两眼看的是操作人员的每个动作,嘴里说的是安全生产,心里想的是下一步的工作安排,就是怎样革新工具、设备,提高钻速……从这里看,王进喜不仅是一个艰苦奋斗的铁人,也是一位足智多谋的革新老手,既有坚强的性格,勇猛的作风,又有敏捷的头脑和智慧的双手,使我倾心佩服。

经过两年的努力,铁人不仅可以独立地看报、阅读文件,还能独立地学《毛选》,列简单的发言提纲了,还能做一些必要的会议记录。随着学习和阅读能力的提高,同志们发现,他的工作能力和政策水平也得到很大提高。

第五章　铁人精神的形成

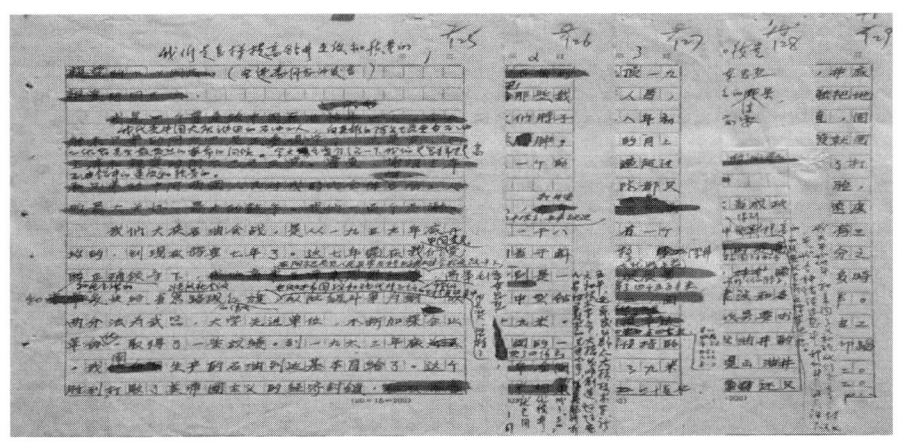

铁人写的发言稿（共29页）

通过铁人学文化可以看出，铁人身上始终有那么一股劲，就是不服输，只要想干的事，永远一根筋，一定要干成。这是铁人异于常人的最大特点，也是铁人成为英雄的重要潜质之一。

二、踏实肯干显真容

头脑灵活、爱思考的王进喜学文化，不仅仅攻克了一道道文化关，又登上了一层层理论山。经过两年的努力，他可以独立地看报、阅读文件，独立地学《毛选》，列简单的发言提纲了。到1965年他读完了《毛泽东选集》第一至四卷的大部分文章，还写了一些心得体会。其中关于《矛盾论》《实践论》《关于正确的处理人民内部矛盾问题》《反对本本主义》《党委的工作方法》《关心群众生活，注意工作方法》《纪念白求恩》《愚公移山》《为人民服务》等文章他学过多遍，有的多达二三十遍。伟人的理论和思想在他身上潜移默化地起着作用。性子急，脾气暴，工作方法简单，有时甚至粗暴，这是王进喜的毛病。入党时虽然他下了脱胎换骨的决心却也没全改好，转正时还留了个"以后注意"的希望。当队长时，师傅把这作为一个要求再次提出，但他始终没彻底改掉。他在边学边思考，并在实践中一点一点地克服，最终有了深刻的变化。他逐步学会了讲求工作方式，做耐心细致的思想工作，学会了"弹钢琴"，克服了忙乱现象。变化最大的莫过于其思想境界和理论水平的提高。

铁人学习毛主席著作强调学以致用，努力在理论与实践联系上下功夫。他说，学文化，学"毛著"都是为了工作。把书本上写的、心里想的、嘴上说的、手上干的结合起来，统一起来，那才叫学好了，才叫有了真本领。铁人有一句名言："干，才是马克思主义；不干，半点马克思主义也没有。"这句话来自他和一个大学生的辩论。

1963年8月，二大队分来一批大中专毕业生，王进喜非常高兴，这些小青年没有辜负大队长的期望，大部分干得挺好。可有位"公子哥"不争气，在井队表现不佳，工人们说他有"四不干"：天冷不干，黑夜不干，肚子饿不干，感觉累了也不干。王进喜找他谈心，他说："我大学毕业还想念书，想当个博士，住楼房要住个鸳鸯楼。"王进喜一听很生气，大声说："你听说哪个国家有鸳鸯楼？简直是胡说八道，我们国家穷，主要矛盾就是集中精力开发好大油田，把石油落后帽子甩掉，需要你们青年艰苦奋斗，怎能光图享受不实干呢？"

那大学生慢悠悠地说："那当博士总没错吧？"王进喜说："你念书多，我是没念多少书，但我想当博士总得去学去干吧！天上掉馅饼还得接吧，下个乌纱帽还得伸头去戴吧，你躲在房子里想，这个博士帽就掉到你头上了！光想不干，半点马克思主义水平也没有！"那大学生来了精神，忙说："你还讲到马克思主义水平上来了，你说什么是马克思主义，怎样来衡量马克思主义？"王进喜说："这有两条，一是认真学习马克思主义理论；二是学了就结合实际用，培养出为国出力，为民族争气的干劲。就像我们钻工，热天光着膀子干，冷天胡子冻成冰疙瘩，把大钳打得叮当响，抢时间为国家多打井，多出油，这种实干精神就是马克思主义。你读了一火车书，就是不干，我不承认你有马克思主义。"

有一次讨论时，那位想当博士的大学生突然问王进喜："大队长，那天你说有干劲的人像钻工，光着膀子干就有马克思主义，这说法不全面吧？"

王进喜说："你又提这个问题，我给你再说说，我想能把想的、说的和干的结合起来，把理论和实际结合起来，那才叫马列主义。你看我们的司钻，他懂得钻机的性能和操作规程，还得会操作。"说着，王进喜站在地中央边说边表演起来，表演完他说："我总认为，学的要会用，说的要做到，书本上写的、脑袋瓜里想的、口里说的、手上干的结合起来，一致起来，这才叫马列主义。你们说不全面吗？"

王进喜又说:"光说钻工、司钻们可能认为不全面。北京的那些专家教授,有的已白发苍苍,是有学问的人吧?大会战中,他们也带上大学生来到油田同工人一样吃野菜,干粗活儿,学'两论',在劳动和实践中创造了热风吹、水套加热炉,制定出开发方案、集输流程,我看这就叫马列主义。"

王进喜所讲的书上看的、脑子里面想的、嘴上说的和手上干的要一致应该是他在"两论"学习中的个人体会。他语言朴素,自己未必有明确的意识,但他讲的实际上就是主观和客观相一致,认识和实践相统一,即理论联系实际问题。这不就是马克思主义的基本观点吗?这里既包含了毛主席实践论的基本观点,也包含了意识与物质的关系问题。

自此以后,王进喜常把"干,才是马克思主义,不干,半点马克思主义也没有"挂在嘴边。这个事例说明,王进喜不仅是一个实干家,而且还是一个善于思考,能够学以致用的典范。

三、保持本色品自高

沧海横流,方显英雄本色。从某种意义上说,被掌声和鲜花包围的时候,还能始终保持工人的本色,更能看出英雄的境界。

大庆石油会战在改变我国石油工业面貌上起到了里程碑的作用。铁人王进喜在这场大会战中立下了不可磨灭的功勋,党和人民也给了他极高的荣誉,他在不同场合反复地说:"不管我当了什么,首先还是个工人!"始终保持一个普通劳动者的本色。

他不仅经受住艰难困苦的考验,个人利益的考验,更经受住荣誉、地位、掌声、鲜花的考验,事实证明了铁人是个真英雄,好公仆,是党和人民的老黄牛。

1964年初,大庆油田解密,大庆人发扬"自力更生,艰苦奋斗"的精神和不畏艰难、"讲求科学,三老四严"的英雄事迹,深深地鼓舞了全国人民。人民日报、新华社专门派记者深入油田采访,按原计划报道首先安排了两个长篇通讯,一个重点反映大庆会战的全貌,一个重点突出铁人王进喜的英雄事迹。但是当记者们把写好的有关王进喜的通讯稿交给他审阅时,他却认为,一切成绩都是在党的领导下、群众的帮助下取得的,报道应多反映党的领导,反映群众的贡献,反对突出个人而拒绝签字。结果在第一轮报道大庆的高潮中,宣传铁人的专稿因此而没能见报。1964 年 4 月 20 日《人民日报》首次报道大庆的两篇长篇通讯中只有一篇《大庆精神大庆人》刊载。直到 1966 年 1 月 3 日,《工人日报》发表了该报记者采写的《工人阶级的光辉形象——王铁人》。

1966 年 1 月 3 日,《工人日报》第一版整版发表
《学习王铁人的革命精神　做大庆式的工人》

艺术家孙维世和金山来大庆体验生活,到二大队要求王进喜领他上"铁人一口井",给他们详细讲述当年"人拉肩扛""端水保开钻"的故事。孙维

世说:"你是英雄,好好给我和金山讲讲,让我们受受教育,补上铁人精神这一课。"过了两天,王进喜抽时间陪孙维世、金山去参观,不过去的是一口废井。孙维世、金山茫然间,铁人神色庄重地说:"孙院长,不瞒您说,我也是走过麦城啊,这是我们的'教训井'。"

那是在1960年10月,王进喜刚调离井队,1205钻井队在"鸡场"打南1区3排36井,因为准备不足,工作不细,打到一个浅气层时发生了井喷。强大的气流水柱冲天而起,不一会儿就把井口喷垮。眼看封不住,队里的干部工人冒着生命危险上去抢设备,王进喜得到消息后也赶到井场,组织压井和抢险,几名司钻带着工人钻到钻台下,卸开拧得紧紧的螺丝,靠人力和拖拉机把钻机、牙齿包、绞车、柴油机等一件一件地拖了出来。但钻机底座连同井架掉进了因井口塌陷而形成的大坑里,只露出了一个井架尖儿。

铁人讲完当时的情景,沉痛地说:"钻机掉进地球里,都怪我领导水平低,工作没干好!"孙维世安慰说:"那时你已离开1205队了,不能怪你!"铁人说:"不,我前脚刚迈出,后脚还在五队门槛里,就出这么大的事儿,正说明我平时工作没做好,只顾猛打猛冲,不讲严细,只顾领头干,不会教方法……这种一离队就出事故的情况,更说明我没水平!"

这一番话,使两位艺术家大受感动,孙维世还流下泪来,他们感到来"教训井"和去"一口井"同样有意义,事后孙维世给别人谈起说:"铁人确实与众不同,从这里我们看到了英雄的崇高品德和内心世界。"

王进喜就是这样,在他成名以后,面对排山倒海般的荣誉和奖励,他始终保持清醒头脑,他在自己笔记本的扉页上写道:"我是个普通工人,没啥本事,就是为国家打了几口井,一切成绩和荣誉都是党和人民的,我自己的小本上只能记差距。"这朴素的语言,是铁人精神的闪光点,是铁人思想的亮点,也是他伟大品格的真实写照。

王进喜离开1205钻井队后,曾经担任过装建大队大队长、钻井二大队的大队长、钻井指挥部副总指挥长,以及大庆油田革委会副主任。但是不论职务如何变化,王进喜做工人的本色始终没有变,和一线群众的血肉联系始终如一。

四、践行家规身为范

井是铁人的命,油是铁人的魂。铁人把自己的一生献给了石油,为了石油,他一心扑在工作上,几乎照顾不上家里,但他却给家人和自己定了一条"公家的东西一分也不沾"的家规。

铁人家是个大家庭,1960年底来大庆时,有母亲、妻子、弟弟、妹妹、两儿两女,全家共9口人。1962年又生了小女儿琴琴,正好10口人。当时10口之家只有王进喜一人有工作。按人口平均他家是全队收入最少的困难户,是钻井二大队享受油田长期补助的两个困难户之一。但每月30元的补助,铁人说什么也不要,领来以后都给了困难职工和职工遗属。

铁人的妻子王兰英一辈子把全部的爱奉献给铁人和他的家人。来到大庆后,很多作为长期临时工的职工家属都转正了。为了补贴家用,铁人妻子的却长期做临时工,在二大队干着烧锅炉、喂猪的重体力活,始终没有转正,毫无怨言。二大队的老人,王进喜的老邻居们都异口同声地说:铁人老伴,那是世界上没有第二个的老实人,她对铁人那叫百分之二百的理解、支持和服从。铁人的母亲在铁人病重住院后,原计划要到北京去看望铁人,见其最后一面。老人在临上飞机前,因突患重感冒而住院,领导买了蛋糕送给老人,她始终不肯吃,别人问她,她说铁人说了公家的东西一分也不沾。小儿子出去亲自买了吃的,她才吃。

王进喜母亲何占信老人照片

会战初期,1205钻井队的一个青年工人张启刚不幸因公牺牲,当时正值三年困难时期,张启刚又是家中的独子,牺牲时还没有结婚。家中既困难又十分思念儿子的母亲,给王进喜寄来一封家书,信中寄来几根白发。王进喜拿着这封信,召集全队的工友们,举着那几根白发,动情地说:"白发人送黑发人,一根白发催人泪啊!"王进喜告诉大家,张启刚作为我们的战友牺牲了,但是他家中还有老人需要赡养,我们今后要按月给老人寄去生活费。从此王进喜独立承担了这一任务,直到他去世。铁人得病后,在弥留之际,曾断断续续地说:我这辈子欠了三个母亲的债,一个是自己的母亲,母亲一生酷爱秦腔,

第五章　铁人精神的形成

可工作太忙，只陪她看过一次秦腔；二是马家窑赵大娘，她想要点木料修房子，我没给整；三是张启刚母亲，我没有保护好她的儿子。

铁人就是这样，心中始终装着别人，唯独没有他自己！

王进喜和夫人王兰英生育了两个儿子三个女儿，共五个子女。这五个子女中有四个都在大庆油田工作，继承了父亲的心愿，将青春奉献给了石油事业。

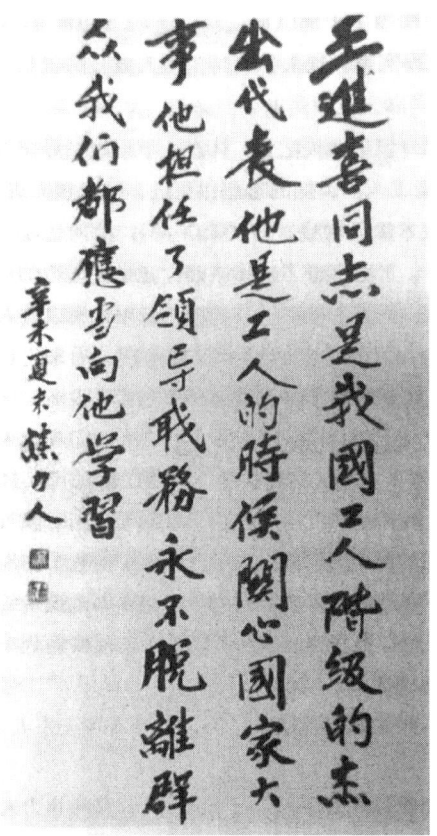

1991年铁人纪念馆落成时焦力人题词

焦力人（1920—2007年），陕西省韩城人。中国共产党的优秀党员、忠诚的共产主义战士，新中国石油事业的优秀领导干部，曾任玉门油矿副矿长、玉门石油管理局局长、大庆石油会战副总指挥，原石油工业部党组副书记、副部长、顾问。中共十二大代表，第六、第七、第八届全国政协委员

五、留言寥寥见境界

王进喜成为名人，走到哪里都有人认出他来，都有人请他签名留念。1966年10月1日，在天安门城楼上，一些观礼代表把他围住，请他签名题词，王

进喜总是婉言谢绝。可是几位解放军代表硬要他签,盛情难却,王进喜就在他们的小本上写上"向解放军学习"6个大字。这时一位代表说:"请铁人同志给写几句大庆的豪言壮语吧!"王进喜拗不过,只好从命。但他没有写什么豪言壮语,而是写下了这样4句话:

讲进步不要忘了党,讲本领不要忘了群众,

讲成绩不要忘了大多数,讲缺点不要忘了自己。

1966年10月4日,王进喜应邀到人民艺术剧院去看演出并参加一个座谈会。在后台休息时,一些演员围着他问这问那,这时青年演员李光复拿出一本《毛主席语录》,请他在扉页上签字。王进喜拿出笔,把语录本摁在沙发扶手上,写上"大庆油田,王进喜"7个大字,并署上"66.10.4"这个日期。这时李光复还不满足,就说:"请铁人给写几句鼓励的话吧!",王进喜略做思考,又在上方不太宽裕的空白处写道:"讲进步不要忘了党;讲本领不要忘了群众;讲成绩不要忘了大多数;讲缺点不要忘了自己;讲现在不要割断历史"。细心的人们会发现,过去王进喜有关题词,都只有前面"四讲""四不要"四句,这次特意加了一句,"讲现在不要割断历史"。

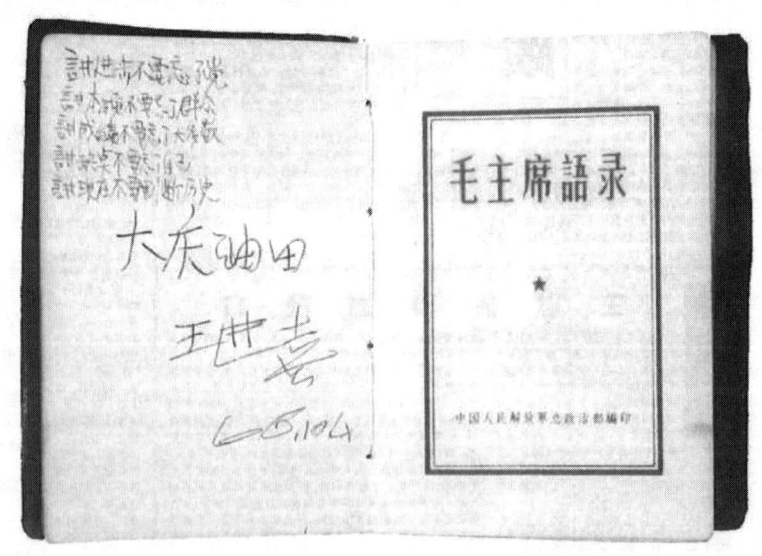

1966年10月4日,王进喜"五讲"签名语录本

铁人这个"五讲"题词,由于是先签名,后写内容,卷面布局虽然不大协调,可是它却闪耀着一种哲学的光芒,反映铁人对事物认识的深化和思想的

第五章　铁人精神的形成

成熟。

铁人原是个文盲。刚参加工作时，进扫盲班学了一段"社会发展史"，在他"感恩"的思想里加进了朴素的"不信天命干革命"的唯物史观。入党时，又形成了"跟着党干革命干事业"的意识和"为人民当好勤务员"的宗旨，树立了坚强的党的观念。在以后的奋斗中，他又看到了工人阶级的积极性和作用，从而树立了明确的群众观点。同时他在潜意识里也学会了辩证地看问题。比如，1958年月上5000米时，他就说过："慢打只能出慢的经验，只有快打才能出快的经验。"因此只有带领全队冲破老框框、洋框框的束缚，才能不断创出新成绩。1959年9月，兰州劳模会议上的发言，彭佐猷总工替王进喜写的四句话：玉门形势好；大家干出的成绩；党的领导和培养；放牛娃当劳模，社会主义好。这四点中，王进喜把党、国家、集体、和个人的位置摆得很正，看不出有半点骄傲自满之意。所以，彭总工当时一个劲儿感叹王进喜是"人才，难得的人才"。

参加大庆会战，他学了"两论"，思想更开窍了。不仅认识到"国家缺油是最主要的矛盾"，还提出了"有条件要上，没有条件创造条件也要上""干，才是马克思主义。不干，半点马克思主义也没有"这样哲学味十足的命题。

1964年，大庆公开报道，毛主席发出"工业学大庆"的号召，全国掀起学大庆的热潮。这时整天面对鲜花和掌声的王进喜，开始思考一个新的问题：就是怎样才能经受住荣誉的考验，他始终记着毛主席在生日宴会上那句"要夹着尾巴做人"的教诲，认真贯彻会战工委学"两分法"的要求，一分为二地认识自己的一切，总结体会，从而得出一个"一切成绩归功于党和人民，我的小本上只能记差距"的结论。不止于此，他经常琢磨怎样对待进步、本领、成绩、不足等问题。

据1205队以及二大队一些老工人回忆，在那一个时期，经常在不同的场合听到铁人讲"有了进步不要忘了党，讲本事不要忘了群众"等等"二不忘""三不忘"的问题。1966年8月25日《工人日报》三版"大庆人笑谈纸老虎"专栏，引用了铁人王进喜的一些话。他说："今年年初我就跟1205队同志们讲，讲进步不要忘了党，讲本领不要忘了群众，讲成绩不要忘了大多数，讲缺点不要忘了自己。这样我们就会无敌于天下！"这说明铁人很早就形成了"四讲"的概念，而且把它看成是"无敌于天下"的力量。

9月的北京,"文化大革命"已经全面展开,大街小巷到处有大串联的红卫兵,传单满天飞,大字报不时出现,到处有人揪斗干部,批判"技术权威",打倒声喊成一片。所谓的"革命",就是要打倒当前的老干部,"实现全面夺权",表现出一种怀疑一切,打倒一切,否定历史的鲜明特征。对此,身在北京的王进喜不可能看不见,他怎么想,怎么看无从考证。但这次给李光复的题词,"四讲"发展为"五讲",特意加了一句"讲现在不要割断历史",其针对性是显而易见的,我们完全能够理解得到。

凡看到这个题词的人,无不为他的思辨能力而惊讶!王进喜同志是一个工人,文化程度不高,但他的"五讲""五不要"题词,既是对他基本的世界观和价值观的反映,也折射出他深邃的哲学思想,同时也彰显了他无私无畏的英雄气概和大智慧。只有具有宽广的胸怀、毫无自私自利之心的人才能题得出来。正如毛主席所说:"一个人能力有大小,但只要有这点精神,就是一个高尚的人,一个纯粹的人,一个有道德的人,一个脱离了低级趣味的人,一个有益于人民的人。"

铁人"五讲"题词,作为铁人精神的点睛之笔,将永远绽放出智慧的光芒。

第五节 用生命铸就英魂

铁人王进喜不仅是大庆人的杰出典范,工人阶级的先锋战士,共产党人的优秀代表,而且是新中国成立以来最具影响力的著名全国劳模,顶天立地的民族英雄。

一、领袖接见受洗礼

铁人王进喜不仅是大庆人的杰出典范,工人阶级的先锋战士,共产党人的优秀代表,而且是新中国成立以来最具影响力的著名全国劳模,顶天立地的民族英雄。铁人身上表现出来的敢于蔑视一切困难,决不在困难面前低头的英雄气概,给毛泽东留下了深刻的印象。毛泽东曾经兴奋地把"石油工人一声吼,地球也要抖三抖"这句名言转告给同在天安门城楼上观礼的埃德加·斯诺。

1964年12月26日,出席第三届全国人大第一次会议的王进喜与农民代

第五章 铁人精神的形成

表陈永贵,知识青年代表董加耕、邢燕子,于散会前被告知散会后就地等候。散会后,周总理把他们带到人民大会堂内一间小宴会厅走廊等候。几分钟后,毛泽东主席满面红光、精神抖擞地来到人们中间,在掌声中毛主席示意大家坐下,铁人被周总理安排与毛主席同桌,就在毛主席的左手边,中间只隔着董加耕,同桌的还有彭真、罗瑞卿、余秋里、曾志、钱学森、陈永贵、邢燕子等。大家落座后,毛主席说,"今天既不是做生日,也不是祝寿,而是实行'三同'。我用我的稿费请大家吃顿饭,我的孩子没让来,他们不够资格。这里有工人、农民、解放军在一起,不光吃饭,还要谈谈话嘛!"这顿饭共有12个菜,除了盐水虾外基本都是素菜,有黄瓜、苦瓜、青椒、卷心菜、胡萝卜等。席间,毛主席不时给身边的董加耕、邢燕子和铁人夹菜,一一询问客人身体工作情况。当谈到大庆时,毛主席说:"余秋里和石油工人们一起搞出个大庆来,很不错嘛!石油工人干得,打得好!"又说:"铁人是工业带头人,要工业学大庆。"铁人认真听着毛主席的话,感到无比的激动。

宴会结束前,毛主席还特别告诫铁人他们几个工农和知青代表:"你们不要翘尾巴,有些人不好,尾巴翘得太高了,要夹着尾巴做人。"铁人始终牢记着毛主席的教导,一生谦虚谨慎,从不居功自傲。出席党和国家最高领导人的生日宴会,这在当时是极高的政治荣誉。但铁人回到大庆后始终守口如瓶,从未向任何人提起,更没有以此作为资本而炫耀,直到1993年毛主席百年诞辰之际,当事人董加耕发表纪念文章披露了这件事,人们才了解到铁人还有一段如此经历。

铁人王进喜一生中曾多次受到毛泽东主席的接见。1969年4月党的第九次全国代表大会召开。作为主席团成员,王进喜参加大会投票。当王进喜投完票从主席台前经过时,被周恩来总理叫住,并向毛主席介绍铁人王进喜。毛主席从座位上站起来说:"铁人王进喜,我认识,工人阶级的带头人",并与铁人亲切握手。摄影记者在这一瞬间按下了快门,将这一瞬间永远定格为一个时代的标记。这张与毛主席握手的照片,成为王进喜一生中和毛主席在一起的唯一一张合影。

王进喜不仅给毛主席留下深刻印象,并始终受到周总理的关心、关怀和爱护,一生受到周总理的多次亲切接见。1966年9月29日下午,王进喜作为石油部报捷团的团长到北京向党中央报捷,受到周总理和其他领导的亲切接见。

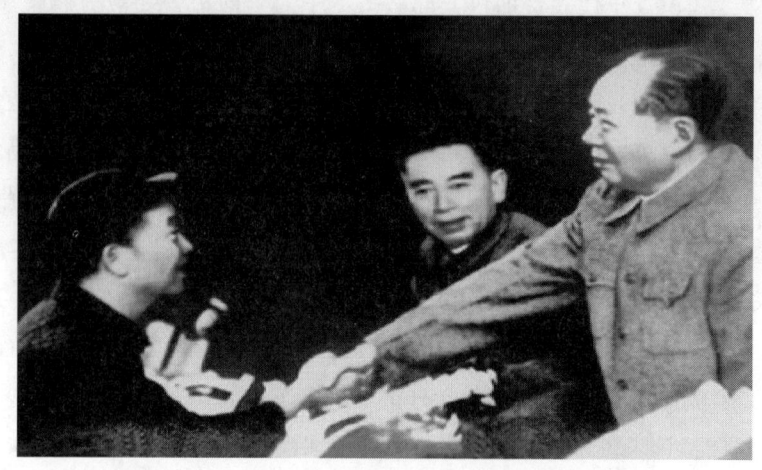

1969年4月，毛泽东主席和周恩来总理在中国共产党第九次全国代表大会上亲切接见铁人王进喜

报捷之后，留下部分同志参加座谈会。座谈会开始时王进喜蹲在周总理的对面，擎着大大的花名册给总理看。"你多大了？"总理问，"我老了，干不动了。总理！"王进喜笑着回答。"你老了，那我怎么说呢？"总理也笑着说。这时大家都笑了。总理翻着花名册，一个一个地点着名，问大家情况。座谈时，当汇报到1202、1205钻井队情况时，总理问"打到多少米了？"王进喜说："8月份已上5万米，10月2日达到7万，年内一定打上10万米。"总理说："你们一定要超过美帝！"王进喜说："12月份一定上10万，超过它！"会谈结束时，王进喜把铝盔落在地毯上，总理想起开始时王铁人说他老了的话，拿起铝盔，戴在王进喜的头上，对他说："小王，给你戴上！"王进喜孩子般地笑了。

10月1日上午，王进喜登上天安门城楼，受到毛主席的接见，晚上登上天安门城楼观看焰火，再次见到了毛主席、周总理。令他终生难忘的还有这次报捷，他和另外9名石油工人代表被请进中南海住了三天。每天晚上总理忙完了，都要来他们住的屋子探望，并带来了毛主席送的芒果，总理还送了梨。领袖们给铁人和工人的待遇，就是给普通百姓的待遇，给劳动人民的待遇，领袖的心永远和人民在一起，领袖心里装着老百姓，人民永远思念自己的领袖。

二、精彩报告动京城

1964年,铁人王进喜当选为全国人民代表大会代表,于年底到北京出席了全国人大三届一次会议。在这次会议上,大会主席团邀请王进喜代表全国工人在大会上作汇报发言。王进喜以大庆会战为背景,以1205钻井队和钻井二大队工作为主线,汇报了大庆工人阶级迎着困难上,与恶劣的自然条件和各种困难作斗争,在会战中取得的成绩。王进喜的发言内容实在,讲得生动而有气魄,在全国人大代表中引起了强烈反响。这是第一位石油工人登上人民大会堂做报告。

王进喜在人民大会堂作报告

1966年2月16日,王进喜再次登上北京人民大会堂的讲坛,应邀为"全国工业交通工作会议和全国工业交通政治工作扩大会议"做报告。这天,王进喜依然是在油田工作时的装束,头戴前进帽,身着有48道杠的棉工服,脚穿大头鞋。当余秋里引导他走上主席台时,台上的薄一波等国务院领导,国务院有关部门领导和台下数千名全国工交系统司局级以上干部,报以热烈的掌声。王进喜的报告没有文字稿,只用一些小纸条作简明的提纲。他以自然丰富的表情,协调有力的手势,洪亮的西北腔调,向与会代表讲述了他和队友们为了早日拿下大油田,人拉肩扛安钻机,端水打第一口油井;教育引导青年克服困难，扎根油田；领导家属盖干打垒等情景。铁人的报告，感情真实，事例生动，语言鲜活，给人一种全新的感觉。可以说这场报告，铁人讲出了思想，讲出了气势，讲出个人的特点，发挥得淋漓尽致。讲会战情景生动逼真，讲故事实在感人，分析问题精辟入里，让人听了很解渴。在报告中铁人除了重复"井无压力不出油，人无压力轻飘飘""干，才是马克思主义，不干，半点马克思主义也没有"这些观点外，还冒出不少新的言语。比如，在讲到提高钻井质量时，他说："要打直井，首先我们脑瓜子里要有个直井，要有高度的政治责任心，脑瓜子里没有直井，一辈子也打不出直井来。"在讲1205钻井队出事故丢了标杆，分析原因时，他说："工人的问题是干部的问题，下面的问题是领导的问题，一切的问题是思想的问题。"承认这个队的问题根子在自己这个大队长身上，是自己放松了思想工作。每到这样精彩之处，都会引起一片掌声。铁人文化程度不高，但他最大的优点是肯动脑、爱思考，善于用与现实生活联系紧密的小比喻来讲大道理，入情入理、引人入胜。

最后他说，现在到处都在支援越南人民进行抗美救国斗争，好多人写诗表达自己的决心，我也想写首诗表达一下，但文化低，写不来，就琢磨出几句给大家念念。说着他就站起来，打着手势高声朗读道："手扶刹把像刺刀，钻杆就像飞机和大炮，压力一加钻头就向地球里边跑，打完进尺，原油就呼呼噜噜往地面冒，支援越南人民，气死美国佬。"一朗诵完，全场都站了起来，报以长时间的热烈掌声。两个半小时的报告，生动幽默，吸引，鼓舞和征服了所有观众。报告被掌声和欢笑声一次次打断，人们近距离地感受到了铁人的风采、人格与精神的魅力。

铁人的报告引起了强烈的反响，轰动了京城。会后中央各部委、解放军各总部，北京市许多单位和部门以及各新闻单位，纷纷向石油部提出邀请，请铁人去做报告。这样多的要求无法一一满足，最后商定由铁人在中央人民广播电台讲一场。这样，铁人在中央台讲了大半个上午，录了音，剪辑后连续播放了好几天。中央台播了以后，北京就传开了，说大庆有个王铁人，钢筋铁骨，力大无穷，能把石油落后的帽子甩到太平洋里去。光听声不行，还需要见人。然后他又到北京电视台去讲了一次。

铁人上电视，这是第一次。电视台领导说，党和国家领导人一般最长讲

30分钟，铁人也讲30分钟。正式播出那天，铁人进入玻璃房演播室，坐在两个聚光灯下，照着提纲讲，讲到激动处，铁人就站起来讲。周围坐着观众，又是鼓掌，又是欢呼，有的还跳了起来，非常热烈。不一会儿电话打进来，问为什么不给铁人预备毛巾，让他用袖子擦汗？实际上桌子上有热毛巾，铁人不知道；过一会儿电话又来了，问为什么不给上茶，铁人嗓子都哑了，工作人员赶快送茶；讲到二十分钟时，电话又来了，要求让铁人继续讲，不要停下，不要受时间限制，台长决定让铁人接着讲，最后讲了53分钟。压掉了好多后边的节目，创造最长纪录。

王进喜在会战初期被树为学习的标兵，以他光辉的形象推动了会战的发展，为大会战的成功和我国甩掉贫油落后帽子，作出了不可磨灭的贡献。1964年1月，新华社记者田流等人来到大庆，采访王进喜及相关人员，做了相关报道。当年4月19日晚，中央人民广播电台播发了袁木、范荣康采写的长篇通讯《大庆精神大庆人》，报道叙述了王进喜的三个"经典故事""铁人"称号的获得等感人事迹，次日，《人民日报》刊发了全文。铁人的事迹传遍了神州大地，宣传王进喜及大庆的报道也开始席卷全国。铁人王进喜成为继雷锋之后，又一个享誉全国的典型人物，与此同时，铁人的精神成为大庆精神的典型化体现和人格化浓缩。1966年1月3日《工人日报》已将近三个版面的篇幅刊发了李冀、张杰、杜铁采写的长篇通讯《工人阶级的光辉形象——王铁人》，并配发社论《我们需要千千万万个铁人》。中央人民广播电台广播了该报道，这进一步推进了铁人形象的传播。王进喜这次在全国工交系统的精彩报告，中央人民广播电台的连续录音播送，电视台的播放，把对铁人的宣传与报道推到了最高潮。在人们的心目中，铁人已从一个普通劳模成为一个顶天立地的民族英雄。

三、危难之际显担当

1966年6月4日至7月25日，王进喜随中国石油工业代表团一行12人访问阿尔巴尼亚，历时53天。这是王进喜第一次，也是唯一一次出国。在莫斯科待机时，他参观了红场，瞻仰了列宁墓。这位43岁的西北汉子，第1次坐上飞机，升上万里高空，"背负青天朝下看"，用更广阔的视角看世界，站在世界看祖国，思想上开出了一片新天地。他发现阿尔巴尼亚虽为欧洲小国，却

"每人平均每年半吨油",王进喜被震惊。从此,他把全国"每人每年半吨油"作为自己新的奋斗目标。

心怀"每人每年半吨油"大目标的王进喜回国后,全力支持1202、1205两个"钢铁钻井队"瞄准苏联一个"功勋队"曾创造年钻40,861米的最高纪录,要在1966年实现"年钻5万米,超过'功勋队'"的目标。到8月18日两队双双打上5万米,实现了年初提出的奋斗目标。9月29日下午,王进喜作为石油部报捷团的团长,率领1202钻井队、1205钻井队、四川局32111灭火英雄钻井队、胜利油田创造一次取岩心102.32米世界最高纪录的32104钻井队和大庆劳动家属代表组成的代表团前往北京,受到周总理和其他领导的亲切接见。

10月7日,深受报捷活动鼓舞,满怀信心,准备大干一场的王进喜回到大庆油田。他突然发现,原有的油田总指挥、副总指挥,全被打倒了,大多基层领导都靠边站了。而活跃在台面上的却是各个红卫兵组织。此时,油田管理秩序混乱,原油产量锐减。他曾多次与红卫兵组织交涉,提出要"抓革命、促生产",同时也要解放老干部,要让老干部出来工作,他的这些要求,很难获得红卫兵组织的回应。因此王进喜非常忧心,也不能不引起他的深思。

1966年11月,在与红卫兵造反派的斗争中,王进喜越来越感觉到大庆油田形势的危机,生产秩序混乱,原油产量锐减。他冒着极大的风险来到北京,1967年元月4日下午,王进喜向周总理汇报大庆油田的情况。当周总理知道大庆油田的混乱局面以后,十分着急,总理向毛主席作了汇报,并提出对大庆实行军管的建议,得到毛主席的批准。1967年2月9日,农历大年初一,沈阳军区一个师的解放军部队开进大庆油田,对大庆实行军管。从而在危急时刻稳定了大庆局势。

铁人的忠诚、坚定和勇敢,得到了广大工人的拥护,但也惹恼了一些人,引起了"大人物"张春桥的不满。1966年12月23日,张春桥在接见一个上海代表团时说:"王铁人也表现得很不好,可能走向他的反面。""他地位发生了变化,影响很大,是个既得利益者,有名有利有地位,还有什么革命的要求呢?"之后,有人炮制黑材料,为铁人罗织了"十大罪状",一些人私设公堂,刑讯逼供,要他承认大庆红旗是黑的,大庆标兵是假的。这些都遭到他严词痛斥。他说:"大庆油田是大家勒紧裤腰带,饿着肚皮干出来的,大庆红旗是毛主席树立的。要我承认是面黑旗,这是痴心妄想,刀搁在脖子上也不行!"因此,被红卫兵召开大会批斗、关押,在周恩来总理的直接干预下,才把铁人王进喜解救出来。

1968年5月31日,大庆革委会成立,王进喜担任革委会副主任。在文革艰难的环境中,王进喜忍辱负重,发挥了中流砥柱的作用。铁人是以干实活、办实事、讲信用、讲实效著称的。文革造成油田科研工作无法开展,采油系统岗位生产责任制被废止;地下压力下降,产量下降,含水率急剧上升的"两降一升"等情况。更为严重的是,当时革委会主要领导对此视而不见,对外大讲形势一片大好,对内放任不管,对上报喜不报忧。在这严重关头,铁人挺身而出,向石油部、向周总理汇报了情况,周总理及时作出"大庆要恢复'两论'起家基本功"的批示。大庆油田的广大职工得知总理的批示,心情很激动。在"文化大革命"的动乱岁月里,大家感到党中央、毛主席和周总理仍关心着大庆油田,关心着石油工业,因而以高度的责任心,坚守岗位,保证了大庆油田生产的正常进行,挽救了油田,恢复了各科研部门的正常工作和会战初期的一些传统有效做法,保证了在"文革"当中大庆持续稳产高产,到1976年达到年产5000万吨的原油产量。

四、壮志未酬憾离世

王进喜自幼家贫,从小讨饭,吃不饱穿不暖,在旧社会受苦受累26年,身体底子很差。解放后当了钻工,为感恩新社会,报效新中国,他吃苦肯干,特别是入党当了钻井队长后,他不服输的性格又使他养成了"全天滚"的习惯,即工作一吃紧,就黑天白日不离井场,饥一顿饱一顿,饭菜冷热也难有保障,得了严重的胃病和关节炎。特别是在大庆会战中,作为会战最早树立的标杆,"五面红旗"之首的王进喜,一个大干接着一个大干,一个苦干接着一个苦干,长年累月得不到休息,他当大队长后,又要不停地跑井,这一时期又是粮食供应短缺的艰难时期,跑井时有三件宝"炒面包、笔记本、羊皮袄",跑井遇到吃饭时,王进喜常常用开水冲炒面或吃干炒面喝白开水。使他的胃病更加严重。加上他在工作中多次受伤,如1960年"五一"前被砸伤了,还参加万人大会,从来也没有正经治疗过,后来被证实是"脚面骨骨折未愈",多次受伤落下了满身的伤痛。1961年4月下旬的一天，采油党委副书记李光明碰见王进喜坐在路边的草堆上，问他干什么，他说走累了歇一会儿，细一看铁人脸色苍白，呼吸不匀，额头渗出了汗珠。一问一答中，铁人站起身来，一瘸一拐地向着远方的井架走去。

看着铁人远去的背影，李光明想起了在1960年12月，铁人参加回玉门汇报团汇报完，路过北京余秋里部长、康世恩副部长都要他在北京多休息几天，并安排人领他到一个大医院进行了全面的身体检查，检查完，医生说他病得很重，并开了疗养三个月的病假证明。王进喜怀揣着病假条，走在长安街上，想起10年大庆的观礼和群英会的情情景，想起首都街头背着煤气包的公交车。想着大庆还有很多工作等着他去做，他便将请假条撕碎扔了。这个细节恰恰被同行的李光明看到了，他本来想回到部里向部领导汇报。但因紧急情况回了大庆，后来把这事也忘了。

看着王进喜的背影，痛悔不已的李光明径直来到会战总指挥部找康世恩汇报，康世恩听了很难过，他说："都怪我们太粗心了，太粗心了。"随后即安排了王进喜到北戴河疗养三个月。但王进喜在北戴河只待了一个月，就喊着叫着，闹着要回油田。身体还没有好转，就又投入了忘我的工作。

王进喜同志就是这样，因长期吃大苦、耐大劳，而积劳成疾，患了严重的胃病，仍带病顽强的工作。1970年4月，王进喜到玉门油田参加石油部工作会议。会前，王进喜来到他的出生地——赤金，看望了乡亲们。并在油田看望了他的师傅郭孟和。会议期间，王进喜因为胃痉挛而突然晕倒。玉门油田卫生院经检查认为病情严重。很快王进喜被送到北京。周总理亲自安排王进喜住进301医院，经检查王进喜已是胃癌晚期。

王进喜住院期间，工友们和油田领导经常到医院探望。王进喜也非常乐观地认为，他们可以拿下大油田，也一定可以战胜病魔。周总理在301医院看望其他领导人时，还去看望了铁人王进喜。期间，他还专门请邓颖超代表他到医院看望王进喜。

1970年国庆节，王进喜最后一次登上天安门城楼。当他见到邓颖超时，非常高兴地告诉她："我的病马上好了！我要很快回油田了，回油田我还可以为国家再干20年！"他哪里知道，他的病情已经严重到癌细胞肝转移，他现在之所以感觉稍好，是因为医生为了减少痛苦，为他用了大量的止痛药。了解铁人病情的邓颖超转过身去，禁不住流下了难过的眼泪。

1970年10月1日，王进喜（前排右二）参加国庆观礼

铁人在他生命的最后时刻，用颤抖的手从枕头底下摸出一个小纸包，交给守候在床前的一位领导同志，说："这笔钱把它花到最需要的地方去，我不困难！"打开纸包发现，里边是住院以来党组织给他的补助费和一个红色塑料笔记本，笔记本里夹着一张铁人亲笔写的记账单。记账单上一笔一笔写着住院期间组织上给他送来的钱数。在场的领导和同志们凝视着这一分不少的现金和这张纸，字字千金的"记账单"，正如他"赤条条一身来，空荡荡两手去"，无不为之动容，留下感动的热泪。

1970年11月15日夜里，周恩来总理得到铁人王进喜病危的消息，中断会议专程赶往医院。当周总理匆忙赶到医院时，王进喜已于23：48停止了呼吸。周总理只晚到8分钟，而没有见上王进喜最后一面。他俯下身去，用脸紧贴着王进喜的脸颊，一遍又一遍喃喃自语，"对不起！铁人，我来晚了。对不起！铁人，我来晚了！""铁人啊！你怎么能瘦成这样！"就这样，周总理一遍又一遍，难过地呼唤着铁人的名字。铁人，这个用生命践行诺言的人，喊出"宁可少活二十年，拼命也要拿下大油田"的人，只活了47岁。据统计，跟随王进喜从玉门到大庆参加会战的37人中，有29人没有活过60岁，其中25人没有活过50岁。

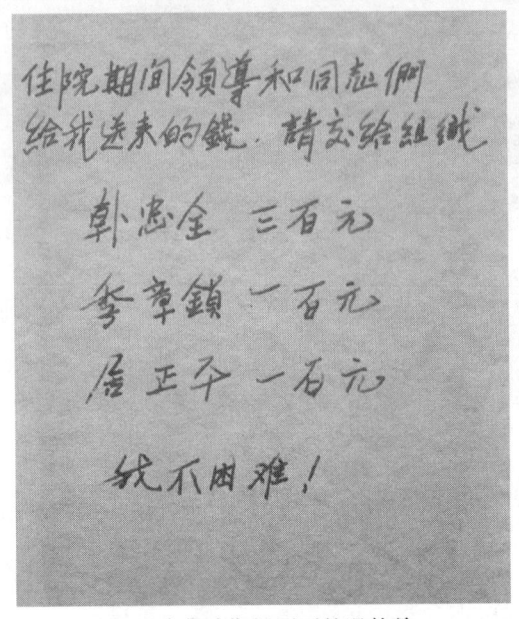
王进喜住院期间写下的退款单

新华社刊发王进喜同志讣告

王进喜同志逝世追悼大会

第五章 铁人精神的形成

不只王进喜,还有他的战友,那一批人、一代人为了祖国富强,民族复兴,不只付出了他们的忠诚,还有生命!

铁人王进喜是在石油大会战初期涌现出的英雄人物,在毛主席号召"工业学大庆"热潮中成为家喻户晓的全国著名劳模,他英雄的名字和光辉的事迹被人们所熟知,他用生命铸就的"铁人精神"教育和鼓舞了几代人。成为我国工人阶级最优秀的代表人物。1989年,即中华人民共和国成立40周年之际,他与雷锋、焦裕禄、史来贺、钱学森一起被中共中央组织部命名为"建国以来在群众中享有崇高威望的共产党员优秀代表"。

2000年,王进喜同孙中山、鲁迅、雷锋、焦裕禄、李四光、毛泽东、邓稼先、邓小平、袁隆平等被评为"百年中国十大人物";2009年中华人民共和国成立60周年,王进喜被评为"一百位新中国成立以来感动中国人物"之一。2019年中华人民共和国成立70周年,王进喜成为被群众提名,由群众直接投票推选的中华人民共和国成立以来278位"最美奋斗者"之一。

每当我们读到这段历史,大庆会战这史诗般的画卷在我们面前徐徐展开之时,铁人王进喜这个英雄的名字就会跃然纸上,令我们不得不由衷地感叹:

铁人赞

铁人是首歌,他震撼魂魄,洗涤心灵。

铁人有一个梦,多打井,多出油。为了石油,没有人像他那样把中华民族精神在个人的实践中体现得如此淋漓尽致。他用生命歌吟,用生命铸就英魂。

铁人是本书,他胸怀天下,用无限忠诚写就奋斗的人生诗篇,用他像火一样燃烧的激情,执著地呐喊着感天动地的豪迈誓言,一路前行。

铁人有一份情,他情系家国,为国奉献,矢志不渝,无怨无悔,奉献毕生。

让我们记住这首歌,追逐这个梦,读懂这本书,续写这份情。接过铁人的旗帜,在实现民族复兴的道路上一往无前,接续奋斗。

1. 王进喜之所以能够成为英雄人物,是由其身上的特质决定的,试分析其主要特质有哪些?
2. 铁人王进喜的英雄事迹主要有哪些?
3. 从王进喜的"五讲"题词看其崇高的人格品质。
4. 简述铁人王进喜在我国石油工业发展史中的地位和铁人精神作用。

第六章 靠"两论"起家、"两分法"前进

第一节 《实践论》《矛盾论》的神奇功效

《实践论》《矛盾论》"两论"学习在大庆会战中究竟发挥了怎样的作用？1964年初，在石油工业部写给中共中央关于《大庆石油会战情况的报告》中这样写道："1960年会战一上手，我们就组织职工学《实践论》和《矛盾论》，正如会战职工所说，我们是从'两论'起家的"。1964年1月25日晚，余秋里来到毛主席的菊香书屋，当得知主席要他来汇报大庆会战的情况时，余秋里开口便说："主席，我们在松辽搞的这个石油大会战，能这么快就取得胜利，关键是靠'两论'起家，靠学习主席的《实践论》和《矛盾论》这两本书。"1964年12月，周总理在第三届全国人大第一次会议上所作《政府工作报告》中指出：大庆油田的建设"是学习运用毛泽东思想的典范。用他们自己的话说，是'两论起家'……"那么，大庆是怎样以"两论"起家的呢？

一、第一决定的作出

1959年12月下旬，东北协作区会议在哈尔滨召开，周恩来总理亲自参加了会议。当时，石油工业部党组正在运筹松辽石油大会战，会议期间，余秋里从松辽勘探前线赶到哈尔滨，向周恩来总理汇报了勘探取得的最新进展，以及石油工业部准备组织一次大的会战、迅速拿下大油田的想法。周恩来总理对此非常关切，对组织会战也表示完全赞同。但他预见到在国家严重困难的特殊时期，组织会战将会遇到种种风浪与重重困难，这必是一场大仗、恶仗。他语重心长地对余秋里说："秋里呀，看来以后的困难会很多，你们要用毛泽东思想指导大会战，要学习辩证法，用辩证唯物主义的立场、观点、方法，分析、解决会战中可能遇到的各种问题。"总理的嘱咐，既指明了余秋里前进的方向，也坚定了他组织大会战的信心。

1960年3月下旬，余秋里、康世恩先后来到会战指挥机关临时驻地——黑龙江省安达县城。参加会战的各路人马有数万人，也陆续向此地集结。铁路沿线两边20公里范围内堆满了等待运输的器材、设备，很多先期到达的队伍为找寻器材和设备费尽周折，而堆积在铁路沿线的大量的器材、设备和物质却因缺乏吊车和运输车辆而无法及时运走。公路不通，电话不灵，工人的食宿无法解决，组织生产和协调生活非常困难，加上环境恶劣，个别同志的思想出现了动摇，甚至有人当起了逃兵。余秋里曾深有感触地说："没有到现场就预感到会有困难，到了现场才知道会战比预想的困难大得多。"

4月1日上午，石油工业部机关党委在安达召开第2次会议，分析会战开始后思想政治工作的情况，余秋里听到一位副书记介绍萨尔图探区张云清井队"学双论"（张云清的叫法）的事迹，眼前一亮。会议刚结束，余秋里就驱车来到萨尔图探区，坐在了张云清的帐篷里，与张云清促膝长谈。

张云清井队是石油系统的老标杆儿，几乎对王进喜井队没有服气过。克拉玛依现场会上，张云清和王进喜打擂台，谁也不认输，王进喜队喊出月上五千，张明清喊月上半万；王进喜发誓要在祁连山上立标杆，张云清立志于天山顶上树红旗；这回来到萨尔图会战，王进喜队5天钻完一口井，张云清队用了4天半……王进喜的1205钻井队被誉为"钢铁钻井队"，张云清的1202钻井队则是"永不卷刃的尖刀"钻井队，这两支钻井队始终是石油战线的标兵和大庆会战的红旗手。

余秋里和张云清迎面而坐，余秋里抽着烟，笑眯眯地看着张云清，张云清说："部长，您要说'学双论'吗？咱主要是学观点、学立场、学方法。"张云清一一汇报："学《实践论》么，就是要没有调查就没有发言权，实践出真知。我们来到萨尔图搞会战，这里与新疆很多不一样，构造啊、地层啊、岩性啊都不一样的，我们一点儿都不能主观主义，我们过去的知识要和这里的实际相结合，要在钻探实践中重新学习，认识这里的规律啊。学习《矛盾论》就

第六章　靠"两论"起家、"两分法"前进

是具体问题具体分析,特别是我们到这里来会战,困难很多很多,矛盾很多很多!这些困难,这些矛盾,最大的是国家的困难,是国家没有油啊,解决了这个别的一切都解决了……"

"好么!"余秋里把大腿一拍说:"好得很嘛!"

这天晚上,余秋里主持召开了部党组会议,会议研究决定:要在整个战区开展一个学习毛主席的"两论"的群众运动。他同时指出:"这个会战,不光要打出一个特大油田,还要打出一支了不起的石油队伍。"

1960年4月9日余秋里主持召开油田开发技术座谈会,在会上正式宣布了学习毛泽东的实践论和矛盾论的这一重大决定,4月10日石油工业部机关党委于大庆会战前线安达县发出《关于学习毛泽东同志所著<实践论>和<矛盾论>的决定》,决定明确提出:"我们正面临着会战——大规模的生产实践。在会战中,要把别人的经验都学到手,但又不迷信别人的经验,不迷信书本,我们要勇于实践,发扬敢想、敢说、敢干风格,创出自己的经验。同时,我们在实践中要不迷失方向,就要掌握马列主义的理论武器,把实践经验上升到理论,包括正确认识油田规律,使我们的实践具有更大的自觉性……立即组织全体共产党员、共青团员和干部学习毛泽东同志的《实践论》和《矛盾论》,并号召非党职工都来学习这两个文件……"

周恩来总理的指示是大庆学习"两论"的引子,张云清井队"学双论"的事迹就是助燃剂,烧出了石油工业部机关党委开展学"两论"的决定。4月26日余秋里在会战领导小组扩大会议上再次强调了这一决定,并提出"'两论'就是会战的灵魂"。当时的石油部机关党委秘书王培恩也曾评价学"两论"的决定"是大庆会战的政治宣言"。决定发出后,安达县新华书店的毛泽东著作很快售罄,哈尔滨新华书店的《实践论》《矛盾论》也在三天内销售一空,石油工业部从北京空运了4万册单行本到哈尔滨,再转送至会战战区,基本上做到会战人员人手一本。随着学习的深入,会战战区还成立了学习小组,并建立了学习日制度,通过集体学习来交流学习心得。

这是松辽石油会战中的第一个决定,发表在4月13日会战指挥部机关报《战报》的创刊号上,石油工业部机关党委在石油会战中做出的这个"第一决定",不是明确任务量,不是提出战斗口号,而是号召学习毛泽东同志的马克思主义著作,松辽石油会战的辉煌胜利和大庆油田60多年的发展历程,不可

— 159 —

辩驳地证明，这一决定不但正确，而且意义极其重大和深远。

1960年4月13日，《战报》第一版发表《党委关于学习毛泽东同志所著"实践论"和"矛盾论"的决定》

会战职工围着篝火学"两论"

第六章 靠"两论"起家、"两分法"前进

二、为什么学"两论"

不熟悉会战历史的人经常会问一个问题：总理虽然有嘱咐，大会战"第一决定"为什么专选"两论"作为学习的首选著作？

首先，我们得从"两论"的由来说起。"两论"是指毛泽东1937年在延安完成的两篇哲学文章《实践论》和《矛盾论》。20世纪30年代初，由于教条主义和左倾路线的影响，中国革命反复遭受重大挫折，毛泽东对这一时期的革命路线进行了反思，于1937年7月写成《实践论（论认识和实践的关系——知和行的关系）》一文。后来此文作为他在延安抗日军事政治大学讲授《辩证法唯物论（讲授提纲）》的重要内容，并列于第二章第十一节中。1950年12月29日，此文在《人民日报》上正式发表，1951年被收入《毛泽东选集》第一卷。《实践论》提出"实践、认识、再实践、再认识，这种形式，循环往复以至无穷，而实践和认识之每一循环的内容，都比较地进到了高一级的程度"，强调只有通过实践才能认识真理，实践是一个不断深化的过程。《矛盾论》完成于1937年8月，作为在延安抗日军事政治大学讲授《辩证法唯物论（讲授提纲）》的第三章第一节[1]，此文于1952年4月1日在《人民日报》上正式发表，并被收录于《毛泽东选集》第二卷，1991年再版时收录于《毛泽东选集》第一卷末篇。《矛盾论》详细分析了矛盾的普遍性与特殊性，指出"事物的矛盾法则，即对立统一法则，是唯物辩证法的最根本的法则"，总结了一整套认识矛盾、分析矛盾、解决矛盾的方法。《实践论》《矛盾论》是针对当时党内长期存在的教条主义、主观主义而作，"两论"的产生，不仅深刻分析了我党长期遭受左右倾机会主义影响的思想根源，经过延安整风，达到了党内的空前团结，奠定了毛泽东思想的哲学基础，对中国共产党实事求是思想路线的形成产生重要作用。

从"两论"的产生过程可以看出，"两论"是毛泽东充满辩证唯物主义哲学思想的经典著作，在毛泽东思想中也占有非常重要的地位，是中国革命和社会主义理论的源头，也是中国特色社会主义实践的指南，是科学的思想方法和工作方法。会战初期，面临全国性的经济困难；面对东北荒凉和冬季高寒的外部环境；要在极其落后的技术条件下，在没有任何自主开发建设大油田经验的基础上，要开发和建设好这个大油田，如果没有科学的理论和正确的思想方法

作指导，要实现会战的胜利几乎是不可能的。余秋里所领导的会战工委，在大会战开展初期就做出学习"两论"的决定，既体现了他们的马克思主义基本素养，也展现出了他们面对复杂情况的大智慧：

第一，"两论"学习是总结经验，以正确的态度面对矛盾和困难，探索生产建设规律的需要。

大庆会战初期，正是我国"三年困难"时期的最艰难时刻，尽管党内也在尽力克服和消除产生困难的因素，但短期内难以消弭。就全国而言，1958年前后，是中国共产党和中华人民共和国的历史上是极不寻常的一个时期。以毛泽东为代表的中国共产党人，胸怀"落后就要挨打"的忧患意识，抱有尽早改变我国落后面貌的强烈愿望，用"只争朝夕"的豪迈气概，带领全党和全国人民接连干了几件震撼世界的大事：制定建设社会主义的"总路线"，以及在其引领下的"大跃进"运动和"人民公社"化运动。那时，辽阔的祖国大地到处是"一马当先，万马奔腾，大干快变，超英赶美"的壮观场面。这种推动国家的经济建设，尽早挤入世界先进国家的行列的愿望和决心是好的，是毋庸置疑的。但由于决策本身的某些缺陷及其施行中的巨大偏差，加之三年严重的自然灾害，使之没有达到预期效果，反而造成了全国范围内经济生活出现严重困难，各项建设难以为继，国民经济几乎到了崩溃的边缘。

具体而言，当时我国国民经济发生的严重困难，一方面，使国家原油紧缺的形势越来越严峻，另一方面，使急于打开我国石油工业局面的石油部门压力更大。石油工业和全国各行各业一样，也搞了"大跃进"，参加了大炼钢铁运动，那时我国只有一个玉门石油工业基地，克拉玛依油田正在勘探开发中，全国原油产量中人造油占 1/3，玉门油田的原油产量占全国天然原油产量的一半以上。大跃进的结果是：玉门油田的自喷井几乎全部停喷，其原油产量急剧下降。虽然当时集中石油系统的主要力量在四川川中地区进行了石油会战，但未达到预期效果。尽管脱离我国社会经济发展现状的"大跃进""反右倾"给我国国民经济造成严重困难，但当时"大跃进""反右倾"的倾向仍在党内占据主流位置。浮夸风和冒进风潮依然在干部群众中普遍存在，如何引导广大干部职工冷静、理性、客观地面对石油地质、勘探、开发问题，也是长期困扰余秋里、康世恩等领导的难题。在此背景下，用学习《实践论》《矛盾论》这样的经典著作作指引，不仅能有效消除会战队伍中浮夸、冒进的错误倾向，还能及

第六章 靠"两论"起家、"两分法"前进

时解决如何用正确的思想、观点和方法应对石油大会战面临的各种挑战等问题。"两论"的学习，不失为智慧大胆的创举。

第二，"两论"的学习，是在实践中检验我国陆相成油理论的需要。

从20世纪30年代以来，我国石油地质工作者就对陆相成油理论进行了大量的论述，延长、玉门、克拉玛依等几个小规模油田的相继开发，也证实了这一理论的合理性，但是这一理论的普遍性及理论价值，却急需要一个大油田的发现，进行验证。

第三，"两论"是统一思想，振奋精神的需要。

不同文化融合问题。来自石油系统的会战人马有37路之多，再加上几万名复转解放军指战员，会战人员有党政军民学，来自东西南北中，面对一个罕见的大油田，进行一场我国石油发展史上从无先例的大会战，靠什么统一人们的意志？

会战队伍来自四面八方，有军队来的，四川来的，西北来的，像青海油田、克拉玛依油田、玉门油田，都是以西北人为主，他们来到大庆；东北文化、西北文化、军队文化、矿山文化、乡村文化等五种文化，不同文化之间的碰撞，不同生活习惯的摩擦，会引起的一些问题和矛盾，一开始因文化差异而引起的误会甚至打架事例多了。靠什么把人们的思想与意志统一起来？

三、"两论"学习的作用

"两论"在大庆石油会战中所起的作用是毋庸置疑的。

首先，通过"两论"学习，起到了解放思想，破除迷信作用。我国长期处在半殖民地半封建社会，人们思想长期受"中国贫油论"的困扰，技术干部搞不清油田情况，过去总是光问洋人，死抄洋书，结果还是糊里糊涂；现在通过"两论"学习，遇到问题向实践学习，大搞调查研究，大抓第一手资料，做到准确把握油田情况，同时对外国的经验进行批判性的接受。在科学技术上遇到难题，人们不是望而生畏、半途而废，而是遵照毛主席的教导，破除迷信，解放思想，反复试验，大胆创造，敢于和国际水平较量，勇于攀登世界科学技术高峰，大庆油田技术上的不少创造，就是在这种情况下产生的。

学习"两论"的关键，就是用"两论"的观点分析新中国成立以来我国在石油勘探开发方面存在的普遍问题，为避免出现生搬硬套的教条主义。新中

国成立以来，我们认真学习苏联经验，并得到苏联专家的通力合作，但邯郸学步的现象却时常出现，独山子油田就是按苏联经验开发的，在油田还未探明的情况下，楼堂馆所乃至舞厅已一应俱全了，然而最令人尴尬的是最终探明该油田只有0.7平方公里，却打下了70多口油井。独山子地下原油枯竭的残酷现实反衬出了地面豪华建筑的浪费。克拉玛依油田勘探的初期，我们也完全照搬苏联的经验和做法，但其勘探开发的实际结果却与当初的判断相差甚远。

其次，通过"两论"学习，广大职工清醒地认识到，只有通过实践—认识—再实践—再认识的循环往复的过程，才能使我们的认识更接近于实际。认识源于实践，但又要回到实践当中去。只有这样，才能纠正工作中的错误或片面性。可见"两论"的学习，能在实践中有效克服教条主义倾向。

再次，通过"两论"学习，广大职工坚定了人们战胜困难的信心，用科学的方法解决实际问题。组织号召学习"两论"，既是解决人们思想认识、立场、观点和方法的迫切需要，也是解决现实问题的需要。回顾大庆开发、建设历史，就是依靠"两论"统一思想，迎接挑战，战胜一切困难的过程。

会战初期，千军万马齐聚荒原，面对"头上晴天一顶，脚下荒原一片"的北大荒，天寒地冻，没有吃住的艰苦环境使很多人失去会战信心，有人甚至发出了是"进"还是"退"的疑问？会战工委通过组织学习"两论"的方法，分析了面临的矛盾和困难，认为国家缺油是最主要的矛盾。只有把这个最主要的矛盾解决了，其他的矛盾才能迎刃而解。如果石油工业上不去，不仅不能适应国民经济和国防建设的需要，而且帝国主义还会利用这个缺口来卡我们的脖子。这是从国家的整体利益、长远利益角度出发，如果进行大会战，无非石油职工多流汗，多吃苦，是局部的、第二位的困难。如果不进行大会战，国家没有油，这是最根本的、第一位的困难。面对上有困难，不上更有困难的困境，躲避困难不可取，也是极端错误的。广大会战职工遵循毛主席的教导，穷则思变，知难而进。通过学习，他们以高昂的斗志、热切的爱国主义情怀，以不怕牺牲、勇挑重担的革命英雄主义气概，投身会战，战胜一个又一个困难，创造一个又一个奇迹，高速度、高水平地拿下了大油田。

最后，"两论"学习起到了尊重科学，重视调查研究，懂得按生产规律办事的作用。

1960年10月余秋里曾在玉门油田一次会议上讲了"关于油田开发工作上

第六章 靠"两论"起家、"两分法"前进

的几条主要经验",他说:"在油田开发工作上,我们最主要的经验是深刻地认识到客观规律是不能违反的,总是想打自己的'如意算盘',不尊重客观事实,人们的主观能动性超过了客观的可能性,那就要出毛病,'人有多大胆,地有多大产'是不可能的……"这些经验,一方面来自余秋里对我国三年自然灾害的深刻反思,更来自对1958年"大跃进"热潮时川中会战失败教训的总结。

会战人员以在生产实践、科学实验中获取的大量和充分数据,作为研究油田、管理油田的基础,改变了只靠少量资料来推断油藏的做法,规定每口井取全取准"20项资料、72个数据"。提出"石油工人的岗位在地下,斗争的对象是油层"的口号,在每个岗位和生产过程中都要做到按照生产规律办事,对于油田来说,最主要的就是抓地下油层规律,各项工作必须立足于地下,以采油和地下情况为中心,带动各项工作前进。

他们就是这样,用《实践论》《矛盾论》把大家思想统一起来,摆脱了主观主义和教条主义的束缚,从会战一开始就找到并学会了用马克思主义的立场、观点和方法去分析问题和解决问题,使会战和大庆油田的开发建设始终沿着正确的道路发展。用大庆人自己的话说:"大庆是靠'两论'起家,靠'两分法'前进"。回溯过往,"两论"的确在会战中发挥了不可替代的作用和巨大威力。

第二节 "两分法"是前进的动力

一、什么是"两分法"?

所谓"两分法",就是毛主席经常讲的,"一分为二",看事物要看全面,不要只看局部或者片面地看问题,即用辩证的观点看问题。凡事都具有两面性,有好的一面,也有坏的一面。1963年,毛泽东在《加强相互学习,克服固步自封、骄傲自满》一文中指出:"共产党员必须具备对于成绩与缺点、真理与错误这个两分法的马克思主义的辩证思想。"

大庆会战工委在引导职工大学《实践论》《矛盾论》的热潮中,不断运用辩证唯物主义的基本原理、立场、观点和方法,分析、研究、解决会战实践中

遇到的各种问题，引导和推动大庆会战健康发展，不断总结、凝炼"两论"学习的经验和体会，并结合会战的实际，创造性地提出了"两分法"的主要内容：

（1）在任何时候，对任何事情，都要用"两分法"。成绩越大，形势越好，越要一分为二，只看成绩，只看好的一面，思想上骄傲自满，成绩就会变成包袱，大好形势也会向反面转化。

（2）对待干劲也要用"两分法"。有干劲，若引导不好，就会只图速度，而不顾质量，自然得不到好的效果，会挫伤职工的积极性。

（3）领导要及时提出新的、鲜明的、经过努力能够达到的高标准，引导职工始终向前看。

（4）以"两分法"为武器，坚持抓好工作总结，走上步看下步，走一步总结一步，步步有提高，方向始终明确。

二、用"两分法"分析问题——头脑清醒

新中国的石油工业，可谓历经坎坷，我国地质工作者和广大石油职工虽克服千难万险，历尽艰辛，呕心沥血，却成效甚微。一方面是受勘探理论、经验、技术等条件的制约；另一方面，面对不同地区、不同地质条件，人们还不能完全以科学的态度和方法去认识、探索和掌握蕴含其中的客观规律。也就是说，如何把高涨的革命热情与严肃的科学精神结合起来，这仍然是石油工作者长期面临的巨大挑战。

学会运用辩证唯物主义的观点去分析和观察问题，是对我国长期从事石油开发的经验教训的总结。1959年年末，余秋里在玉门油田党组扩大会议上讲了一番"冷与热"的感言，他说："讲一讲冷和热的问题。什么是热？就是冲天的革命干劲，是对社会主义事业的积极态度。什么是冷？就是科学分析，就是要符合客观规律。冷和热是矛盾的两个方面，是对立的统一。没有冲天的干劲，就没有做好工作的基础；没有科学的分析，干劲就会处于盲目状态，不可能持久。这就像打仗一样，是勇与谋的关系，冲天干劲和科学态度结合起来，我们才能立于必胜之地。"此番宏论，发表于庐山会议结束不久。川中会战失败之后，其深邃的观点似乎是对川中会战的经验教训的总结，而余秋里同志巧妙运用辩证唯物主义和"两分法"的观点看待、分析问题的能力与勇气难能

第六章 靠"两论"起家、"两分法"前进

可贵,令人佩服。在某种程度上来说,这也为日后的大庆会战以及大学《实践论》《矛盾论》埋下了伏笔。

1959年11月5日,每年一度的石油工业部局厂长会议在北京华侨大厦召开,此会议的宗旨是总结当年工作,安排部署下年工作。而这次会议与往年最大的不同,在于如何总结刚刚结束的川中会战,怎样组织和开发松辽平原刚刚发现的大庆油田,这也成为会议的焦点。

由于川中会战没有达到预期的效果,且影响了各参战单位的本职生产工作,所以他们意见很大,纷纷表示不赞成以后再举行类似形式的会战。如何引导大家既要正确认识川中会战,化解心中怨气,又要鼓励和动员大家以新的姿态、饱满的精神投身于松辽会战,这对余秋里的组织能力是一次考验。

1959年11月26日,余秋里在华侨大厦局厂长会议上总结讲话中,就"如何组织全面的、综合的、有效的大协作"问题特别强调,他说:"全面的、综合的大协作,是我们社会主义的一大重要特点,只有社会主义制度下才能最大地发挥协作的威力。针对我国石油工业的特点,大协作对石油工业高速度发展有着特殊重要的意义,而当前石油工业的特点是什么呢?

第一是落后。我们一穷二白,产量还少,要高速度发展,就得善于把力量集中起来,搞大协作。这样无论是解决油田建设、勘探建设也好,还是炼厂建设也罢,在某一点、某一方向上,我们应该把劣势变为优势,因此石油工业要高速度发展,就必须进行协作。

第二是石油勘探工作的发展出现不平衡现象。在发展中出现不平衡现象,是石油工业本身很突出的特点,这里的不平衡是由八个字决定的,即有、无、大、小、东、南、西、北。油田有的地方有,有的地方没有;有的地方大,有的地方小;有的东面有,有的西面有;有的南面有,有的北面有。针对石油工业"八字不平衡"特点,在石油勘探战略布局上,应有仔细的考量。对全国的勘探布局,应有重点地调动力量,集中全部力量,加速地质勘探进度,尽快发现油田。其后,用打"歼灭战"的办法建成油田,快速上量。

第三是底子差,人少,队伍小,技术力量薄弱,财力物力不足,家底薄。如果认识这个弱点,且避开这个弱点,弱点就可以变为优点,因此我们要集中有限的人力物力,发挥其最大的作用,这也需要协作。

开展全面的、综合的大协作,是石油工业高速度发展的前提。1958年四

川会战在石油勘探史上是史无前例的。它是集大量人力、物力和技术力量于一体的典型战例。如果没有全面协作,就不能短的时间内取得开发川中油田的基本资料,更没有川中会战的成功。川中会战中的大协作,不仅大大加速了四川油田的开发进程,而且取得了大范围内实现全面综合协作的经验,这个经验是很深刻的,具有重大的借鉴意义且历久弥新。"

余秋里的这篇带有浓厚辩证唯物主义色彩的讲话,可看作是他灵活运用"两分法"分析问题的经典范例。如何在困难情况下把消极因素转化为积极因素。他对优与劣、大与小、分散与集中、成功与失败等问题的透彻分析,使我们看到了余秋里面对错综复杂的困难和矛盾,能审时度势,运筹帷幄,善抓主要矛盾和问题的超凡能力。这篇讲话明确了石油工业发展的指导思想,为组织大庆会战进行了思想准备,对于石油工业后来的发展产生了深远的影响。

三、用"两分法"对待荣誉——永不自满

1964年全国掀起学大庆的热潮,余秋里认为在胜利面前一定要保持头脑冷静。1964年2月19日,他在石油工业部党组扩大会上说:"人怕出名猪怕壮,我们一定要鼓足干劲,拼命往前赶,扎扎实实把工作做得更好,更有生气。"2月21日他在石油工业部党组会议上说:"对于中央这个表扬,我们有几种可能:一种是继续前进,一种是踏步前进,一种是后退。我们一定要坚持前进,绝不后退。要善于学习别的省、市,别的部门的好经验好方法。"3月7日他在石油工业部机关处以上干部会议上指出:"我们在工作中必须掌握'两分法'这个武器,既要看到有利形势,又要看到不利方面;既要看到积极因素,又要看到消极因素;既要保持发扬成绩、优点,更要着重看到缺点,认真地找差距。"

不仅如此,余秋里还常常告诫党员干部如何正确地对待成绩和荣誉。1963年6月15日,在一次石油工业部的电话会议上,他针对一些现象讲到:"我最近看到一些简报,想说一个问题,也是我们在历次石油部会议上反复强调过的一个问题:不要居功,不要贪图名利,不要宣传我们个人,不能接受这种精神享受!谁要搞这个精神享受,突出个人,我看他就要身败名裂,受到历史的惩罚!当然,我们的英雄人物是可以享受的,因为他们是革命的红旗,是我们学习的榜样。我们干部就不一样了,我们要谦虚谨慎,埋头工作,这才是共产党

员的本分。玉门送来一个材料上说,洛阳拖拉机厂去那里参观,里面有两句话,我看是胡说八道!一句是'以余部长的作风为榜样',一句是'我们的厂领导享有很高的威信',太不严肃了!谁对这样的话满意,听了心情舒畅,说轻一点是头脑发昏,说重一点就是党性不纯的表现。什么余部长作风?什么厂领导的威信?简直是胡吹?我们是共产党员,是普通干部,我们所做的一切,都是尽党的义务,应尽的职责!任何成绩都是党领导的结果,是人民群众努力的结果,这个基本点不清楚,有点成绩不头昏脑胀才怪!我再重复一遍,从今以后,第一,报纸再不准出现领导的名字,第二,不要随便题字,第三,不要吹嘘自己。"

四、用"两分法"找差距——不断提高

大庆会战,从1959年9月到1960年底,只用了一年多的时间,就探明了油田面积,大体上算出了储量。到1963年已形成年产500万吨能力,累计生产1000多万吨原油,上缴财政累计10亿元,是国家投资的149%。特别是毛主席、党中央、国务院都表扬了大庆,广大职工憋足一股劲,一心想搞出大名堂,一股劲地要猛打猛冲。有些领导干部头脑也发热了,看成绩多,看缺点少,看有利条件多,看不利条件少,盲目地率领群众打冲锋。1964年初一开始,生产质量上出现一些不好苗头。会战党委敏锐地看到:"摆在我们面前的一个突出问题,就是在胜利的时候,在受到表扬的时候,能不能谦虚谨慎,继续前进,这是一个很大的考验,在这种情况下如何引导职工走上正确的方向,是一个迫切需要解决的问题。"正在这时,毛主席关于《加强相互学习,克服固步自封,骄傲自满》的指示传达到了油田。会战工委首先组织各级领导干部认真学习,提高认识,联系实际用"两分法"检查工作,检查自己。会战工委领导还亲自到基层蹲点,调查了5个钻井队,用"两分法"一队一队地进行分析,以《要学会用两分法看问题》为题刊登于元月3日《战报》上。同时,派出三个学习团到沈阳军区和解放军政治学院学习取经,并带头对照解放军和先进部门,找出18条差距并印发油田职工讨论。会战工委以身作则,带动油田上下"从高标准着眼,从大量的、常见的低标准、老毛病入手",开展了一个大找差距活动,历时两个月,全油田从人到物,从工作到思想作风,从施工质量到执行规章制度,共找出了120万个问题。这些问题的存在,震动

了领导干部中的骄傲自满和麻痹思想，使他们认识到："这是对我们工作上的缺点错误的一次大暴露，将了领导上的军，我们领导思想、领导作风、领导方法上还存在许多问题，主要是工作上不够扎实，对日常生产中的具体问题要求不够严，工作不够细。进一步认识到骄傲自满，要求不严，工作不扎实的危害性和严重性。"在此基础上，油田上下全面认真整改，收到了显著成效，从而形成了一套用"两分法"总结工作的制度和做法。

五、用"两分法"定目标——保高水平

经过大找差距、大整改以后，就要及时提出鲜明的、响亮的战斗目标，善于用"两方法"给自己"定标尺"，就像工人们说的：标尺定在心坎上，高水平出在双手上。领导要及时提出新的、鲜明的、经过努力能够办得到的高标准。这样脑子里经常有个尺度来衡量，是过头了，还是差得远，符不符合要求，即时刻要有一个明确的标准。比如会战初期，会战工委提出要高速度、高水平、高标准地拿下大油田。此后，年年提出新的要求，像会战初期提出的"高速度、高质量拿下大油田"的一般号召，虽重视质量但也只是一般要求和强调。1962年提出"质量不合格就推倒重来"。1963年提出"质量一次成功"。1964年又提出"项项质量全优，事事做到规范化，人人做出事情过得硬"三条要求。这是经过几年会战发展起来的高标准的要求，是生产从铺摊子到逐步上水平，是管理从无序到逐渐规范化，是在大找差距的基础上，根据广大职工的愿望提出来的，也是与油田发展及管理水平相适应的。这三条要求的核心是项项工程质量全优，规范化是实现质量全优的条件，人人做出事情过得硬是实现质量全优的基础。在实践中，为了更加完善质量标准，又提出了五个原则，即必须做到："有利于质量全优，有利于提高功效，有利于安全生产，有利于增产节约，有利于文明生产、文明施工。"这三条要求、五个原则的提出，不仅得到了群众的热烈拥护，也极大地促进了油田发展及其管理水平的提高。大庆人就是这样一步一个脚印，一步一个要求地走来的，引导群众始终向前看，这也是克服骄傲自满，停步目前的有效措施。

这就是他们对待成绩，对待荣誉的态度。这里不仅有鲜明的态度、明确的观点和立场，更有日后具体的做法和要求。在大庆，领导班子有这样清醒的头脑和严格的自律标准，"两分法"自然就会成为人们的自觉行动指南。

第六章　靠"两论"起家、"两分法"前进

正如毛主席在《加强相互学习，克服固步自封，骄傲自满》一文中说："一个共产党人必须具备有对于成绩与缺点、真理与错误这个'两分法'的马克思主义辩证思想。""两分法"与"两点论"同义，是毛泽东对唯物辩证法及其对立统一规律的简明、通俗的说法。任何事物都是矛盾的统一体。矛盾总是由既对立又统一的两个矛盾着的方面构成的。因此，践行"两分法""两点论"，必须以客观事物矛盾的实际情况为依据，而不是主观随意的。秉持"两分法"和"两点论"，是克服形而上学片面性，正确认识和解决问题的重要思维方法和工作方法。因此，大庆人正是始终牢记和坚持用"两分法"思考问题，对待工作，"两分法"便成为大庆油田持续向前的法宝。

第三节　抓工作总结，奠定成功之路

用"两分法"前进，不仅要做到按照"两分法"的观点正确面对困难，面对成绩，面对群众高昂的革命干劲；还需要干部群众时刻以"两分法"为武器，学会自觉运用"两分法"分析问题和解决问题。具体到工作实践中，就是要学会用"两分法"抓好工作总结。

一、新部长的"遭遇战"

1958年2月，余秋里被毛主席钦点为石油工业部部长，同年10月组织了川中会战，然而，会战以失败告终，教训是深刻的。余秋里在他的回忆录里说："川中会战是我的'教师爷'，把我教乖了，让我学会了。"为什么呢？因为第一任部长李聚奎在他任期内没有完成第一个五年计划。李聚奎工作也很勤奋，也很努力，但石油系统的工作局面迟迟无法打开。毛主席向周恩来提出换人的要求，并给出换人的三个条件，毛主席说："第一，年轻（当年余秋里43岁，李聚奎已经57岁）；第二，要善于打开工作局面；第三，不光能吃苦，还要有工作思路。"毛主席让周恩来让找彭德怀要人。当时彭德怀是军委主持工作的副主席，是排名第一的军委副主席，国防部部长，军队的人全在彭德怀手上。周恩来给彭德怀讲了主席用人的三个条件，彭德怀立刻想到余秋里，余秋里当年是解放军总装备部的政委、中将，后来余秋里和李聚奎对调位置，并追授李聚奎为上将军衔。

1958年2月，余秋里任石油工业部部长，1958年的3月，四川就出了三口高产井，其中相距最近的两口井之间仅40公里，最远的100公里，呈三角形构造。当时全国正处在"大跃进"的氛围中，石油工业部因没有完成第一个五年计划，压力非常大，所有人都想要赶快上。当时，四川局的总地质师李德生认为，从这三口井和后续打的井来看，要进一步考察，得等一等。余秋里问："等多长时间？"李德生回答说："半年、两年、三年都有可能，得根据后续的情况再说。"余秋里一拍桌子说："你再等下去，黄花菜早凉了。"随后立即组织了石油系统内部的会战。

会战组织玉门油矿、克拉玛依油田、青海局等，三家各派一位副局长带队，组织精干力量参加川中会战。后来钻探70多口井，只有不到10口井具有工业价值，而且产量很低。然而，当新开钻的井还没打完，原来那三口井中的两口已不再出油了。产量最高的一口井，还出现一个奇怪现象：该井的单位时间出油量相当稳定，像钟表一样，对此，大家都很惊奇。因为周围的井都没有油，只有这口井不但产量高，而且出油很稳定。后来他们停止勘探，想一探究竟，然而，当测井完成再开井时，却一滴油都没有了。川中会战完全没有取得预期的效果。

所以余秋里才说，川中会战是他的教师爷。川中会战的这种局面，让余秋里非常被动、尴尬，为什么这么说呢？因为川中会战从1958年10月份正式开始，当时"大跃进"气氛高涨，在此情势下，如果停止会战则是政治问题。在此期间，川中会战只能勉强进行，直到1959年4月，中共中央八届七中全会在上海召开，余秋里坐在最后一排休息时，毛主席才把余秋里叫来问："你川中会战情况怎么样？"毛主席为什么要专门问川中会战的情况呢？因为1958年3月，中央在成都召开工作会议，史称"成都会议"，正是这次会议，正式开启了"大跃进"的进程。会议期间毛泽东得知四川出现了这三口高产油井的消息，兴致很高，专门到了隆昌气矿去视察，这也是毛泽东唯一一次到石油系统的现场视察。毛主席对此印象很深，对川中会战的印象也很深。余秋里回答毛主席："报告主席，川中会战情况很不好。"毛主席说："中国这么大，四川不行，到其他地方还可以再找。"毛主席不但没有责怪余秋雨，反倒安慰起他来了。因为1958年石油工业部换部长的时候，毛主席找余秋里谈话，他不愿意来，对毛主席说："主席，我一辈子就是在军队搞政治工作，我没当过部

第六章　靠"两论"起家、"两分法"前进

长,也当不了部长。"毛主席告诉他:"我七届二中全会就讲了,我们熟悉的东西要过时了,我们现在要学习我们不熟悉的东西,我给你两年时间学习。"川中会战失败时余秋里上任才一年,毛主席自然不好多说。余秋里听了毛主席安慰的话语,心里感觉轻松很多,回到四川才把川中会战下马。

二、川中会战的启示

岁月不居,时节如流。20世纪90年代,晚年的余秋里回顾过往,在回忆录中写下了这么一段文字:"川中石油会战,可以说是我刚到石油部后打的一场'遭遇战',也是转到石油工业战线后的第一次重大实践。在这次会战中,我们碰了钉子,也学到了不少知识,得到了有益的启示,对我以后的工作大有好处……我曾对四川石油管理局的同志说:"感谢你们四川,川中是'教师爷',教训了我们,使我们学乖了。"可见,余秋里通过此事认识到石油地质科学的复杂性。在反思川中会战的挫折中,他把尊重知识、重用人才、重视第一性资料这三件事作为自己在石油工业部工作一以贯之的主线,避免以后再犯同样的错误。

川中会战,既是余秋里上任不久的"遭遇战",也是他职业生涯中少有的"滑铁卢"。但余秋里的过人之处在于他能把这种失败的经验教训当作难得的"法宝",从中总结出与众不同的观点,悟出指导后续工作的奇思妙招。川中会战结束不久,他就在克拉玛依油田谈到学习《实践论》和《矛盾论》,大庆会战工委第一个《决定》就是学习"两论",这是他总结川中会战经验教训的延续,更是他通过"两论"学习,学会用"两分法"分析问题方法之发端,正是这一哲学思想才使后来的大庆人不惧怕暴露问题,懂得如何在解决问题中锻炼成长。

1960年4月9日,油田召开石油会战技术座谈会,发现勘探不够细致、地下情况不明的问题,大庆人随后出台取全取准"20项资料和72项数据"方法规定,成为日后石油工业勘探工作中的一项基本法规。1961年1月至3月,大庆油田出现多口钻井不合格、生产管理相对薄弱的问题,于是召开了"4·19"质量大会,会议旨在让所有工种都树立起"好字当头,质量第一"的思想,倡导大家为革命干保险活,为油田质量负责一辈子之风;1962年5月8日,中一注水站发生火灾,暴露出了基层管理混乱、制度不清等问题,为此,大庆人提出"加强基础工作,开展争当五好红旗队活动,大力改进作风,全面管好生产",建立基层岗位责任制,成为石油企业的科学管理的重要遵循理念。

1964年初,毛泽东号召全国"工业学大庆"。在巨大的荣誉面前,会战工委喊出了"前进依靠'两分法'",对照先进找差距,全油田大约找了大大小小共120万个问题。会战职工讲:取得成绩不骄傲,比出差距不泄气,打了胜仗找问题,遇到困难鼓干劲。他们用"两分法"作为克服各种消极因素的最有力武器,抓好工作总结,直面问题及其教训,由问题"倒逼"出制度作风,并使之形成制度。通过实践、认识、再实践、再认识的过程,提出了"以'两分法'为武器,坚持抓好工作总结。走上步看下步,走一步总结一步,步步有提高,方向始终明确"的总要求。

三、"九热一冷"工作法

大庆会战的可贵之处还在于其无论是号召还是制度,在实践中都有一系列具体做法作保证。如为了保证会战各项工作顺利开展,始终引领群众和会战各项工作沿着正确和健康的方向发展,他们创造了"九热一冷"的领导工作方法。

会战初期,油田领导就把实践、学习、总结结合起来,把"冷"与"热"结合起来,把冲天干劲和科学态度结合起来,从而创立了"月初紧,月中狠,月末冷"的工作方法。其具体做法是:月初开大会,大动员,大造声势,绝大多数干部上前线;月中组织大检查,大突击,使全月工作任务立于不败之地;月末则自下而上地分析形势,总结经验,表彰先进,布置下月任务。后来,又将一旬作为一个小单元,形成了"九热一冷"的工作方法。即:在一旬中,有九天"热",一天"冷"。每逢第10天,领导干部再忙也要坐在一起开务虚会,学习上级文件或会议精神,分析形势,总结经验,从而把感性认识提升到理性认识,使领导作风和领导水平得到不断的改进和提高。

如果说"九热一冷"算是他们在领导工作方法上的创新,那么干部下基层蹲点则是对党的优良传统的继承和发扬,只是他们在做法上要求更具体,从而及时发现和树立了以铁人王进喜为代表的一批先进人物和英雄模范单位,总结、凝练、推广了以"三老四严""四个一样""岗位生产责任制"为代表的

第六章　靠"两论"起家、"两分法"前进

严细作风。既保持了广大干部群众高昂的工作激情，又保证工作的质量和效果。从根本上保证了高水平、高速度、高质量地拿下这个大油田。

四、用"两分法"总结促前进

通过"两论"学习，坚持以"两分法"为武器，在工作实践中不断总结和完善的基础上，大庆形成了一整套有关工作总结的成熟做法。如以时间为基础形成的周五学习日和月总结、季考核、半年小结初评、年终总评等工作制度，把学习、务虚与工作实践紧密结合起来，形成了严细认真、精益求精的良好作风和光荣传统；以工作任务为基础的如完井整训、阶段整训、单项工程总结、战役总结、年终的全面检查总结、评比等工作制度。

总结不仅要有形式要求，还要有有效的方法作保障。只有方法得当，能被群众广泛接受，总结才能成为推动工作、不断进步的有效方式。获得总结方法的最有力武器就是"两分法"，用"两分法"指导油田一切工作，已成为大庆人的自觉的思维方式和行为习惯。正如群众所说："脑子里有了'两分法'，取得成绩喜不倒，有了困难吓不倒，碰了钉子弯不了，我们靠'两论'起家，又靠'两分法'前进"。

以"两分法"为武器进行工作总结，便能明了一项工作是否完成、一个成绩是否取得，以及什么地方好，哪些方面差。为什么好？为什么差？哪些需要坚持，如何坚持？哪些需要整改？如何整改等问题。明确问题，解决问题是下一步提高和努力的方向。

以"两分法"为武器总结评比，在评比中看主流，摆成绩，谈进步，大长工人的士气，大鼓力争上游的干劲。表扬不是简单的表彰，而要说明表扬的原因，同时，表扬也不忘指出缺点和不足，要提出进一步努力的方向和具体要求。总结评比的过程，就是树标杆，找差距，学先进、赶先进、超前进的过程。在会战最初4年的艰难岁月中，战区英雄人物辈出，新人新事不断涌现。最先是克服困难的老英雄王铁人，接着出现的是黄继光式的英雄奚华亭，优秀的青年工人张红池。在此期间，五好工人达到全体职工的30%以上；五好单位大量涌现，其数量也占到基层单位的30%以上。其中，有"风霜万里、八年跃进"的1202"钢铁钻井队"；还有"严细成风"的三矿四队，"严细准狠的模范"32139硬骨头钻井队，爬冰卧雪到深山老林集运木材，超额完成任务的"硬骨头车队"运输二大队三中队等等。先进队伍层出不穷、蔚为壮观，可谓"标杆林中立标杆，'铁人'头上出'钢人'。"老标兵好上加好，新标兵后来居上。每年的总结评估，既突出表扬了这些英雄人物和先进事迹，又极大激发了广大职工的革命热情，掀起了比学赶帮高潮,,形成了先进事迹到处传诵、先进思想大发扬的气氛。

以"两分法"为武器，打一次胜仗，找一次差距，打一次胜仗，攀登一个高峰；以"两分法"为武器，就会站得高、看得远、有战略思想，永远不会停止在一个水平上。年年有所发现，有所发明，有所创造，有所前进。

在工作总结方面，大庆人做得最好和最经典的是1963年底写给中央的《石油工业部关于石油大会战情况的报告》，报告分成大庆会战几年来取得的成果和大庆石油会战的基本经验两个部分，报告全文共43000多字。

报告第一部分，不仅用详实的数据说明了经过三年多的会战，我们不仅高速度、高水平地拿下了一个世界级的大油田，甩掉了中国贫油和缺油的帽子，而且解决了很多世界级的科学技术难题，还锻炼培养了一支觉悟高，有一定技术素养，干劲大、作风好、有组织、有纪律，能吃苦耐劳，能打硬仗的石油工业队伍，并且取得了比较丰富的经验。为我国创出了一条独立自主进行社会主义现代化大工业建设的新路。

报告第二部分，石油工人在艰难困苦的情况下不畏艰难困苦，战天斗地的英雄事迹跃然纸上，字里行间渗透着会战职工的爱国主义的豪情；高度的革命激情和严谨细致的科学精神相结合的求实精神；艰苦奋斗，自力更生的创业精神；以及"宁可少活20年，拼命也要拿下大油田"的忘我牺牲和奉献精神。

报告再现了一个个英雄人物的事迹，感人至深，撼人心魄；论述了条理清晰的会战思路和做法，展现波澜壮阔的大会战的场面，有理有据的分析和论述，使经过血与火战斗考验的九条经验熠熠生辉。这样一个精彩的报告，康世恩在北京体育场连讲三天，北京市直机关的数千名干部深受教育，备受鼓舞。中央直属机关17级以上干部几千人也听取了余秋里所做的报告，反响强烈。毛泽东主席听了这个报告，心情也难以平静，1964年1月25日晚，他专门请余秋里去做专题汇报，正是因为这次汇报，才使毛泽东主席更加感受到大庆精神和大庆经验的可贵，向全国发出"工业学大庆"的伟大号召。

"两分法"就是这样，使大庆人在油田开发建设中不断经受住了成绩和挫

第六章　靠"两论"起家、"两分法"前进

折、顺境和逆境的考验，胜不骄，败不馁，锐意进取，像登山运动员那样，把脚印留在身后，永远向新的高峰攀登。坚持"两分法"前进，是大庆油田始终的做法，是它不断激励大庆人蓬勃向上，勇攀高峰，不断进取，向着新目标奋进。

1. 会战初期为什么要学习"两论"？
2. "两论"在会战中的地位和作用是什么？

第七章　革命热情与科学精神

第一节　探索用群众运动搞大工业

党的群众路线就是"一切为了群众，一切依靠群众，从群众中来，到群众中去"。群众路线是中国共产党人把马克思主义的群众观点创造性地运用到党的全部工作中形成的根本工作路线。搞群众运动可谓是中国共产党的传统政治优势，无论是建党初期的工人运动，还是农民运动；不管是在民族救亡的战场，还是在人民解放的战火中；无论前方后方，群众运动始终是中国共产党克敌制胜的法宝。马克思认为，人民群众是历史的创造者。毛泽东对此作了简明的表述："人民，只有人民，才是创造历史的动力。"大庆会战的历史进程，以事实再一次证明了这一科学论断的正确性。大庆石油会战，就是充分运用和发扬了党的这一根本领导方法和工作方法。

一、会战是为了集中优势

新中国成立之后，迅速实现国家的工业化，使中国从一个落后的农业国过渡到先进的工业国，是摆在党和人民面前的迫切任务。中国从近代以来，无论是西方资本主义国家的欺辱，还是日本帝国主义的侵略，都是源于中国工业的落后。对此，毛泽东和他那一代从战争中走出来的中国共产党人，对发展中国现代工业，特别是现代国防工业，有强烈的紧迫感。然而，大庆会战前夕，中国所面临的国际国内压力却是前所未有的。

第七章 革命热情与科学精神

在国际上，我们一方面承受着以美国为首的西方资本主义国家的严密封锁；另一方面，因为反对苏联在我东北大连等地组建联合舰队和安装长波电台等问题而与苏联关系僵化，苏联也一步步卡紧了援助中国的脖子，使我们刚刚起步的工业化建设遭受重大挫折。在国内，严重的"自然灾害"又进一步加大了我们发展的困难。中国的工业化之路何其艰难！

更让人焦心的是，工业化的血脉石油严重短缺，拖着国家建设的后腿。1960年7月，大庆会战刚刚开始，正在北戴河参加中央工作会议的余秋里得知苏联政府照会中国外交部，要撤走全部专家，撕毁援建合同，逼中国人民还债的消息的时，当即向毛泽东告假，中断会议，奔赴石油工业一线。他带领10名地质工程专家到新疆克拉玛依抢救报废油井，到青海布置安排加紧冷湖油田的原油外运工作，到玉门油田和专家一起研究解决因地下压力不足导致原油减产问题。在那个年代，在毛泽东主持的会议上主动告退是极为罕见的。可见，因国家缺油而压在余秋里肩上的担子是多么沉重。

1959年年末，当余秋里在哈尔滨，向正在东北参加木材工作协调会议的周恩来汇报，自己准备用大会战的方式开发大庆油田的时候，周恩来用赞许的语气对余秋里说："你这个观点很好！"

作为一国的总理和石油系统的掌舵人，他深知当时的技术条件和国力状况，如果采用会战这种全国协作和群众运动相结合的模式，可能是当时唯一能够选择的方式。

会战需要的前提条件就是社会主义大协作。1959年9月26日，当松基三井喷油的消息传到黑龙江省委，省委第一书记欧阳钦已经60多岁高龄，冒着严寒，一路颠簸，兴奋地来到松基三井所在地肇庆市大同镇慰问勘探职工，欧阳钦同志在慰问职工大会上热情洋溢地说道："此地出了油，是天大的喜事儿，感到石油事业在黑龙江大有希望。你们搞油的是野战军，你们的事业，是全党的事业，是我们社会主义建设事业的重要组成部分。石油大发展，可以带动我们机械化、现代化，使国家更富强。"欧阳钦同志明确表示："到这里搞石油，全国要支援，我们黑龙江省委、省政府，有关的县、乡和广大人民群众是这里的'地主'，要尽地主之谊。从省委起要讲大局，顾大局，要教育全省的干部群众，认识石油是关系全国大局的大事。我们要组织全省支援石油勘探，你们要在葡萄花、高台子构造甩开勘探，大战今冬明春，我们要继续组织力量修筑公路，同石油工人一起大战，尽快把这个油田的大小勘探清楚。总之，黑龙江省支援石油开发是责无旁贷，全力以赴，全力支援。"就是在这次慰问时，欧阳钦同志提议将大同镇改为大庆镇，使这个即将诞生的油田，有了一个既响亮又含义深远的名字——"大庆油田"。

欧阳钦随即决定由省委常务书记强晓初牵头，成立"支援石油会战领导小组"，他强调，这个机构就是石油大会战的后勤部。在极端困难的情况下，全力解决粮食、煤炭、被服等生活物资供应问题；在会战队伍刚刚集中的时候，千里荒原上，会战所需的水、电、路及通讯等生产建设问题急需解决，他们调集周边的民兵和公安系统人员，与解放军一起积极参战；当中央批准的3万多名转业官兵日夜兼程赶来大庆参加会战，当食宿无法安置时，省委紧急动员周边九个县市帮助暂时安置了2万多人；当会战的数万职工无房过冬，面临东北寒冷的冬季，是坚持还是撤退这样难题的时候，欧阳钦同志建议采用东北老乡那样简便易行的"干打垒"房子，遂指派当地组织技术能手来到工地现场，指导会战职工开展"干打垒"建设，解决了"人入住、车进库、机进房，菜进窖"难题；当因缺粮会战队伍出现大面积浮肿，且黑龙江全省的粮食库存已经告急时，处在千难万难之中的省委，为会战职工每人每月增加供应1.5公斤大豆。这一消息传来时，很多职工激动不已。可以说黑龙江人民为支援大庆，已竭尽所能。

值得一提的是，大庆油田所在地，是世界少有的百万亩优良牧场之一，早在抗战胜利初期的民主联军时期，中共北满分局书记陈云同志就把这个牧场命名为"红色草原牧场"。开发建设油田的会战队伍初到大庆时，牧民们因家乡发现了石油而沉浸在一片欢乐之中，他们热情地为会战职工腾出房子，甚至连牛棚也腾了出来。仅1960年四五月份，就帮助接待安置石油会战职工数以万计。有的牧民还自愿参加各项劳动和建设，在王进喜打第一口油井时，在砸冰端水的队伍里，就活跃着附近牧民的身影。然而随着油田的进一步开发建设，油和牛争地的矛盾凸现，黑龙江省委提出了"顾全大局，牛给油让路"的方针，因此，牧民们不得不背井离乡，远走他乡。可见，牧民们为油田的开发建设作出了巨大牺牲。

所以说，如果没有当地政府和黑龙江人民的全力支持和帮助，大庆会战不可能成功。

第七章 革命热情与科学精神

大庆会战，解放军的支援也不可或缺。1960年2月22日，党中央作出决定，从当年退伍兵中动员3万人到石油工业部，参加开发大庆地区新油田的工作。其中沈阳军区15000人，南京军区1万人，济南军区5000人，随后又有3000名转业军官奔赴大庆参加会战。会战中，脱下戎装的转业退伍官兵，就像当年在战争中一样，充分表现了英勇顽强，艰苦奋斗的革命精神，其中，涌现出了"钢铁装卸队"和"十八勇士英雄排"等许多英雄集体和英雄人物。据统计，在当年参加石油会战的4万多名职工中，90%的工人是退伍战士，领导干部中80%是转业军官，可以说转业退伍军人是大会战的主力军。

会战初期，亟待修建公路和管线、供水、供电等生产设施，需要大量人力，沈阳军区雪中送炭，于5月6日派出3000多名官兵，组成"八一"大队支援会战。抢修一条长达20公里，管沟深达2米的大口径输水管线；还修筑了40多公里公路，挖掘了29公里输油管沟等。在"干打垒"建设困难之时，沈阳军区又紧急奔赴大庆，承担管线挖沟、覆土和打土坯，盖"干打垒"房子的任务。

在大庆石油会战的艰苦岁月里，解放军不仅投入了大量人力，而且慷慨解囊进行物质援助。1960年，会战生产急需焊条，而在找焊条像找金条一样困难的情况下，从军队的库存中找到的5吨焊条，用飞机及时送达哈尔滨，解决了燃眉之急。会战之初，大型装载拖运设备奇缺，全油田只有几台小拖拉机和5部吊车，王震从新疆调来10台大型拖拉机，解决了会战的一大难题。会战最艰难的时刻是浮肿病困扰会战工委之时，沈阳军区工程兵司令部驰援一车皮黄豆。尽管每个浮肿病人只能分到半茶缸，但就是这些黄豆，无异于雪中送来的炭火。

人民解放军大力无私地援助，在大庆石油会战创业史上留下了光辉的一页。对石油系统而言，无论是技术力量，还是人力资源、设备及资金等，都十分短缺。必须组织全面、综合、有效的大协作，只有在全国人民的支援下最大限度挖掘系统内部蕴藏着的巨大的生产潜力，才能打赢这场会战。因此，大庆会战从全国37个石油厂矿和事业单位抽调的技术骨干和复转军人一起，组成了会战队伍主体。

可见，大庆石油会战，离不开全国人民的大协作、大支援。这正是社会主义的优越性的集中体现。

二、激发蕴藏在人民群众中无限伟力

人民群众是社会实践的主体，也是党的力量的源泉。那么，大庆油田的开发建设，要不要搞群众运动呢？对于这个问题，大庆石油会战给出了肯定的回答。

新中国成立初期，刚刚赢得解放的中国人民，其内心充满着对党对社会主义新中国的无限热爱，满怀着建设社会主义的巨大热情。而要建设和开发像大庆这样有别于一般工厂的现代化企业。它没有围墙，没有流水线，完全在野外作业，有时甚至要靠单兵作战。其生产面广线长，区域范围数百平方公里，企业边界甚至往往无法明确界定。这样规模的企业，无论是建设还是管理，在新中国的建设历史上，前所未有。而国家经济建设、国防建设又迫切需要高速度、高水平拿下这个大油田。所以，只有依靠广大职工的革命激情和高度的主人翁责任感，通过大规模的群众运动，才能完成油田的开发建设。

石油大会战，本身就是一场群众运动。问题不是要不要搞群众运动，而是要认真搞，扎实搞；否则，就可能搞乱；不仅劳民，而且妨害生产。

搞群众运动，对共产党来说是传统的政治优势，对于余秋里来说，也算是驾轻就熟的拿手好戏。余秋里认为，搞群众运动，要有明确的目标，还要有规格，运动应当从党的政策和国家任务出发，充分调动群众积极因素，以搞好生产为目的。运动的声势大、气势壮，锣鼓打得响，是没有什么坏处的。只要工作扎实可靠，成绩是真的，那锣鼓就打到点子上了，就越打越有劲；如果是闹形式主义，只是轰一阵，成绩是假的，那锣鼓就越打越心虚，越打越拖累群众。表扬一个人，树立典型，硬是要实实在在的，不然你就是虚的，虚的就无法动员群众。

会战一开始，就发现了王进喜不怕困难、勇挑重担、奋不顾身的英勇事迹。在当时那种情况下，很需要这样的模范人物来带动人们，引导人们不怕苦、不怕困难、不爱钱、不怕牺牲，所以就立即树立了这个典型。1960年4月15日，油田《战报》第二期，由余秋里亲自执笔撰写社论，号召开展"人人学铁人，人人争做铁人"活动。4月16日《战报》报道：油田第一次技术座谈会，余秋里就提出了以找油、采油为中心，迅速全面地开展"六大"群众运动，即大搞技术革命、大表演、大竞赛、大评比、大检查、大学毛主席著

第七章 革命热情与科学精神

作的六大运动,提出高的群众运动水平,就是在大会战中群众运动的规模巨大,内容丰富,声势浩大,成就大,效果高,水平高,速度高,要求从4月15日起,各单位都要进一步掀起全面的群众运动高潮。

继1960年4月29日"万人誓师大会"铁人王进喜骑马披红戴花之后,7月1日,5匹枣红色的高头大马,驮着5位英雄——王进喜、马德仁、段兴枝、薛国邦、朱洪昌五面红旗手再次出现在万人大会上。他们被彩旗队、鼓乐队前呼后拥,胸前十字披红,缀着斗大的红花,神采奕奕,意气风发,各自引导着本部人马在主席台前缓缓而过,并绕场一周接受大会检阅。

五大英雄,五员虎将,五条硬汉,每人身后一面帅旗,各自有本部指挥员牵马引蹬,如此壮观的场面激发出一阵阵涨潮般的欢呼声,他们是松辽大会战的五虎上将,是来自钻井、采油、油田建设三大主力部队的代表。他们都是靠死拼硬干,从数万名石油大军中脱颖而出的英模。

誓师大会把5万多石油大军的干劲鼓得足足的。这正是余秋里想要的,他要让每个英雄模范都叫得响响的,要让他们比打马游街的新科状元还光荣,比戏台子上的武把子还威武,要把最大的荣誉给他们。只有人人都羡慕他们,才会去学他们,赶超他们。这就是他想要的结果。

为推动群众运动始终以旺盛的士气持续开展。他们又普遍开展了以"五好"为目标,以先进为榜样,与生产紧密结合,有充实的内容,有鲜明的旗帜的比、学、赶、帮、超活动。越比越有劲儿,越比越进步。比出了斗志,比出了作风,比出了整个队伍奋不顾身,英勇顽强,艰苦奋斗的精神。

"五好"活动以摆好、评功、总结等环节为主要内容,是从大多数群众的需要出发,从积极方面入手,挖掘和调动一切积极因素,树立革命风气,变消极因素为积极因素的最有效的方法。"五好"活动不仅在工人和干部中开展,工程技术干部同样表现积极,他们从技术成就评起,评得劲头越来越大,评的人人心情舒畅,评出了雄心壮志,摆出了革命思想。大庆油田地质研究室的地质技术干部在总结评估会议上,摆出了他们研究室在会战中起了参谋部、尖刀连、研究室、情报网、气象站、资料队、宣传队、研究中心、小熔炉、大学校等十大作用。特别是把一些重大成就与国外做对比,从中比出了自己的水平和信心,他们边摆成绩,边总结经验。用毛主席的《实践论》和自己的实际体验对照,越谈越感到这几年完全是在毛泽东思想指引下走过来的,决心继续突破油田勘探开发上还存在的科学技术关键难题。

"五好"运动的广泛深入开展,到 1963 年底,全战区涌现出以 1202 钻井队为代表的"五好"红旗单位❷212 个,以铁人王进喜为代表的"五好"红旗手❸1 万多名。会战三年多,群众运动一直持续不断,广大职工始终保持旺盛的士气,如果没有这一系列声势浩大的、扎扎实实的群众运动,就没有大庆会战的胜利。

三、发挥群众运动非凡的创造力

大庆油田开发建设,始终遵循毛主席关于"群众是真正的英雄"的教导,采用会战的形式,集中力量打歼灭战,迅速形成新的生产能力,这是他们生产建设高速度向前发展的一个重要因素。

大庆地区石油蕴含量十分丰富,国家经济建设和国防建设又急需大量石油,但是由于我们国家的底子薄,各种事业都需要发展,所以国家拨给大庆油田开发建设的资金、物资和技术力量十分有限。如何更好地利用有限的人力、物力和资金,尽可能多为国家提供石油和石油化工产品,是摆在大庆面前的一个问题。大庆在组织会战时,抓住油田建设中的主要矛盾,把现有的资金、物资和人力进行集中使用,在重点工程方面打歼灭战、速战速决,一个工程,接着一个工程,一个油区,接着一个油区地去完成任务,逐步扩大战果。

如 1960 年大会战,大庆把 4 万多人组成的会战队伍和五六十台钻机及其他器材设备,不是分散在 700 多平方公里的油田面积上,而是集中在萨尔图油田。即使在萨尔图油田也不是一下子全面铺开,而是先集中在一批重点工程和 30 平方公里的生产试验区内,分战役进行突击。在油田规划和设计上正确选择突击方向,全面规划,分期分批建设。在部署上首先保证对整个生产有决定意义的工程,然后再考虑其他工程。努力做到开一个,完一个,投产一个,使其尽快发挥投资效果。正是采用了集中兵力打歼灭战的办法,才克服了会战中的种种困难,解决了资金、物资和技术装备不足的矛盾,做到了当年开工,当年就为国家生产了近百万吨原油。

无论是生产建设,还是面对科学技术难题,大庆会战始终以充分激发人民

---

❷ "五好"红旗单位:思想好、生产好、技术好、生活好、作风好。
❸ "五好"红旗手:思想好、生产好、学习好、纪律好、风格好。

第七章　革命热情与科学精神

群众的创造力为出发点，广泛吸收和动员群众积极参与。1960年，为了摸清油层情况，他们组织了由教授、工程师、技术人员等800多人参加的油层研究队，大搞油田开发实验和油田地质科学研究，从而找到了油田稳产高产的技术途径。1964年至1965年，为了解决分层注水问题，他们组织了上千人的队伍，接连打了两个歼灭战，使全油田都实现了分层注水，为实现油田长期稳产、高产奠定了基础。

正是由于人民群众积极广泛地参与，才能形成集中力量打歼灭战，在较短时间内完成预定任务的局面。既敢于集中力量，又善于集中力量，从开始动工到建成投产，总是一鼓作气，一气呵成，他们根据工程项目的实际需要，集中使用人力、物力和资金，确保重点，珍惜使用这些力量，避免窝工浪费。在千军万马联合作战中，分工协作，各得其所，井井有条，而不是蜂拥而上的"人海战术"。他们在大会战中组织若干歼灭战，把突击性与节奏性很好地结合起来，避免了所有工程项目不分重点与一般、不分集中与分散，不分轻重缓急，齐头并进，避免打消耗战的错误。

大庆会战的经验表明，不应当把会战同"人海战术"混为一谈，我们所说的会战是在严密的计划下，按照科学的组织进行，因而能把较多的人力纳入分工协作的轨道，这样就会井井有条，各得其所，提高劳动效率。所谓"人海战术"，是没有周密的计划，没有科学的分工和协作，且打乱正常的生产秩序，一窝蜂似的一拥而上，这就造成混乱不堪、效率甚低的局面。可见会战与"人海战术"是有原则区别的。

大会战的本身，就是群众运动的最好形式。它最有动员性，也能最大限度地调动群众的积极性。大庆石油会战是我党把群众运动由革命主题向经济建设主战场转变的一次有益的尝试。大会战的实践再一次证明人民群众是社会实践的主体，是党的力量的源泉，只有坚持依靠群众，党才能团结带领广大人民群众实现共同奋斗目标。

第二节　科学技术是第一生产力

1988年9月，邓小平同志根据当代科学技术发展的特点和现状，提出了"科学技术是第一生产力"的著名论断。六十年来，大庆油田之所以从大会战开始一举拿下举世瞩目的大油田,甩掉中国贫油和缺油的帽子,到建成年产5000万吨世界级大油田,并实现连续保持27年高产稳产,以及至今仍保持在4000万吨以上。一个又一个奇迹的发生,绝不是靠发蛮力,而是科学技术和不断创新在生产建设中发挥了决定性作用,也就是重视科学技术力量的结果。

一、革命精神与科学态度相结合

高度的革命热情与严格的科学态度相结合,是大庆油田开发建设获得成功的基本经验之一,也是大庆人的行为准则。1964年,《石油工业部关于大庆石油会战情况的报告》总结了大庆石油会战的九条基本经验,其中的第二条就是"高度的革命热情与严格的科学态度相结合"。报告指出,搞工业是和自然界作斗争,就要靠人们的革命干劲,革命干劲可以出技术。因此。就要把人民的革命干劲鼓到搞科学研究上去,鼓到搞第一性资料上去,鼓到掌握自然界的客观规律上去,鼓到扎扎实实的工作上去,鼓到生产上去。只有将高度的革命精神、冲天的革命干劲与严格的科学精神结合在一起,才能发挥巨大的威力,才能使主观与客观一致,在生产上和科学技术上达到预期的效果,做出很好的成绩。只有干劲而不讲科学,不做扎扎实实的工作,那就是一股子虚劲,不是实劲,就会好心办坏事,产生严重的后果。

大庆石油会战一开始,大庆人就坚持把高度的革命精神与严格的科学态度相结合,狠抓第一性资料,把弄清油层情况作为勘探时期的首要任务。

自从松基三井出油以后,为了尽快搞清楚松辽油田的含油面积及地质储量,石油工业部进一步加大了勘探力度,到1959年年底,初步控制了高台子、葡萄花和太平屯三个构造,粗略圈出大约200平方公里左右的含油面积。此时,余秋里带领石油工业部专家组来到现场,专家组虽然不能马上做出大同镇一带的整体判断,但就当时的发现而言,超过当时全国最大的两处油田——玉门和克拉玛依已成定局。

这个结果已经让专家组的成员们乐得合不拢嘴,余秋里却把脸绷得紧紧的,抛出一连串的问号,要求专家们尽快做出回答。过去石油勘探上的教训告诉我们:一口井出油不等于一个构造出油;几个构造出油并不等于连片有油;一时高产不等于能够长期高产。究竟这个油田是个大油田还是小油田?是活油田还是死油田?是好油田还是差油田?余秋里部长自己不敢笑得太早,也不允

第七章 革命热情与科学精神

许石油工业部的其他人头脑发热。他的问话没有马上得到回应，因为当时确实也没有人能够回答这么重大的问题。

余秋里发出的三问，抓住了松辽石油勘探的软肋，让在场的领导干部和地质人员的笑容戛然而止。面对当时还没有搞清楚的松辽地质情况，他要求专家组和松辽石油勘探局振奋之余必须保持头脑冷静，继续做更扎实深入、细致的工作，不允许任何人用估计、可能、大概之类的词语说大话、放空炮。

这段话后来被大地质学家黄汲清和翁文波分别称为"大哲学家的科学语言""石油学的战略与战术的经典思想"，它表明余秋里对石油开发规律清晰的认识水平。

1960年4月9日，松辽石油会战的首次五级三结合技术座谈会在安达召开，所谓"五级"，是指部、局、指挥部、大队、基层，"三结合"是指干部、技术人员、工人。参加会议的有部、局领导、专家教授、工程技术人员、基层干部和工人代表共180余人。会议的议题确定为：如何树立地质工作的科学态度。会议的第一项议程是由各探区地质专业的同志介绍目前的勘探情况。由于当时勘探的技术条件落后，无法说清楚油水分布的规律性，各探区的汇报都不顺利，暴露出的问题集中反映在勘探中录取的地质资料标准不统一，不全不准，难以做出科学的判断。找到了病根，会议决定制定一套针对钻井、试油如何取全资料的技术标准。

第二天的会转变了风向，不再围绕着单项技术谈认识，出乎大家的意料，余秋里部长讲起了哲学："技术干部不掌握唯物辩证法这个思想武器就讲不清楚地下情况，搞油田地质的人要好好学习毛主席著作，用哲学来指导松辽油田的勘探和开发"。余秋里在会上提前公布了石油工业部机关党委关于学习"两论"的决议，反复强调：通过学习，要在会战中树立地质工作的科学态度，重视调查研究，一切地质结论都要建立在事实的基础上，只有掌握了第一手资料，才能产生正确的认识，做出符合客观实际的判断。康世恩副部长发言中讲道："发现了大油田，光高兴不行，还要有实实在在的办法把油采出来。大忙时节把大家召集起来开技术座谈会，并且不是开一天，而是要开4天，时间不够还可以延长到一个星期。核心就是要解决革命精神和科学态度相结合的问题。不论职务高低，都可以自由发表意见。"

康世恩别开生面的引导，一下子把自由发言引入了高潮，从专家到技术员，人人围绕实践不到位、矛盾最突出的要害提建议。从钻井、录井、试油、试采各个环节首先要取全取准地质数据的具体操作，延伸到搞不清楚地下情况的客观原因。例如，使用苏式取心工具，岩心收获率平均22.4%，去掉被钻井液严重污染的部分，能够用来测定油层孔隙度、含油饱和度及渗透率等重要参数的数量太少，得不到高质量的第一手资料。还有人提出地质研究与钻井、试油等单位分属不同的业务部门管理，来自全国各个地区的施工队伍延续已形成的传统做法，一人一把号各吹各的调，没有统一的工作标准。

当天夜里，奉命起草录取地质资料规程的地质专家李德生和油田开发专家童宪章一边整理会议发言记录，一边从地质上取得的新认识到开发油田实际需要逐条磋商文字条款，连夜起草了松辽石油会战第一份统领全局的技术纲领。

4月11日，五级三结合技术座谈会进行到第三天，扩大了会议规模，许多生产一线的基层干部赶来聆听会议作出的决定。李德生代表石油会战领导小组宣读了《大庆长垣钻探和开发过程中取全取准20项资料和72种数据的技术规程》。20项资料是：录井、测井、岩心、储油层岩性、储油层厚度、含油饱和率、孔隙率、渗透率、油层温度、油层压力、饱和压力、流动压力、井口压力、油气比、原油性质、天然气性质、地层水性质、产量、储量和生油层。72种数据是录取每项资料细化分解的具体参数。

历时三天的五级三结合会议，推崇了两部哲学著作，颁布了一项技术标准，创立了一种发扬技术民主的新方法，从此松辽石油会战指挥部每个月至少用三天的时间召开五级三结合技术座谈会研究重大事项。这一开创性的会议成果为高速度、高水平拿下大油田的愿望铺设了管理规范化的轨道，当年油印的小册子至今还散发着光耀油田开发史册的墨香。这一石油系统前所未有的举措，从松辽石油会战开始贯穿至今，深远影响了中国石油工业持续发展的各个历程。

二、讲究科学是发展的动力

讲究科学就是尊重实践，遵循事物发展的客观规律。当年大庆石油会战，把革命精神和科学态度紧密结合起来，以《实践论》和《矛盾论》为指导，坚持实践第一的观点，坚持用矛盾分析的方法，探索和掌握油田开发的客观规律，大搞科学实验和技术攻关，以科学求实的精神和严细认真的作风，攻克了

第七章 革命热情与科学精神

一道道难题，创造了世界石油发展史上一个个奇迹。

第一次五级三结合油田技术座谈会现场

在实践中，以科学实验为先导，在油田开发的初期就开辟生产试验区，进行各种各样的生产试验，用实际的生产试验资料数据，结合油田勘探时期的资料数据对油田一块一块、一层一层地进行了充分的分析研究后制定出开发方案，这样所做出的开发方案就比较接近于实际。大庆油田一开始就非常重视开发试验工作，1960年在萨尔图油田中部开辟的30平方公里的生产试验区内，先后开展了一系列的试验工作。首先开展了油田矿场注水试验，它成功与否关系着油田能否实现内部早期注水的大问题，经过两个多月的艰苦奋战，终于在1960年10月18日试注成功，用实践证明了大庆油田早期注水是可以实现的，并总结了一套技术规程和操作方法，解决了人们担心能否注水的大问题。通过注水试验，人们认识了油田基本特点，提前暴露了注水开发中的矛盾，掌握了油田注水开发全过程的动态变化规律，根据这些规律来调整开发工作的部署，筛选提高采收率的方法。大庆油田自开发以来，始终把油田开发试验贯穿于油田开发全过程，把开发试验看作合理开发油田的基础工作，为油田开发各个阶段实现高产稳产提供了可靠依据。做到了三个超前：

（1）针对油田问题开展矿场试验，用小型开发试验结果，指导未来的开发工作，做到了开发实践超前，为解决油田开发技术问题发挥了巨大作用。特别是"小井距注水开发全过程"试验区，用两年的时间展现了注水开发油田的各个开发阶段，为搞好油田中后期开发、了解油田动态变化趋势和进行技术准备提供了实践依据，使我们少走弯路，避免了犯不可挽救的错误，对其他油田的开发也有一定的指导意义。

（2）针对油田开发将要遇到的理论和技术问题，及时地开展长远研究工作，用专题研究成果指导油田开发实践，做到了油田开发认识超前。多年来，在地球物理、油田地质、油层物理、油藏工程等各个领域都取得了一些科研成果，不仅解决了油田开发遇到的问题，还促进了本学科技术的发展。如地球物理方面，完善发展了一套水淹层测井解释技术；油田地质方面，发展了单油层对比方法和油层细分沉积相带的研究方法；油层物理方面，发展了注水开发过程中油层孔隙结构、油层流体性质及二者相互关系的变化原因和趋向研究；油藏工程方面，发展了一套进行产量变化趋势和稳产预测的实用油藏工程方法，解决了油田动态预测和长远规划编制问题。

（3）针对油田将要发生的工艺技术问题，提前进行研制工作，能够使遇到的工艺技术问题及时得到解决，做到了采油和地面工艺技术装备超前，根据大庆油田油层的特点发展了一套油田细分成系开采的工艺技术。

由于重视科学实验和技术研究工作，因此对油田开发的各个重要环节，都能顺其自然地按照客观规律处理。大庆人始终把发展科学技术放在首要位置，向科学技术要油，在钻井、油田开发、油田建设等方面开展大规模的试验研究工作，不断攻克一道道技术难关，创造一个个油田开发史上的奇迹。

随着油田开发进展的加快，越来越多的油水井相继投产。到1962年，萨中油田中区在不到三年时间内，见水井数已占第一排油井的42%，全区含水率达7.2%，仅采出全区地质储量的4.18%。这就是当年石油工业部副部长康世恩所说的"注水三年，水淹一半，采收率不到5%"。突出的采注矛盾严重阻碍油田开发迈向高水平的目标。松辽石油会战领导小组对此高度重视，大庆油田成立了采油工艺研究所，专门攻克分层注水技术。康世恩直接组织科技人员进行调查研究，分析出现这一问题的基本原因。科技人员分析的结论是：对层间非均质性很严重的油层进行笼统注水而引起注入水单层突进，不仅会导致油井见水快、含水率上升快和产量下降快，而且会直接影响被干扰油层的储量动用程度，最终将影响水驱采收率的提高。为此，必须尽快研究出一种能对不同性质油层进行控制注水的同井分层注水技术。康世恩把这一重任交给了当时采油工艺研究所所长、青年采油工程师刘文章，并向他提出了自己的构想方

第七章 革命热情与科学精神

案,要求用最快的速度解决这一技术难题。康世恩的构想方案是,按油井上小下大的固井井筒特点,搞一个像北京大街上卖的糖葫芦串那样的封隔器,每个封隔器做成皮球的样子,连接在油管上,形成串,向油管中注水,它们就胀大,再将油套管环空封隔,停止注水就缩回,这种封隔器叫作"糖葫芦"封隔器。当时的试验设备只有一台手压泵和两把管钳,没有试验井,就用人推磨的办法打出一口13米深的试验井;没有提升设备,就利用上下班前后集中全室人员用人拉管柱起下。为争取时间,加快攻关进度,科研人员坚持每天从哈尔滨外协单位背回封隔器试验橡胶筒。就这样,在400多个日日夜夜里,经过1018次地面试验和133次井下试验,于1963年7月终于研制成功我国第一代水力压差式封隔器——"糖葫芦"封隔器,并相继完成相关配水器和配套技术攻关,从而形成了以475-8型封隔器为主体、由固定式或桥式配水器组成的同井分层配水工艺技术,为解决油田开发过程中所暴露出的层间矛盾、平面矛盾和层内矛盾创造了条件。该技术1965年获国家发明奖。工人们高兴地说:"手捧'两论'做指南,千米油层听调遣,叫水慢走水慢走,叫油快流油快流。"接着,广大技术人员和工人乘胜前进,又创造了井下分层、压裂分层等水、分层开采等一整套采油新工艺新技术,保证了油田持续高产稳产。

为了解决严寒地区高含蜡、高凝点原油的集输方法这一重大技术难题,技术干部和工人群众相结合,调查了232口井,取得了970多个数据,经过两年多的反复试验,终于解决了这个难题。为弄清土壤传热情况,工程技术人员连续十个月在夜里最冷时爬冰卧雪,到现场测地温。共计步行6000公里,观测了1600个点,取得了5万个数据,进行了1100多次分析对比。为了弄清冬季铁路油槽车在运输途中原油温度变化情况,技术干部在严寒的冬季,怀抱温度计,身揣窝窝头,跟随油槽车,行程1万公里,每小时测一次风速,每停车一次测一次油温,共测大气温度800次,风速600次,取得了油温度数据1400个。

早期注水受阻,注水试验组的朱兆明等人被康世恩"为什么不用热水洗井"点醒,加急赶制土炉烧水,用大排量的热水循环洗井,硬是让油层这头"犟牛"低下头乖乖喝水。

谭学陵等5人用10个月时间,爬冰卧雪,从1600个观测点上取得5万多个数据,确定了准确的土壤传热系数,为专属高寒地区的原油集输工艺流程——"萨尔图流程"铺平了道路。

万里测油温

谭学陵与组员们测土壤传热系数

钻井节奏慢,王炳诚等人给出"八龙一组"模式;钻井深度不够,普通苏式乌德钻机经过一通"魔改",成功填补了我国钻井史上4000米的空白。

大庆人就是这样,用科学求实精神和实践向人们证明,科学技术一旦进入并用于生产过程中,便成为真正的、直接的生产力。

三、创新是发展的灵魂

创新是民族进步的灵魂,是国家兴旺发达的不竭动力。大庆油田是世界特大型油田,会战初期,面对国外现成的经验不能照搬,而我们自己的经验又不

第七章 革命热情与科学精神

够用的实际情况,会战工委及时提出了甩掉我国贫油的帽子,高速度、高水平地把大庆建成为世界上第一流大油田的目标,独立自主,自力更生,在油田的开发建设中,不走洋人的老路,坚决赶超世界先进科学技术水平,形成了一整套我国独创的注水开发油田的理论方法和工艺技术。

松基三井喷出工业油流后,石油工业部领导决定,以松基三井为中心,在高台子和葡萄花构造上继续扩大勘探范围。1959年12月,余秋里到大同镇实地考察葡萄花地区的石油勘探情况,在仔细分析了地质部勘探大队提供的长垣北部地质资料、长春物探大队提供的长垣地震构造图等资料后,经过松辽局及石油工业部专家反复讨论,打破常规勘探程序,没有采用近距离十字剖面布景的方法,而是放眼70公里外甩开钻探,决定在长垣北部的萨尔图、杏树岗、喇嘛甸这三个北部构造上布置三口探井。1960年3月11日—4月9日,萨66井、杏66井和喇72井陆续喷出高产的工业油流,证明大庆长垣北部的上构造不但含油,而且油层更厚,产量更高,因而说明南起敖包塔、北到喇嘛甸的800余平方公里的范围内都是含油区,并显示出了大庆油田的轮廓。这种创新的思维和做法,使大庆油田只用一年多时间就探明了油田面积且大体算出了储量。而世界同类型的油田——苏联最大的油田罗马世金油田—用了三年,美国东得克萨斯油田用了9年。

大庆油田首先发现者之一、优秀的地质工作者钟其权同志和其他同志一起从详细研究油层分布状况入手,走中国自己的路,创造出了一套陆相沉积油层旋回对比、分级控制的单油层对比方法,为研究和认识油层分布规律创出了一条新路。油层对比是揭示油层形态特征的基本手段,过去国内外的油层研究工作,都是在大层段对比的基础上进行的,这样的油层对比工作把一大套油层分成几十米厚或十几米厚的若干层段,在这样的层段内通常都包含几层甚至十几层油层,其结果只能反映这一层内所包含的各油层的叠加情况,得出的是笼统的平均概念,不能反映油层的本来面目。这一科学方法的创立,使大庆油田的油层对比工作,从油田勘探开始就注意了单油层对比研究,通过单层对比,把一大套油层中每层油层都对比起来,突破了大层段对比的笼统概念,反映了油层的本来面目。单层对比的成功使油田地质研究工作得到了发展,发现了油砂体和连通体。在油田开发工作中运用这些研究成果后,引起了井网部署、开发层系划分、采油工艺、生产管理等一系列工作的发展,突破了大段合采的框框,为油田进行横切割注水、分层注水、分层开采等一系列问题提供了地质上的科学依据。

科学的本质是创新,创新的关键是人才。大庆油田在开发过程中,始终把尊重知识、尊重人才放在第一位,在毛主席《实践论》《矛盾论》的指引下,学会运用唯物辩证主义的立场观点和方法,解决油田开发建设中遇到的各种难题。坚持解放思想,利用一切手段充分调动科技人员的积极性,在大庆油田会战的最艰难时期,因为粮食紧张大家吃不饱肚子,大庆油田为科技人员单开"小灶",解决营养不足问题。在历次政治运动中,大庆从来没有点名批判过一个科技工作者,对广大知识分子采取政治上充分信任、生活上关心照顾、工作上大胆使用的政策,鼓励广大科技工作者大胆创新。他们把专业队伍的试验研究和群众性的技术革新相结合,室内试验和现场试验相结合,本单位实验研究和有关部门的技术协助相结合,充分运用其他部门和国外的科学技术成就,走出了一条我国独立自主开发世界特大油田的创新之路。

正是由于大庆人相信科学、重视科学、坚持科学,坚持把革命精神和科学态度结合起来,才保证了石油会战的胜利。

从波澜壮阔的石油大会战,到原油5000万吨以上27年高产稳产,再到建设百年油田新实践,在大庆油田开发建设的各个时期,王启民始终奉献在石油科研一线,成为科技兴油保稳产的大庆油田"新铁人"。王启民带领团队经过10年试验,绘制出第一张高含水期地下油水饱和度图,揭示了油田各个含水期的基本规律。在此基础上,表外储层开发利用得以实现,打破国内外公认的"不能开采的禁区"。王启民团队提出"非均质"开发理论和"高效注水"开采方法,创立了"六分四清、分层开采"调整技术,解决一系列技术难题,让大庆油田实现5000万吨稳产成为可能。

1982年9月,国际油田开发技术会议在大庆召开。与会外国专家的考察结论是:"大庆油田的开发水平是高的,可以作为世界油田开发的一种模式"。

在长期的开发实践中,大庆油田形成了"超前、创新、实用、高效"的科技工作理念,本着"生产一代、开发一代、研究一代、储备一代"的科技工作思路,始终坚持"超前15年研究、超前10年试验、超前5年配套",一路领跑、一路超越。

大庆油田开发建设50多年来,始终坚持自主创新、持续创新,培育形成了以"超越权威、超越前人、超越自我"为内涵的科技创新精神,创新实践了以"超前的战略规划、高效的组织方式、规范的过程管理、全程的激励措施、长效的动力保障、开放的科研环境、共享知识平台和全员的创新氛围"为核心的科级创新体系。自主研发的大型陆相沉积岩油田分层开发技术、高含水期油藏精细描述技术和三次采油技术处于世界领先水平。"大庆油田发现过程中的地球科学工作"于1982年获得国家科技进步奖一等奖,"大庆油田长期高产稳产的注水开发技术"、"大庆油田含水期'稳油控水'系统工程"和"大庆油田高含水后期4000万吨以上持续稳产高效勘探开发技术"分别于1985年、1996年和2010年三次荣获国家科技进步奖特等奖,大庆油田勘探开发成果载入了我国科技发展史册。

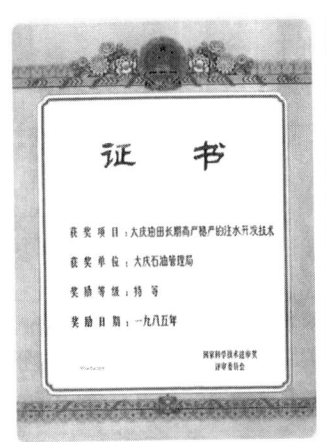
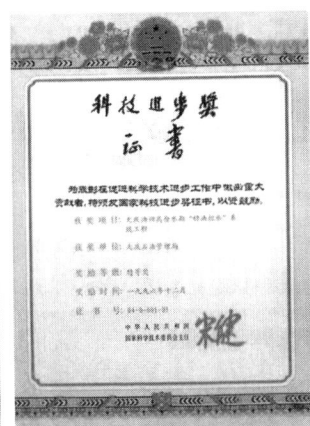

1985—2010年,大庆油田先后荣获三项国家科学技术进步奖特等奖

2009年9月22日,在大庆油田发现50周年庆祝大会上,习近平指出,大庆油田走出了一条独立自主、生机勃勃的中国特色石油工业发展之路,为探索中国特色的新型工业化道路提供了重要的实践基础和宝贵经验。

第三节 政治工作要以生产为中心

企业是搞生产的,衡量企业办得好不好,最终要以生产搞得好不好为标准。因此,企业的领导干部和一切部门、一切工作,都必须从生产出发,以搞好生产为共同目标。离开生产这个主题,就会失去工作内容,就会脱离群众,脱离实际，就没有共同目标、共同语言。其结果，必然分散力量，搞不好生产。在那个特殊年代，大庆石油会战时期的思想政治工作卓有成效，在那样艰苦的条件下，能够高速度、高质量、高水平拿下这个大油田，这与大庆独具特色的思想政治工作密不可分。

一、"两抓"经验的提出

1960年5月25日，大庆石油会战正式开始不到一个月，党的领导机关就召开了大庆石油会战第一次政治会议。大会通过典型解剖，强调思想政治工作必须是抓油田勘探开发中的问题。1961年2月，又召开了油田党支部书记工作经验交流大会，这次会议主要听取了采油二矿二队党支部书记介绍的"领导好生产必须从思想工作入手，思想工作必须从实际出发"的体会。油建二大队二中队党支部书记介绍了运用"抓生产从思想入手，抓思想从生产出发"，树立以搞油为业、以油田为家长期会战思想的经验。1964年12月，中共中央东北局第一书记宋任穷率领东北局经济委员会来大庆油田进行调查研究，写成了《大庆油田政治工作经验》，他强调："企业的政治工作就必须重视在做好经常性政治工作和集中的思想教育的基础上，结合生产特色，加强生产过程中的政治思想工作。思想教育工作如果离开生产，就会脱离实际，就会脱离群众，就一定不能做好思想政治工作。"自此，"抓生产从思想入手，抓思想从生产出发"成为大庆油田思想政治工作的典型经验。

二、抓典型，树标杆

余秋里是一个很少教条主义、善抓典型的思想政治工作能手，对于一个身经百战的将军来说，要又好又快地拿下大庆油田，甩掉国家贫油和缺油的帽子，犹如在战场上打仗一样，能够攻下山头，最终消灭敌人，是军队政治及一切工作的最高原则。解放战争时期，他曾在自己的部队里培育出了在全军叫得响当当的"刺杀英雄刘四虎"和英雄集体"硬骨头六连"。会战一开始，他就及时发现并树立了"铁人王进喜"的光辉形象，随后又树起了王进喜、马德仁、段兴枝、薛国帮、朱洪昌"五面红旗"，树起了王进喜的1205钻井队和1202钻井队两个红旗单位，创立"三老四严"、严细成风的三矿四队，自觉从严、好字当头的油建十一中队，硬骨头十三车队等一批标杆单位，使大家学有

第七章　革命热情与科学精神

榜样，追有目标。特别是1202钻井队，这个钻井队，是以1952年2月解放军19军57师接受毛泽东主席的命令，转业为"石油师"的原警卫排为基础，于1953年3月组建于玉门油矿。建队以来，1202钻井队继承和发扬人民解放军的优良传统，不怕疲劳，连续作战，曾在克拉玛依油田建立中立下功勋。1958年王进喜曾到克拉玛依与1202钻井队打过擂台，在克拉玛依，1202钻井队实现了钻井进尺月上千、年上万，创立了"天山标杆"。在大庆，他们怀着甩掉祖国石油落后的帽子，为国分忧，为民族争气的雄心壮志，曾创出年进尺10万米的世界纪录，先后超过了苏联格林尼亚功勋钻井队和美国王牌钻井队，成为"有第一就争，见红旗就扛"的标杆钻井队。

1966年12月26日，1202钻井队同1205钻井队在大庆双双登上年进尺10万米高峰，创世界钻井新纪录

典型就是标杆，是样板。榜样的力量是无穷的。"一面红旗红一点，五面红旗红一片，百面红旗迎风展，红遍松辽大草原"。典型，是党的先进性的集中体现。身边的典型最动人，最能发挥引领作用。每树一个榜样，都要充分利用《战报》等作为舆论阵地，进行大张旗鼓的宣传报道，使先进人物的英雄事迹人人皆知。会战初期，石油工业部机关党委作出关于开展学习"王、马、段、薛、朱"运动的决定，分别以《中国工人阶级的先锋战士》《在大庆会战中》《创立更高标杆》《一杆红旗》《油井的主人》《钢骨红心》为题，分别报道了五面红旗王进喜、马德仁、段兴枝、薛国邦、朱洪昌等的先进事迹。1963

年10月，又树立了青年工人"五好标兵"张洪池。1964年初，结合"两分法"学习，狠抓严细作风，石油工业部和会战工委分别作出了向严细成风的采油三矿五队学习的《决定》，开展向狠抓"三基"，打好深井的32139钻井队学习的《决定》，并配发长篇专题报道，同时报道了艰苦奋斗的硬骨头运输车队——运输二大队三中队，自觉从严、好字当头的油建指挥部三大队十一中队等。正是在榜样的带领下，大庆人以为国争光、为民族争气的爱国主义情怀，以"宁可少活20年，拼命也要拿下大油田"的英雄主义气概，始终保持昂扬的斗志和冲天干劲，越是困难，干劲越足，越是困难，越要胜利。

三、保障主人翁地位

以制度保障职工主人翁地位的做法，不仅增强了职工的主人翁责任感，而且激发了广大职工的积极性，还体现了大庆思想政治工作的鲜明特色。思想政治工作的目的就是要教育职工群众认识自己的主人翁地位，就是要通过思想政治工作维护职工在企业中的主人翁地位，作为职工群众，既是受教育者，又是思想政治工作的主体力量。职工群众是企业的主人，他们不但是企业物质财富的创造者，而且也是企业精神财富的创造者。相信群众，依靠群众是我党的基本工作路线，思想政治工作是做群众工作的，因此更要相信和依靠群众做好思想政治工作。为突显广大职工的主人翁地位，并将其落到实处，会战刚刚开始，就设立了五级三结合会议制度。会战初期，年年召开五级三结合会议和五级三结合技术座谈会、总结检查工作会，讨论研究油田经济、政治、生产技术上的重大问题，这种会议在当时起到了职工代表大会的作用。五级三结合会议作为企业民主的一种形式，为企业领导者决策提供了坚实的群众基础和科学依据，贯彻执行这一制度，保证了广大职工在审议企业重大决策，监督行政领导等方面的权利，调动了广大职工参与企业管理的积极性，充分发扬了政治、生产技术和经济民主。

政治民主主要是保证每个职工有向一切违反党和国家政策、法令的现象作斗争的权利；保证每个职工在一定的会议上有批评干部的权利。大庆在各种会议上或生活会上，工人都可以插话，对干部进行面对面的批评，对于正确的意见，干部就立即接受，这一制度充分保证了职工的政治权利。

生产技术民主，主要是广泛地吸收工人参加生产技术管理，把群众管理和专业管理结合起来，经常发动群众讨论生产上的作业计划，讨论规章制度，讨论生产技术上的重大问题，大搞技术革新。

经济民主，主要是工人参加经济核算的活动，搞班组核算。还要管理食堂，就是要求食堂日清月结，要分伙食尾子。每年还讨论生活规划，讨论农副业生产分配方案。

充分发扬政治、生产技术和经济民主，就能调动企业职工的积极性，使企业指挥高度集中，增加职工队伍的组织性、纪律性。

四、用"五好"评比促比学赶帮超

通过抓典型引领方向，通过"三大民主"激发职工的高度责任感，通过"五好"评比，使比、学、赶、帮、超成为风气，为"抓生产"营造超强氛围，使"抓生产从思想入手"水到渠成。

"抓思想从生产出发"则要求思想工作必须紧紧围绕生产这个中心，凝聚人心，化解矛盾，理顺情绪，激励奋斗，以生产需要为出发点，确定思想政治工作的任务、手段和方法。使思想政治工作贯穿生产全过程，保证生产的顺利开展和生产任务的胜利完成。

做思想政治工作，只有方法的切实有效才能达成目的，大庆在会战工作实践中不断总结提高，总结出大庆政治思想工作的要诀，要以吃透"两头"为前提，即一头吃透党的各个时期的方针政策和上级指示，一头吃透职工的思想，坚持"四个为主"，明确树立"三个观点"。

坚持"四个为主"就是：

第一，职工的思想问题往往与存在实际困难有关系。解决职工的思想问题，要一手提高职工思想，一手解决应当解决而又可能解决的实际困难问题，但必须以提高思想为主。

第二，在对职工的思想教育中，表扬和批评是常见的方法，是与人沟通的具体形式。要讲求艺术，恰当的"表扬"与"批评"对激励先进、鞭策后进、融洽干群关系有积极作用，但同样的方法，对不同人群却有不同的效果。要因人而异才能收到事半功倍的效果，反之，会使干群关系紧张，达不到预期目的。无论是"批评"，还是"表扬"，都是思想政治工作，其重要意义在于对人们思想进行整治改造和有效的激励，提高人们的思想觉悟，调动人的积极性。因此,"表扬"要恰如其分,不夸大其词,也不埋没成绩。同样,"批评"要讲求方式,要晓之以理,动之以情,使人真正认识到自己的错误。

第三,对职工中的缺点、错误,要进行正面说服教育,在必要的情况下可以用纪律约束,但必须坚持用正面说服教育为主的方式。对绝大多数职工的缺点和错误,通过摆事实,讲道理,从正面耐心地说服教育,从而提高其认识,解决其问题。动辄采取批判、斗争等粗暴简单的办法,必然挫伤群众的积极性,影响内部团结,不利于解决问题。

第四,在职工的思想教育中,有自上而下地进行教育与群众性的相互教育两个方面。对大部分思想问题应以群众性的相互自我教育为主进行解决,对于职工日常的思想问题,应采取依靠党团员、积极分子,通过班组座谈和个别谈心的方法去解决,及时、切实地解决群众的思想问题。

明确树立的"三个观点"是:

其一是生产观点。政治是灵魂,是统帅,什么时候也是如此。但是,政治工作必须从生产实际出发,为生产服务。阶级教育,总结评功,"五好"竞赛,都必须围绕生产进行,并在生产中发挥作用。因此,政治工作必须做到生产过程中去,做到科学实验中去,做到日常生活中去,了解人们在干什么、想什么。只有透过现象分析人们的思想活动,才能用正确的思想武装人、指导人。只有这样,政治工作才会有的放矢、生动活泼,就能做到政治和经济、政治和技术相统一,精神力量才能变成物质力量。

其二是群众观点。政治工作还必须从大多数人出发,从积极方面出发。一支队伍中,有积极方面,也有消极方面,有先进的部分,也有落后的部分。我们做工作,必须从大多数出发,调动一切积极因素,克服一切消极因素,只有这样才能推动先进、改变落后。只有这样,企业里的好人好事就会层出不穷,整个队伍战斗力才能提高,不断前进。反之,队伍就会没有生气,缺乏战斗力。

其三是革命化观点。所谓革命化,就是讲人的觉悟,讲人的作用,讲工人阶级的革命精神。政治思想工作是做人的革命化工作。长期艰苦细致的思想教育工作,不仅使人人革命化,而且还能更好地发扬革命精神,培养革命风气。

总机厂班长何作年说:"我1962年来大庆以前,在一个电机厂当车工,立过6次功，可到这里怎么也跟不上，连工时都撑不上。通过评功、阶级教育、评补助粮，我的思想通了，我也忆了苦，这一下懂得了革命。石油工人干什么都是革命，拣个螺丝是革命，擦机器是革命，扫个地也是革命，反正我不论干啥，总觉得自己是在革命，因此，劲很足。"

五、用真诚交心，促全面发展

大庆的思想政治工作从关心人，爱护人的原则出发；以充分发挥和调动一切积极因素，以打赢会战为目的；以灵活多样的方式和方法，贴近群众，接近实际，融入生活。针对不同群体和不同情况，大庆创新了不少行之有效的工作形式和方法。

知识分子是实现油田勘探开发工作顺利开展、探索地下油藏奥秘的生力军，如果没有科技工作者的奉献精神和刻苦钻研，要想拿下这个大油田是不可想象的。大庆石油会战初期，油田各级党组织就把知识分子工作提到了重要议事日程，确立了重视依靠知识分子、科学开发油田的指导思想。会战工委明确提出"充分信任，放手使用，严格要求，热情关怀"的十六字工作方针，充分肯定了知识分子在油田开发建设中的作用。强调技术干部对国家的最好贡献就是在技术工作上做出成绩。要放手使用、大胆提拔一批年轻优秀的技术干部到技术业务负责岗位上。同时，根据会战形势的需要和知识分子的思想实际，认真做好思想工作，大力宣传知识分子先进典型，进行自力更生、奋发图强、艰苦奋斗、不为名利、为油献身的教育，鼓励知识分子发扬独创精神，树立"敢想、敢说、敢干，严格、严肃、严密"的作风。油田广大知识分子以"莫看毛头小伙子，敢笑天下第一流"的雄心壮志，勇于同世界先进水平较量，努力攀登石油科学技术高峰。1962年8月，会战工委在《关于更好地贯彻党对技术干部的政策，进一步加强对技术工作领导的决定》中规定，要保证技术干部有职、有权，各单位负责技术的干部要和党政领导同为该单位的领导干部。在培养建立技术干部队伍的过程中，余秋里多次提出，要关心照顾技术干部，为他们做好工作创造条件。在会战最艰苦的艰难时刻，余秋里要求给知识分子成立单独一个灶，尽力改善伙食。如果他们在家里吃，要多补助一些副食。他认为这不仅是政策问题，而且是感情问题。1961年9月，在一次电话会议上他还强调，各级领导干部要为知识分子当好后勤。

思想工作中,最大量、最经常、最普遍、最生动、最具体的工作,就是针对不同人采用不同的方式解决思想问题。具体而言,应该因人施策,用一把钥匙开一把锁。会战时期,职工的思想问题大量存在,纷繁复杂,仅靠集中教育来解决还不够,必须在生产工作中随时随地解决。如果没有与群众的朝夕相处,那么就不能了解他们的学习、劳动、生活情况,摸不准他们的思想动态,思想政治工作就无从开展。为了把思想工作做到实处,会战时期,大庆结合学习解放军政治工作经验,总结了不少好方法和做法。如"三访四到",三访,即职工思想遇到问题要走访,职工生活有了困难要走访,节假日对工伤要走访;四到,即职工或职工直系亲属患病要看望,职工婚丧嫁娶要关心到,职工外出医疗要关照到,职工修房搬家要到现场。通过这些方法,把思想工作从工作向职工家庭延伸,切实体现人文关怀,使职工时刻感受到组织、领导的体贴和关怀,进一步增强队伍的凝聚力和向心力。如"四勤四看",四勤,即勤观察、勤摸底、勤谈心、勤开调查会;四看,即平时看表情、干活看干劲、开会看情绪、夜间看休息。用这种方法及时把握群众的思想脉搏,有的放矢地解决职工群众经常发生的思想问题,从而把思想工作渗透到每一个环节,落实到各个角落和每个人的心中。

王进喜经常深入职工宿舍给大家讲大庆会战传统

第七章 革命热情与科学精神

"抓生产从思想入手,抓思想从生产出发"是大庆油田思想政治工作的优良传统,是在创业时期形成并一直沿用至今的正确处理思想政治工作与经济工作关系的基本原则,也是大庆思想政治工作的一条基本经验。抓生产从思想入手,就是坚持思想领先,抓生产首先要抓住人的思想政治教育,注重解决生产过程中遇到的各种思想问题,把思想工作做到前头。抓思想从生产出发,就是思想政治工作必须围绕经济建设这个中心开展,根据经济工作实际,确定思想政治工作任务,把思想政治工作贯穿于生产建设的全过程,保证生产建设任务的完成和经济效益的提高。

大庆石油会战时形成的"抓生产从思想入手,抓思想从生产出发""政治工作进食堂、干部下伙房""三访四到""四勤四看""帮人要帮心、帮心要知心、知心要关心、关心要诚心"等一系列思想政治工作方法和经验,充分体现了生产过程中的人本理念。这无不体现出对事业的无限忠诚,同志之间的真诚友爱。这对今天的人们来说,无疑具有重要的启迪作用。

思考题

1. 如何看待运用群众运动方式开展的石油大会战?
2. 如何评价大会战中苦干实干与讲求科学的关系?
3. 联系工作实际,从会战实践中深刻体悟,为什么思想政治工作要"以生产为中心"。

第八章 作风建设及其实践

第一节 落实"三个面向""五到现场"

大庆石油会战在艰难困苦的条件下,之所以能取得巨大的胜利,最根本的原因,就在于石油工业部领导和会战工委继承和发扬党的优良传统,克勤于邦,克俭于家,用作风建设激发和带动广大会战职工,使其以高昂的爱国主义情怀、忘我的奋斗精神投身到大庆石油会战中。

一、领导干部亲临前线一切为了生产

大庆石油会战始于1960年,会战伊始,为适应会战形势,石油工业部党组的领导进行了一、二线分工。部长余秋里,副部长孙敬文、康世恩亲临一线,是石油工业部领导工作的第一线,直接指挥会战;其余副部长李人俊、周文龙、刘放等留在北京,主持石油工业部的日常工作及大庆石油会战的后方支援工作,他们是石油工业部领导工作的第二线。

在大庆直接指挥会战的领导成员,也实行了一、二线分工,统一领导,各负其责。一线主要由各参战石油局的局长,如新疆局的张文彬局长、玉门局的焦力人局长、松辽局的李荆和局长、第一工程局的陈李中局长等担任,对于生产、生活、政治等各方面工作,以及钻井、采油、油建等各条战线的工作,经会战领导小组作出决定,由一线领导具体组织贯彻执行。二线由余秋里、康世恩、唐克等组成,他们不直接指挥日常生产工作,其主要任务是抓方针政策、

第八章 作风建设及其实践

计划部署、抓统一协调、做到观大局,看主流,抓关键,抓中心,抓运动,抓典型,系统地调查研究,检查工作,总结经验,发现问题,想办法,出主意,下决心,为"一线"打开政治局面。因为会战初期人多势猛,场面大,任务重,要求急,要把工作做到有效有力,必须实现领导班子内部的"冷""热"结合,只有这样,才能做到忙而不乱。

张文彬(1919—2013年),男,山西省代县人,中国共产党党员,原石油工业部党组副书记、副部长,曾任石油工程第一师政治委员,西北石油管理局副局长,松辽会战领导小组副组长,大庆石油会战指挥部副指挥,胜利油田会战指挥部副指挥、指挥等

当时,在实际工作中,不管是分工一线还是二线,都强调下基层、跑现场,与各级干部、技术人员和工人进行当面交谈,以了解情况,指导工作。对于重大问题,需要带回来研究解决。每天晚上,无论多晚,所有一、二线指挥人员都要到余秋里或康世恩的办公室开碰头会,分析情况,研究问题,总结经验,布置工作。长期坚持这一做法,不仅成为大庆石油会战过程中的一种领导工作作风,也是改进机关工作、提高工作效率的好办法。

会战初期,领导亲临前线指挥生产,采取部队建立前线指挥所的形式,按照解放军"野战化"的要求,搬上去就能指挥"战斗",是会战中的习惯做法:凡是由一个二级指挥部的几个队联合施工的工程,包括钻井队、作业队等,就由这个二级指挥部组织前线指挥所;如果由几个二级指挥部的许多队联合施工的工程或地区，包括钻井、井下作业，油田建设，水、电、路、通讯等，则由会战指挥部设立前线指挥所，实行统一指挥。由于指挥靠前，领导亲自组织队伍，工作效率自然提高；领导人吃住在工地，利于调查研究，易于发现典型，便于总结经验，推动全盘工作。更重要的是领导者或决策人深入群众，生产生活能够随时汲取群众营养、智慧，改进自己的工作方式，提高领导的组织才能和指挥艺术，密切干群关系，树立党的良好形象。领导干部亲临前线，实行面对面的领导，其积极作用有如下表现：

第一，领导亲临前线，能及时了解情况、发现问题，同群众、同下级干部共同研究问题、解决问题。大庆石油会战期间，因为石油工业部党组领导成员亲临前线，直接指挥，对会战中的工作布置、需要解决的问题，都能及时就地解决。所以，报告、请示、批准反复情况很少，工作效率比较高。而不开时间较长的大型的会议，少发文件，也是会战时的一大特点。会战中的许多重大问题，如果不是领导亲临前线，就不好解决。会战初期，根据当时出油情况，决定把会战队伍部署在油田南部，当日后发现北部地质情况比南部情况更好、油层更厚、产量更高时，就立即调整了部署，并挥师北上100多公里，集中力量先开发北部，结果拿下了大油田。如果当时领导远离现场，不掌握实际情况，稍有犹豫，便有贻误战机的可能，出现部署错误。

第二，领导亲临前线，不仅能亲自组织队伍，调配力量，选择重点，突破难关，而且能正确地使用队伍，使用器材，集中力量打歼灭战。

第三，领导亲临前线便于调查研究，可以及时发现问题，总结经验，加强薄弱环节，具有点面结合、指导全面的作用。在前线遇到困难时，领导干部就应挺身而出，与群众共同战斗，共同解决困难。

第四，领导亲临前线和群众同甘共苦，直接倾听群众的意见，能够更好地了解群众的思想状况及意见，及时吸收群众的智慧，变群众智慧为领导意图，又把领导的意图变为群众的行动，做到从群众中来、到群众中去。这样就能解决实际问题，有效避免官僚主义。

二、坚持做到"三个面向""五到现场"

1960年大庆石油会战伊始，会战工委便强调，各级领导要"亲临生产第一线指挥生产""机关工作要面向生产"。在1962年5月10召开的全油田党

第八章 作风建设及其实践

员干部大会上,针对当时基层建设工作还不够巩固,机关工作还不深入、不细致,缺乏扎扎实实的作风等问题,会战工委提出:各级领导干部必须深入生产第一线,扎扎实实领导生产。对基层工作,要实行面对面的领导。各级领导机关应当明确主要的任务是把基层建设好,把基层建设好了,就完成了领导工作的基本任务。"接着,《战报》发表了题为《大力改进作风是加强基层工作的关键》的社论,提出:"领导机关要要面向基层,一切工作要从加强基层工作出发,把生产全面管好。"经过不断的实践、不断的总结,到1964年就形成了"面向生产、面向基层、面向群众"的工作指导思想。

1960年8月,因会战材料供应不足,会战一线告急。当时康世恩同志得知不是材料没到,而是由于没人去领而导致这种局面时,特别生气,立即要求供应部门主动把材料送到工地,要求尽可能把方便送下去,把麻烦揽上来,积极为基层提供方便。在这个阶段,无论是什么会议或是什么场合,他总是大讲特讲这个问题。他说:"企业领导机关必须面向基层,为基层服务,这是最重要的,不要只管在机关里忙忙碌碌,乱要材料,乱开会,乱发报表,要取消'苛捐杂税'。"

为取消对基层的"苛捐杂税",工委还专门做了五条规定:

第一,对基层工作任务要统一安排,每月一次,中间不要随便追加。

第二,除由会战指挥部统一审定的报表外,不准乱发报表。

第三,不准向基层要书面总结报告。

第四,会议要尽可能减少。每月每个基层干部参加上级会议一般不得超过3次。

第五,各项办事的手续简化到最低限度,基层单位办手续一般不出本单位。

除以上五条规定外,工委还提出机关建设革命化的要求,指出机关是为促进生产、为基层服务而设置的,衡量机关工作好坏与否,就要看其是否促进了生产,方便了基层。进而提出"把方便送下去,把麻烦揽上来"的口号,做到"五到现场",即生产指挥到现场、政治思想工作到现场、材料供应到现场、科研设计到现场、生活服务到现场。树立6个观点,即政治观点、生产观点、群众观点、科学观点、服务观点、经济观点。一切为了生产,一切为了前线,一切为了生产打胜仗。

要做到这一点，领导必须靠前指挥，机关"送方便，揽麻烦"行动，在整个战区蔚然成风。五到现场，是改进机关工作作风、提高工作效率的一个重要方法。尤其对石油会战这样一个面大、点多、分散，以野外工作为主的油矿来说，到现场办公更有实际需要。一切以服务于基层，使基层专心搞好生产为出发点，处处体现服务意识。除生产指挥到现场外，材料供应、生活服务部门也本着"简化手续，送料上门，方便基层，促进生产"的原则，以增加"送"字、减少"领"字为目标，送材料到现场、送工资到手、送饭到工地，甚至理发、补衣服也到了井场、工地。为弥补供应和服务空缺，还采用"针线笸箩""货郎担"的办法。"针线笸箩"是为了方便基层而设置的，一般的井队、车间都有少量的容易消耗的小件，如采油队就放些法兰、三通、四通，钻井队放些卡瓦牙、阀体等，连工具在内有三四十件东西。这使车间、井队灵活应手，便利生产。会战期间，全战区共有"针线笸箩"240多个。"货郎担"，是由几辆卡车带一些工具、配件等易耗材料，一天到晚在前线施工工地游转，如果现场缺什么就可以直接领到。仅1964年第一季度，"货郎担"就送货559次，共2237项、40364件，为生产第一线解决了不少问题。"货郎担"的作用还不只是送料，它还能回收器材，了解基层需要，检查器材的合理使用情况。无论是"针线笸箩"还是"货郎担"，都起到了雪中送炭的作用，不但送物资，还能鼓励职工的情绪。

政治工作到现场，则是政治工作部门的干部除有三分之一的人在机关办公，三分之一的人坚持常年蹲点外，还有三分之一的人坚持深入现场了解情况，发现典型，总结经验，并做好现场的宣传鼓动工作。科研设计到现场，就是科研设计工作紧密结合生产实践，有效地解决生产中的问题。由研究设计人员组成工作组，深入生产实践，进行现场调查，组成试验队到现场，边参加生产，边进行试验。研究与生产部门联合组成攻关队，攻克关键技术，进行技术交底、交意义、交目的、交原理、交方法、交技术要求，放手发动群众参加科研设计。

多年来，大庆企业各级机关工作始终坚持这一指导思想。不论是政治工作部门、生产指挥系统，还是计划、财务、劳动、物资供应部门，都积极为方便基层创造条件，为生产服务，为群众排忧解难，千方百计把麻烦揽过来，把方便送下去。这已成为大庆人的自觉行动。1965年6月，大庆工委任命铁人王进喜为大庆油田钻井党委常委、钻井指挥部副指挥。有一天早上，王进喜把生活办公室的人集合起来，对他们说："我出个题，考考你们。"题目很简单：30多个钻井队的井位在哪里？从主任、科长们开始答，结果很多人答不上来。铁人激动地大声说："要我们生活办这么多人干什么？不是坐办公室，是为基层服务。你们连在哪打井都不知道，怎么为人家服务。"经过铁人的考试，生活办同志意识到自己的工作不合格，立即找井位图，联系井队，准备餐车和物资，第二天留一人看家，其他人全下去为井队解决实际问题，从此工作作风大为改变。

"三个面向""五到现场"是大庆油田企业机关在石油会战中形成的优良传统作风。体现的是干部为群众服务，机关为基层服务。它们不仅有利于根据实际情况确定工作方针，避免瞎指挥，而且对于克服主观主义、官僚主义和命令主义，密切干群关系，调动各方面的积极因素，提高工作和生产效率也具有重要意义。

三、对领导干部"约法三章"

在大庆石油会战中，石油工业部党组始终严格地抓领导班子建设，特别是在以身作则、严于律己方面，极大地增强了党组织的威信、威望和威力，鼓舞了广大职工的士气，从根本上保证了石油大会战的胜利开展。

开展石油大会战的年代正是我国三年困难时期，石油工业部领导、部机关司局长和各路指挥，与职工同住"干打垒"，住牛棚、马厩，住帐篷和简易木板房，同样吃高粱米、窝窝头、野菜和菜籽。办公室也十分简陋，没有任何的高档设备，不准领导干部有任何特殊，不许有脱离群众、脱离实际的事情发生。会战前夕，余秋里从北京来到安达，负责行政管理的人员，按通常的做法，在他的办公室里摆上了一对沙发。他看到参加会战职工住的是牛棚、帐篷、地窨子，有的干脆睡在露天地里，"铺地盖天头枕砖"，就叫服务员把沙发送到了卫生室，随后在会战领导小组会议上作出了三项硬性规定：一是不准买小卧车；二是指挥机关不准买沙发、地毯之类的高档用品；三是不准为领导干部单独建宿舍。

1964年，矿区建设有了一定的基础，全国经济形势全面好转后，有少数人认为可以把生活条件"好好改善改善了"。这个苗头出现后，会战工委就及时组织广大职工认真学习毛主席《反对骄傲自满、固步自封》和《培养无产阶级革命事业接班人的五个条件的指示》，总结了会战几年形成的艰苦奋斗、干部参加劳动、指挥生产、蹲点调查等做法，制定了"约法三章"，得到各级干部的热烈响应。领导干部的"约法三章"：一是坚持发扬党的艰苦奋斗的优良传统，保持艰苦朴素的作风，永不搞特殊化；二是积极参加劳动，坚决克服官僚主义，不当官做老爷；三是坚持"三老四严"的作风，谦虚谨慎，兢兢业业，永不骄傲，永不说假话。根据这个"约法三章"，各级党委都制定了执行"约法三章"的具体措施。会战期间各单位没有盖楼堂馆所，不管领导干部、工人和职工家属都住"干打垒"和平房，标准一样。办公室没有沙发、地毯，不用特殊的家具和用具。不请客，不送礼，不设领导干部保健室和医院的领导干部病房。领导深入基层时坚持"三同"，同工人同吃、同住、同劳动。领导干部不固定专车，近的走路，骑自行车，集体外出坐大客车。领导干部的家属，有劳动能力的都和普通家属一样，到生产服务网点参加劳动。

为密切干群关系，根据部党组的要求，各级领导干部都亲临前线，不当"甩手"领导，带动所有干部和工人一起参加劳动。石油会战中，机关干部、基层干部经常参加劳动，已经蔚然成风。1963年，经常参加劳动的干部达到了91.5%。大庆干部参加劳动的方式主要有七种：跟班劳动，进行调查研究；带上问题跟班劳动，找解决问题的办法；住在落后班组，跟班劳动，改造落后；在最困难、最艰苦的地方，跟班劳动；在最紧张、最关键的地方，跟班劳动；生产上遇到复杂情况的时候，跟班劳动；人少、打突击的时候，跟班劳动。干部跟班劳动，都要做到参加劳动与组织生产、做思想工作相结合。

大庆各级机关干部，绝大多数都做到每月平均参加劳动6天以上，有的劳动10多天，他们多半是为了做调查研究而跟班劳动的。机关人员的劳动热情高涨。在每年施工紧要关头，后勤劳动基本上由机关干部全包，如突击修公路、运沙石、挤出时间播种、秋收等等，啥紧要就干啥。1963年9月—10月两个月间，3000多机关干部在泥水里突击挖土方17万立方米。

领导亲临前线，干部经常参加劳动，领导机关都有常年工作组下去蹲点，领导干部每年都要下去蹲点调查。如建立岗位生产责任制的经验，严细成风的三矿四队及32139钻井队的经验，都是由领导干部蹲点总结出来的。机关干部

第八章 作风建设及其实践

经常有50%的人深入基层，参加劳动，调查研究，解决问题。

领导干部过党小组生活，每月至少一至两次。在党小组会上，开诚布公，开展批评与自我批评，并把定期检查"约法三章"执行情况作为小组会内容之一。贯彻"约法三章"后，职工的精神面貌有了很大改变，大家比革命精神，比艰苦奋斗，比劳动蔚然成风，干部以身作则，冲锋在前，撤退在后，工人的自觉性就越高，工作就越容易推动。工人的反响很好，他们说："有了这样的好干部，天大的困难也不怕。"

第二节 践行"三老四严""四个一样"

"三老四严""四个一样"的作风，是石油大会战时期石油工人过硬作风的集中体现，是大庆在全国人民中流传最广泛、影响最深远的革命精神。

一、"三老四严"的来历

"三老四严"的发源地是大庆三矿四队，即现在的大庆油田采油一厂第三油矿中四队，其前身是中区综合四队。1960年建队时，全队只有一间破磨房。职工们白天揣着野菜团子，吃在井上干在井上，晚上围着篝火学"两论"。为了在艰苦条件下尽快拿下大油田，党支部提出"四不一为"的号召，大家也豪迈地喊出"天塌我们顶，地陷我们填，钢铁意志英雄胆，不创标杆非好汉"的钢铁誓言，建队当年就被会战领导小组命名为"钢铁采油队"，1961年又被授予政治思想好、完成任务好、技术训练好、集体作风好、生活管理好的"五好标兵采油队"荣誉称号。

1962年8月，随着油田开发建设的不断发展，为了适应石油大会战的需要，会战工委决定，把当时的采油钢铁四队分为三个采油队，并任命老队长辛玉和为三矿四队的队长，辛玉和与12名工人被分到新区，他们留下了"钢铁采油队"等荣誉旗帜，却下决心要把好作风带走。队长辛玉和带领12名同志抬着两块床板，带着一把菜刀奔赴新区。

来到新区，井场上的钻机还没有全部撤走，采油树还都没有刷漆，井场周围高低不平，杂草丛生，油污遍地。在几平方公里的草地上，点缀着数十口"光屁股"井。说是安家落户，可房无一间，大家只好挤住在老三矿的一个破

队长辛玉和用放大镜查验清蜡钢丝质量

烂不堪的库房里。晚上,大家围坐在煤油灯下学"两论",白天,怀揣着野菜团子,干在井上,吃在井上。为了应对艰苦的条件,辛玉和将12人中仅有的3名党员组成临时党小组,带头负责做开井的准备工作。同志们有的负责给采油树喷油漆;有的负责挖土油池;有的负责接新来的同志和领工具等。经过一个多月的艰苦努力,投产的各项准备工作全部完成。这时,大庆工委号召全油田大搞规格化,全队积极响应。按照规格化的要求,投产一口井,搞一口井。为了尽快开井夺油,全队职工冒着零下40℃的严寒,苦战恶战,抡镐刨土,平整井场。不少同志手上的虎口震裂了,用布包扎一下继续干,殷红的鲜血清透了包扎布,染红了镐把,都全然不顾。就这样,他们把新井投产的会战打了上去。"血染镐把战严寒"的故事也成了动人的佳话。经过60多天的日夜奋战,12口油井终于全部投产,每口井都达到了规格化。

投产后的一天,辛玉和到井上检查,看见新来的徒工小孙,拿着一个新刮蜡片急匆匆往井上赶,辛玉和有点纳闷:小孙井上的刮蜡片前两天刚换过,怎么又领新的了?他走回材料库,从材料员那里得知,原来小孙早晨清蜡时没有仔细检查,就关闭了清蜡阀门,把刮蜡片挤扁了,还让材料员帮他保密。走出库房,辛玉和思绪难平,想起从钢铁四队分出来的时候,同志们决心把好作风带到新战场,可今天小孙却隐瞒事故,缺乏一个石油工人起码的老实态度,这

第八章 作风建设及其实践

样下去,怎么行呢?"小洞不补,大洞尺五"。特别是这件事反映出一段时间以来,队里只忙着新井投产,放松了抓队伍的思想建设,对职工没有提出严格的要求。有了这种认识,辛玉和就这一问题严肃地与小孙谈心,辛玉和讲:"要干好工作,没有一个老实态度是不行的,对任何事情,丁是丁,卯是卯,对就是对,错就是错。"小孙低下了头,诚恳地说:"队长,我错了,说了假话,办了错事。"接着,他详细地讲了刮蜡片挤变形的经过并检讨说:"当时自己想,反正刮拉片没有掉到井里,换一个算了,别人也不知道,以后在工作中注意一点就行了,没想到这种说假话的行为,欺骗了组织,欺骗了领导。"

为了用这件事教育全队职工,党支部决定第二天就在小孙这口井上召开了事故现场分析会,党支部书记李忠和重点讲了事故原因及对待事故的态度问题。他说:"采油工人的工作特点是单兵作战,没有老老实实的态度,严格的要求,是管不好油井的。"小孙越听越坐不住,当即站起来,眼含热泪激动地表示,要求把那个变了形的刮蜡片挂在自己管的油井上,要时刻不忘这个教训。队长辛玉和表示"干部是带队伍的人,我们怎么带,队伍就怎么走,我们不能严格要求自己和别人,队伍就不可能具有高度的革命自觉性。事故出在小孙身上,可根子在我身上,我这个队长只埋头抓生产,放松了职工的思想工作。"大家一致表示:应该把那只变形的刮蜡片挂在队上,让全队的人天天看到,时时想到,小孙的教训也是大家的教训,要说老实话,要办老实事,做个老实人,要严格要求自己,对每一件事要具有一种严肃的态度,这样才能管好油井。

党支部因势利导,在全队开展"当老实人、说老实话、办老实事,严格要求,严明纪律"的"三老两严"活动,大大提高了全队职工思想觉悟,干部带头,工人自觉。严细认真干工作的风气在全队形成。在三矿四队,法兰不能缺一颗螺钉,阀门不能有一滴渗漏,报表不能有一处涂改。

1963年9月12日,战区召开工作会议,总结会战以来加强基层建设、培养队伍作风的经验,形成"三老四严"。"三老"是当老实人、说老实话、办老实事;"四严"是严格的要求、严密的组织、严肃的态度、严格的纪律。同年10月9日,《中华人民共和国石油工业部条例》对"三老四严"的内容进行具体阐述,并要求在全国石油系统贯彻执行。1964年2月24日,会战工委做出"关于开展向采油三矿四队学习的决定"。全战区立即掀起学四队、赶四队、超四队的群众性活动热潮。同年5月，石油工业部在第一次政治工作会议上，结合三矿四队的经验，对"三老四严"的革命作风进行概括，并将其统一表述为"对待革命事业，要当老实人、说老实话、办老实事；干革命工作，要有严格的要求、严密的组织、严肃的态度、严明的纪律"。

二、"四个一样"的产生

李天照获得的"劳动英雄"奖状，是1980年5月由中共大庆市委、大庆市人民政府、大庆石油管理局颁发的。这一"文物"是2005年10月5日由其夫人王惠兰捐献的，由大庆油田历史陈列馆收藏。

首创"四个一样"井组井长李天照的奖状

这张"劳动英雄"奖状不仅是李天照在大庆辛勤工作的真实写照，更无声地见证了李天照为油田拼搏奉献的大庆精神。

自1960年大会战拉开帷幕后，不到一年时间，油田建设已初具规模，开始投入试油生产的第二战役。1961年7月采油二矿5队成立了5-65井组，组织上任命共产党员李天照为井长。会战时，油田点多、面广、线长，有很多岗位需要单独顶岗，昼夜值班。有的油井投产不久，冬天的夜晚经常发生冻管线的事故。分析事故原因发现：有的同志值夜班，累了打了瞌睡，执行制度不严格；有的同志反映说，白天人来人往瞧得见，晚上夜深人静，值班的人就从思想上放松了，往往做不到在规定的时间内检查。而李天照井组在李天照的带领下，坚持"没有岗位责任心就没有岗位责任制，革命自觉是岗位责任制的灵魂"。在工作实践中不断摸索形成了"四个一样"的严细作风。

第八章　作风建设及其实践

　　1963年7月的一天，天气突变，瓢泼大雨倾泻而下，片刻间，井场周围积满了没过脚脖子深的雨水。一小时一次的检查时间到了，但雨还是下个不停。上四点班的学徒工刘玉智从值班房探出头来，望了望西边露出一线亮光的天，连忙侧转身去，问李天照："井长，这雨下不长，等它住一住，咱再去检查吧！"李天照望了望值班室外，大风把豆粒大的雨点吹得斜成一线砸下来，撞出一串一串的大水泡，这么大的雨，水套炉会不会呛风倒烟呢？李天照犹豫一下后，斩钉截铁地说了一声："不行！"操起工具，三步并两步，冒雨冲出了值班房。他按巡回检查路线逐点逐项地检查了采油树、分离器，然后沿着干线堤去检查加热炉。几次跌倒了又爬起来，走到眼前一看，加热炉底部已经进水了，火苗挟着黑烟呼呼地从楼口往外喷，眼看就要呛灭了，他拿起铁锹，挖了三条小沟，排出积水，重新调好合封。他一直站在雨水里，直到加热炉燃烧正常后才松了一口气。等他回到值班室，浑身上下已经湿透了，雨水顺着头发、袖口和裤脚直往下淌，他一面脱下上衣拧干，一面对刘玉智说："小刘，越是坏天气，越是容易出问题，以后可得要注意。"刘玉智惭愧地低下了头，他掏出钢笔来，把井长的话一字一句地写在工作笔记本上。

　　一天夜晚，已经是11：30，采油队长白荣岗来到5-65井组，检查夜晚工人的交接班情况。到进场时正是半夜零点的交接班时间，只见交接班的两个同志正逐点地检查井口设备上的46个点。白荣岗队长就在暗地里看他们怎样交接班，只见他们在分离器房停下来，接班的工人李润纪用手摸摸量油玻璃管，摇摇头说："不行，上面有油迹，你擦干净了我才能接班。"交接班工人二话没说拿起一片毛毡，把玻璃管擦得亮晶晶的。

　　白荣岗队长为他俩执行岗位责任制认真交接班的精神所感动，在第二天安全讲话会上表扬了他俩的做法。值班井长告诉李润记："白队长昨天查你们，今天还表扬了你们。"李润纪笑笑说："查也不怕，咱干活，夜班和白班一样，一点都不马虎。"后来这一条也写到工作记录上，作为李天照井组的一条纪律。

　　有天晚上下着蒙蒙雨，李天照冒雨来到井场检查工作。快到井场了，李天照看了看表，时针正指向19：57，距离检查时间的20点只差3分钟，值班的张加祥该出去巡回检查了，井场上怎么还是一片漆黑？正在这时，井场上的照明灯突然亮了，门"吱呀"一声响，值班房里走出一个熟悉的身影，那人拿着一把管钳大步地走进井口房，仔细地检查着采油树的阀门。

"是他，真是跟钟表一样的准时。"李天照高兴地差点喊出声来，他暗地里看着张加祥按顺序检查完井口设备，又踏着泥泞，沿着管线向前检查去了。张加祥手里的电筒忽明忽暗，从那淡黄色的光柱里，还看得见雨丝在闪亮。走进值班房，李天照井长说："老张，你今天检查得挺严啊！"张加祥没想到自己的井长冒雨上井，心里热乎乎地答道："井长，你不用操心，干活儿嘛，领导在不在都一样，这一条也定为咱们井组的一条纪律吧。"

李天照井组的每一件设备，都严格地执行挂牌制度，凡是启动的设备、开着的阀门，都挂上一个"开"字牌，停运的设备、关闭的阀门，就挂上一个"关"字牌，使任何人在任何情况下，通过挂着的牌就能掌握设备的运行情况。一天零点刚过，李天照井长悄悄地上井，把套管阀门上的"开"字牌，暗暗地换上了"关"字牌就走了。

第二天一大早，李天照井长就到井上去检查，看到夜晚工作记录本上写着这么一条：接班时套管阀门开着，挂"开"字牌，夜一点检查时，套管阀门开着，却挂错了牌，不知何人把"开"字牌挂成了"关"字牌。李天照看完就笑了，值夜班工人于贵业一见他笑了，心里就猜着八九分，就问道："井长，可是你动了我们的牌子？"李天照笑了笑说："对了，我就是考验考验你们哩！"于贵业严肃地说："那还有啥含糊的，查不查俺都是一样干工作。"李天照井长听完这句话，沉思了一会，就把"查不查都是一样干工作"这一条也记入到井组的纪律中去。

就这样，李天照井组凭着高度的革命自觉性，兢兢业业地干好采油工作。自井组建立至1964年，安全生产2045天没有发生任何大小事故，成为安全生产过得硬的井组。他们累计录取各种资料数据上万个无差错。他们的设备配件定期维修保养过得硬，井组1860个设备部件，不渗、不漏、不松、不锈，井场清洁平整。由他们管理的三口油井始终保持标杆井水平。在原油生产上，天天超产，月月超产，年年获油田"标杆井组"的光荣称号。几年来，经过上级领导3000多次地明察暗访和20多次的大检查，没有一次脱岗、串岗、睡岗的。在井上录取的2万多个地质数据无一差错；油井各种设备上的863道焊口、156个大小阀门没有一处漏油跑气的；管理水平在全国油田被评为五好红旗井组。

1964年初，新华社记者袁木、冯健来到井组，和工人同吃同住同劳动，把井组的做法总结归纳为"四个一样"，即黑天和白天一个样，坏天气和好天气一个样，领导不在场和领导在场一个样，没有人检查和有人检查一个样。会战工委多次在该井组召开现场经验交流会，把"四个一样"推广到全战区。石油工业部授予该井组"首创'四个一样'的李天照井组"的称号。该井组现为采油一厂二矿北八队5排65井组。

三、"三老四严""四个一样"的作用

"三老四严""四个一样"这一作风是大庆石油工人高度的主人翁责任感和科学求实精神的具体体现。以辛玉和、李天照为代表的大庆石油工人以这种精神创立了"三老四严""四个一样"的作风，并以高度的责任心从日常的、大量的、细小的事情抓起，身体力行，把这种精神化作自己的自觉行动。

1962年年底，三矿四队党支部发动全体职工对所管的油水井、站进行了详细认真的检查。技术员傅孝余逐井逐站、认真细致地检查验收。除夕晚上，他检查到最后一口油井时，发现套管法兰缺一个螺钉，这时已是晚上九点多了。为了装上这个螺钉，他从一个井还找到另一个井排，从材料库找到维修队，终于找到一个适用的螺钉，然后回到井上把它配好。此时正是万家灯火、合家团聚的时刻。老工人李广志，在西七排3井检查阀门池的设备时，发现回压阀门下面有颗亮晶晶的油珠，"这油珠是从哪里来的呢？"他反复检查了各个阀门，并无渗漏，也不像是外面沾上的，"会不会是管线穿孔出现的渗漏？"晚上他把情况向井长做了报告。第2天两人一起来到井场，顺着油痕的地方，一段一段挖出管线，接着又擦干净逐段检查。经过4个小时的紧张奋战，终于查出了油珠的来历，原来是干线穿孔渗漏出来的，及时消除了事故隐患。

有一次，队里小尹家来了客人，喝了两盅酒，接班时被19岁的徒工小李闻出来了，小李不准他接班，叫他在井场上铲草，等酒味没有了再来接班，小尹无可奈何，只好拿起锄头铲了两个小时的草。老队长辛玉和从第一口油井清蜡开始，就用放大镜一寸一寸地检查每口井长达1500多米的清蜡钢丝，待确认合格后才交给岗位工人使用。

23岁的胡法莲是女子井组井长，所管的一口井产气多出油少，大家都叫

它"气老虎"。胡法莲带领9名姐妹一天清8次蜡,量9次油,连续工作7天7夜,画出采油曲线、小层平面图110多张,反复摸索对比55次,终于摸清了油井压力、产量和结蜡规律,彻底制服了"气老虎",保证了这口井长期高产。胡法莲被会战工委授予"五好"标兵荣誉称号。

进了四队门,做"三老四严"传人。老会战余章宝扎根采油一线30多年,他所带的21个徒弟个个是先进。他的徒弟李文英凭着工作上的拼劲,作风上的严劲,学习上的钻劲,参加工作不到半年就当上了井长,用两年时间加入中国共产党,成为当时全国石油系统最年轻的工人技师和全国新长征突击手。经过三矿四队人不断努力,中四队夺得总公司金牌三连冠。

李天照同志也是这样,严以律己,把全井组拧成一股绳,自觉做到"四个一样"的好作风,成为全井组自觉执行的座右铭。

有天晚上,大庆已是数九寒天,气温在零下30多度,西北风挟着雪粒呼啸。李天照从矿上开完会回来,已是晚上九点多钟,他照惯例外出巡回检查。当他走到5-67井时,不太熟悉采油工作的学徒工刘庆廉连冻带急,快要掉眼泪了。原来是5-67井水套炉被大风吹灭,小刘用了一盒火柴,一个多小时也没点着,管线内油温在急剧下降,再有一个小时不点火,管线内的原油就要全部凝固冻死,灌了"香肠",整个冬天都开不了井,产不了油,这可是大事故啊!李天照意识到这个危险后,一步跳进水套炉地槽里,沉思片刻后,打开水套炉炉口,掏出里面的跑油,脱下身上的老羊皮袄,挡在炉口上,让刘庆廉把炉火点着。为了使炉火稳定下来,李天照蹲在炉口边上,举着羊皮袄挡风,冻得他浑身上下直起鸡皮疙瘩,牙关直打颤,直到炉温恢复上来,他才披上羊皮袄,又到别的井上去了。第二天,李天照就得了重感冒,一连吃了7天药才见好。

有一次,新工人张学玉操作不小心,把千分尺上的一颗小螺钉弄丢了,他立刻报告井长,并做了检讨。当天他从下午找到傍晚,没有找到。第二天刚等天亮他又到井场上找,还是没有找到。他想,自井组成立以来,管理和使用的几十件工具、仪表及生产设备至今件件完好,没有丢过一颗螺钉,今天自己弄丢了一颗螺钉事小,破坏了老师傅们辛辛苦苦养成的好作风,可是大事。他只好请了半天假,赶到萨尔图,问遍了所有的自行车修理铺、钟表和收音机修理店,想买一颗小螺钉配上,结果不是没有,就是规格不合适,最终未能如愿。

第八章 作风建设及其实践

张学玉想来想去,终于想到生产厂家。他工工整整地写好了一封信,说明原委,请技术员根据形状画了一张草图,标明了尺寸,并附上一元钱寄给了厂家,要求工厂破例卖给他一颗小螺钉。厂家被张学玉这种对工作高度的责任心所感动,免费送他了一颗螺钉,他们扣除寄信用的两角钱邮费,把剩下的钱附在信封里,用挂号信寄回,信上写道:"你们自觉地爱护设备,在自己的岗位上,严细认真,一丝不苟,这种精神值得我们学习。"

为使"三老四严"作风成为广大职工的自觉行动,会战工委先后树立了"四个一样"的李天照井组等一大批典型。在典型的带动下,全油田几百个钻井队、施工队和采油队等基层单位,严格按规章制度办事,做到事事有人管、人人有事干,使千头万绪的工作变得井井有条。

到1963年年底,全油田实现井场无油污、井下无落物、设备器材摆放规格化。年底检查考核,设备完好率达到100%,基本功合格的职工达96.5%,油田管理出现新面貌。

1964年至1966年,石油工业部连续授予三矿四队"高度觉悟,严细成风""团结的核心、战斗的堡垒""五好红旗单位标兵"锦旗。这三面锦旗反映了三矿四队人艰苦奋斗的历程,激励他们不断进取,勇攀高峰。

1964年2月24日,大庆会战工委做出"关于开展向采油三矿四队学习的决定"。全战区掀起学四队、赶四队、超四队的群众性活动热潮

"三老四严""四个一样"优良作风,是大庆精神中流传最广泛、最典型,在大庆油田、石油行业乃至全国都产生深远影响的标志性精神特征,曾得到几代党和国家领导人的高度评价。邓小平同志曾两次视察中四队,在1977年中共十届三中全会上指出:"在延安中央党校,毛泽东同志提的四个大字叫'实事求是',我看大庆讲'三老',当老实人、说老实话、干老实事,就是实事求是。"江泽民同志、胡锦涛同志对"三老四严"也做出过高度评价。

2009年,习近平同志在大庆油田发现50周年庆祝大会上指出,大庆油田创造了"三老四严""四个一样"等一整套科学管理制度和方法,并形成了优良传统,保证了油田开发建设的顺利实施。

第三节 首创岗位生产责任制

大庆石油会战中,在全国首创岗位生产责任制,这也是会战中在生产管理上最富创造性的重要成果之一。大庆油田开发建设实践证明,岗位责任制作为企业管理的一项基本制度,在提高大庆油田总体管理水平和保证油田持续稳定发展中,发挥着不可替代的历史性作用。

一、一把火"烧"出来的问题

了解大庆石油会战历史的人都知道,大庆油田的岗位责任制是一把火烧出来的,讲岗位责任制,就要从这"一把火"讲起。

1962年5月8日深夜1时15分,大庆油田最早建成投产的中一注水站突然起火,在不到3个小时内,全部厂房被烧成一堆灰烬,造成直接财产损失160余万元,这在当时国家经济十分困难的时期,是一笔巨大的经济损失。这场火灾是大庆石油会战三年来损失最为严重的一场火灾,大火震惊了油田广大干部和工人,会战总指挥康世恩当即决定成立调查组,并指明要宋振明担任组长,要求尽快查明火灾原因。

当时,宋振明同志是大庆石油会战副总指挥兼生产办公室主任,分工主管生产一线日常工作。在他的带领下,调查组很快查明中一注水站的火灾原因是:由于这个站的柴油机排气管水封防火装置失效,致使排气管冒出的火星引燃了屋顶保温层中的油毡和锯末。当值班工人发现屋顶起火后,急忙去拿灭火

第八章　作风建设及其实践

器但却不会用它去灭火，后经检查这个灭火器还是坏的。等火势渐大，这才想起用消防水龙头灭火，可打开消防柜一看，水龙带只剩下7.7米长，而且关键部件水枪头也不知去向。在防火无效、救火无望的情况下，只能眼看火势迅速蔓延，当消防车赶到时，大火已将房架烧塌，整个厂房变成一片火海。

一个小小的火星竟引发了一场熊熊大火。中一注水站这场火灾所造成的损失虽然令人震惊，但引发这场大火的原因却更加引人深思。会战总指挥康世恩在工委扩大会议上，就这场大火的问题，曾激愤得一连问了14个为什么。他提议在全油田就"一把火烧出来的问题"开展大讨论。从中一注站火灾发生的经过，从初步检查的原因，理出很得全战区各单位、各级领导干部深思的问题。首先，这个事故的发生是管子问题、水龙带的问题、厂房的问题，还是其他更深的原因？其次，这次注水站火灾事故是基层队上的问题，但有没有领导干部和领导机关的问题？再次，这些大量存在的问题只注水站一站有吗？其他单位就不存在吗？如有的话，如何从中一注水站吸取教训，改正工作？为什么发生这次火灾？从中一注水站事故看加强基层工作的重要性，在加强基层工作中，基层单位本身应该抓住什么？怎样努力？领导机关在加强基层工作中应做哪些具体工作？在基层工作中如何认真贯彻会战工委的方针？例如，生产中有哪些问题？有哪些隐患？怎样解决？怎样结合本单位的实际情况开展五好红旗队运动等等。

结合这些大讨论，《战报》也开辟讨论专栏，发表指导性的文章，如：中一注站失火给我们的教训；从中一站失火检查我们领导作风上存在的问题；怎样正确对待缺点及错误；如何全面管好生产等等。引导讨论活动不断深入。

经过讨论大家发现，大庆油田经过两年会战，到1962年，生产规模越来越大，建设任务越来越重，整个油田，有507口油井和注水井日夜生产，728公里的输油、输气、输水管线纵横交错，21座转油站、注水站、变电站连续运转，3700台主要设备、37部钻机同时工作，16个工地同时施工；5万多名职工天天和油、气、水、机器、地下油层打交道，高温、高压、高空作业特别多，各个环节、各个岗位相互影响又很直接；地上地下时刻都在出现新情况、新变化，千千万万个具体问题需要及时处理，有一点注意不到就要出乱子。

当时生产管理上出现了矛盾，而且越来越尖锐：一方面是职工干劲很大，积极性很高，都想把事情管好，但有劲儿使不到点子上；另一方面是大量的具体事情，迫切需要严格地管起来，但有些事情就是没有人管，生产上显得忙乱，出了不少事故，造成了许多损失。中一注水站失火就是一个突出的例子，事故原因归根到底，是由于无人管理造成的。

讨论中，职工对这个矛盾反应十分强烈，许多工人说："谁都想把生产管好，就是不知怎么管法"，"一天紧紧张张，下了班心里还不放心。"许多基层干部说："整天忙忙碌碌，顾了这头顾不了那头；什么事儿都得操心，还是出毛病。"

把广大干部和工人在大讨论中的意见集中起来，作为主管油田生产一线工作的宋振明同志心里十分清楚，中一注水站的问题不能就事论事，要想办法搞个什么东西，能把千千万万个在生产岗位上的人，同千千万万件必须做好的事联系起来，使千头万绪的油田日常生产能管理得井井有条。认为中一注水站这场大火中暴露出来的问题，主要是生产管理各个环节、各个岗位的责任不清、不明确。要解决当时油田上这一具有普遍性的问题，必须尽快建立起严格的岗位责任制。会战总指挥康世恩不仅充分肯定了这一看法，并亲自提名由宋振明同志带队到北二注水站蹲点写实，抓好典型，指导全局。

二、制度从何而来

建立什么样的岗位责任制，领导手里没有成套的东西，即使有，凭一纸命令公布推行，也是难以贯彻的。怎样才能搞好一套真正解决问题行得通的岗位责任制呢？

宋振明同志反复强调，制定岗位责任制一定要坚持从实际出发，既要从大处着眼，更要从大量的、常见的、看来细小而又直接关系生产和工作效果的具体事情入手；不能花里胡哨图形式，热热闹闹走过场，不能由领导机关或管理部门想当然地定上几条，然后发个文件，让基层奉命执行就算完事。而是要从本单位、本岗位的实际出发，从群众中来，到群众中去，要自下而上，不要由上边包办代替，让群众自己教育自己，这样的岗位责任制才会有生命力，才会促进油田生产的发展而收到好的效果。

起初，选择了10个不同类型的基层生产单位进行试点。宋振明同志带领工作组在北二注水站蹲点。北二注水站职工从自己感到最头疼、最迫切需要解决的问题讨论起，步步深入，针对问题总结经验，首先拟定了一套岗位责

第八章 作风建设及其实践

任制。

开始时,工人提出的问题是:注水站里里外外,设备工具一大堆,究竟有多少,谁也没有数;交接班太马虎,出了问题就扯皮;干起活来团团转,丢三落四没有路数。宋振明同志带领工作组在北二注水站从查物点数开始,把全站15台设备、231个阀门、5793套螺栓、135件工具、55套仪表和48种图表资料,一件一件地查点清楚,按生产流程划分为5个区域8个岗位,再把每个岗位要管理的每件东西和每件事情逐一落实到人,拟定了岗位专责制;接着发现老工人田发林班从未出过事故,他们对自己所管的设备、工具,按照一定的路线,用看、摸、听、嗅等方法定时进行检查,办法很好,就总结了他们的经验。宋振明和工作组就到这个班跟班写实,把他们的检查线路和检查点,一个一个地如实记录下来。发现这个班的37个检查点,都是容易出问题的部位,而每个班上班后每间隔一定时间,都要对这些重点部位逐点进行检查,发现问题及时处理,有效地防止了事故的发生。在总结的基础上,拟定了巡回检查制;一号高压水泵由于连续运转205小时,没有系统检查、保养,发生了掉连杆事故,他们认真分析原因,接受教训,又拟定了设备维护保养制;又针对过去注水的水质化验分析数据常常不全不准的情况,拟定了质量检验制;当时注水站实行三班倒工作制,由于没有明确的交接班制度,以致在马路上、宿舍里和食堂里都可以随意交接班,一旦丢了东西出了事,交接双方互相扯皮影响工作。当宋振明同志了解到苗安安班交接班很少出问题时,又带领工作组到这个班蹲点,跟踪调查,总结了他们提前到岗、"八不交接"等实际经验,从而拟定了注水站"八不交接"的交接班制度。就这样,在宋振明同志的倡导和带领下,工作组和北二注水站的干部工人一起,坚持从最基础的环节和最具体的事情抓起,一步一个脚印,扎扎实实做好"笨"工作,初步形成了以岗位专责制、巡回检查制、交接班制、设备保养制和质量负责制为主体的基层岗位责任制雏形。从此,站上的每台设备、每件工具、每项工作,都有人管,干起活来既不乱,又不露项,工作很快上了轨道。

试点单位搞出岗位责任制的样板以后,深受群众欢迎。通过现场会介绍、推广和组织参观访问,不到一个半月,所有基层生产单位都普遍拟定了各自的岗位责任制。开始时,制度一般定得比较粗,有些环节要求不具体;而有的规定又过于繁琐,主次不分,不容易记,做起来也麻烦。经过多次检查,多次反复,才逐步合理,逐步完善起来。随着生产的发展,随后又增加了安全生产制和班组经济核算制、岗位练兵制等八项制度。

这套制度的诞生,实际上是坚持从生产实践中来,从群众中来,紧紧依靠生产一线工人,总结生产实践经验而来的。否则,就免不了犯主观主义、"想当然"的毛病。经过一年多岗位责任制的建立和实践,大家越来越体会到它的好处。以前管生产,成天处于忙乱、应付状态,哪里出了问题,就到哪里去补漏洞,效果是有的,但总是事倍功半。现在搞好了岗位责任制,等于一下子把千千万万件事,都抓了起来。许多工人反映:有了岗位责任制,干活有了门路,工作有条有理,再不忙乱了。在油田生产上,出现了更扎实、更稳定的局面,生产任务月月均衡完成,工程质量和设备管理越来越好。特别是从1963年4月到年底,全油田没有发生过一次井下事故,全部油井、注水井井底干净,没有掉下一件东西。这是我国采油历史上从来没有过的可喜现象,证明了岗位责任制是管好油田生产的一项根本制度。

从1962年到1964年,宋振明同志在会战工委的领导下,正式肩负起建立大庆油田岗位责任制的重任。他紧紧依靠油田广大干部和工人,从无到有,由点到面,先后组织制定和全面推行了基层生产岗位责任制、基层干部岗位责任制和机关干部岗位责任制,形成了具有大庆特色的以岗位责任制为基础的管理体系。它标志着大庆油田彻底摒弃了"大跃进"和小生产的管理模式,开始步入现代企业管理轨道,使油田上下出现了人人有专责、事事有人管、工作有标准、办事讲效率的巨大变化。广大干部和工人真切地感受到,符合现代工业实际的科学管理,是保证生产有序进行和推动企业稳定发展的强大动力,增强了贯彻执行岗位责任制的自觉性。

三、责任心是岗位责任制的灵魂

岗位责任制的灵魂是岗位责任心。如今,大庆石油人已经把这句话当作一种理念,说在嘴上,放在心里。但很少有人知道,说出这句岗位责任制精髓的人是一位朴实的老工人。

1963年冬季的一天,大雪纷纷扬扬地下着,茫茫白雪在人们面前拉开了一道舞动的白幕。北风呼啦啦不停地刮着,风雪肆虐,整个世界变得恐怖。此时,西水源的设备保养员马登嵩看了看时间,准备去查井,几个同事见他正要

第八章 作风建设及其实践

开门,便上前劝阻:"等雪停了,再去查井也不迟啊。风雪太大了!"可他说:"天气越是不好,设备就越容易出问题。"说完他笑了笑,毅然推开了门。

没有人知道,马登嵩患有严重的风湿病。雪越下越大,风也越来越猛烈了。走啊走,马登嵩感到抬腿越来越艰难了,慢慢地,他终于无力地瘫倒在风雪中,大雪几乎将他埋没。这时,一个过路人发现了他,问他家在哪里,要将他送回家。他却对那人说:"你帮我搓搓腿吧,有知觉了我自己走,还得去查井呢……"就这样,在路人的帮助下,他重新站了起来,又走在查井的路上。果然不出他所料,有一口井发生了深井故障,他迅速进行了处理。幸亏他坚持去查,否则真不知道会发生多大的事故。

事后,马登嵩深有感触地说:"岗位责任制的灵魂就是岗位责任心。"马登嵩就是这样严细认真地严格执行岗位制不走样。

"岗位责任制的灵魂是责任心。"这句话已成为全油田职工铭记在心间的格言式话语,并幻化成自觉行动。

1965年4月的一天,青年徒工姚希先按时来到水电指挥部变电站上夜班。寂静的房间内没有任何人,姚希先在心里想着应该怎么去做,默默地按照要求,认真地进行着例行的巡回检查。一遍、两遍……每检查一遍,他都睁大眼睛,仔细地观察,认真地寻找,生怕漏掉什么。突然,电容器室的电缆沟引起了他的注意,那是什么?地上好像有黑点,凭直觉,他知道那一定是油迹,但即便如此,他也不敢怠慢,生怕忽略了什么,姚希先就是这样像边防战士在国境线上巡逻似地检查着。

姚希先的目光缓缓地扫描着96个电容器。一个、两个……直到96号电容器,终于发现了"敌情":在电容器的背面滴下了一滴油。为了看清楚滴油的情形,他趴在地上观察了一分钟,共有14滴油落在地上。仔细一算,他大吃一惊:一个电容器装的油本来就不多,时间一长,电容器里的油会大大减少,油少了就会发热,就可能发生爆炸,甚至要毁掉这个电站,给油田带来重大的损失……想到这里,他不敢有半点迟疑,立即将情况报告领导。

处理事故的人来了,他们马上采取紧急措施,电容器又恢复了正常。隐患消除了,供电也安全了,人们都说这个年轻人的工作真是认真负责,能及时发现事故苗头,不然后果不堪设想。

这件事很快传了出去,大家感到年轻人做事这么认真的很少见,就问他怎么会这样做。小姚回答得自然而轻松："我的师傅就是坚守岗位、最讲认真的人。我当徒弟的就是要踩着师傅的脚印走。"

"文化大革命"中，掀起了一股否定大庆岗位责任制的黑风。一些人认为，岗位责任制就是管、卡、压，是套在工人脖子上的枷锁，并到处煽动工人停产。但大庆工人并没有随风倒，他们坚守岗位，坚持生产，与这种势力进行了针锋相对的斗争。

1967年初，一伙人在周总理视察过的6丙32井，召开所谓"砸烂岗位责任制大会"，把附近油水井上的《岗位责任制》都撕了下来，上演了一场火烧责任制的闹剧。之后，几个人窜到最早建立岗位责任制的北二注水站，胁迫工人去参加批判会。在场的老工人苗安安斩钉截铁地说："你们撕掉墙上的，撕不掉我心里的。我们该怎么干，还怎么干！"

另外几个人跑到中一队，恶狠狠地质问正在交接班的老工人王友全："你知道不知道岗位责任制是管、卡、压？"王友权回答说："你说的我怎么听不懂！""老王头，你只知道低头拉车，不会抬头看路。"王友全义正词严地说："我只知道岗位责任制是我们自己定的，我只看到我们生产的原油流向祖国各地，心里高兴。"那几个人蛮横地撕下墙上的《岗位责任制》摔在地上，王友全捡起来贴在胸口上，拍着胸脯大声地说："你们撕了墙上的，撕不掉我心里的。想让我们停产，休想！"那伙人灰溜溜走了，油水井站照样正常生产。

岗位责任制已深深根植于大庆石油人的心底，多少年来，大庆人正是以对工作极端负责任的高度责任心，严格按照岗位责任制的要求去做，才保证了原油生产，才保证了大庆这面鲜艳的红旗高高飘扬。

思考题

1. 从"三个面向""五到现场"中体会干部作风在会战中发挥的作用。
2. "三老四严""四个一样"的内涵是什么？
3. 从"岗位生产责任制"的产生过程看会战作风和实事求是精神。

第九章 大庆精神的精髓

第一节 作风是魂 魂系根本

1964年初,大庆石油会战已经取得了辉煌的战果,周恩来总理在第二届全国人大第四次会议上向全世界庄严地宣告:"中国人民把贫油和缺油的帽子扔到太平洋了!"毛主席也向全国发出了"工业学大庆"的号召。作为石油大会战最高统帅、直接指挥者的余秋里,在石油系统局厂领导干部会议上,发表了《关于作风问题》的讲话,他说:"树立'三老''四严''四个一样'的作风,现在看来,效果非常明显,可以说,这对我们石油工业的发展起了很好的作用。"此时此刻,余秋里专题发表的这篇讲话,可见作风问题在他心目中所占位置之重,可视为对三年多来大庆石油会战抓作风建设最真切的体会和最到位的经验总结。

一、作风问题是个大问题

在余秋里长期的革命生涯中,部队政治工作的经历和带队伍的经验,使他深刻地认识到"作风问题是个大问题。"优良的作风是形成部队战斗力的一个重要因素,一个能打硬仗、无坚不摧的部队,必然是作风优良的部队。因此,大庆石油会战伊始,会战工委便将培养良好作风作为职工队伍建设的重要内容。在会战过程中,几乎每次重要的活动或讲话,余秋里都要反复强调作风问题。

1960年4月29日,大庆石油会战指挥部召开了"石油大会战万人誓师大会",大会召开前夕的4月26日,在会战领导小组扩大会议上,余秋里讲到作风问题，特别强调："松辽石油会战这一场硬仗恶仗，没有过硬的作风是不行的！我们的各级指挥员，要有深入细致的工作作风，坚决反对夸夸其谈！我们的职工，要有英勇顽强的战斗作风，提倡刺刀见红的精神；我们的技术人员，要有严肃认真的科学态度，力戒以往犯过的马马虎虎、粗枝大叶的错误……"这个讲话，既是对面临重重困难和艰巨的会战任务的全体会战指战员的总要求，也是针对来自四面八方的会战队伍中参差不齐的作风状况而讲的。

会战队伍来源不同，工作作风各异，加之会战工作处在野外，小而散的工作环境，使石油职工缺乏大兵团作战的严格规范系统训练，致使石油队伍和部分石油职工中存在着一些不好的作风和习惯。主要表现为：工作不细，粗糙简单，经不起分析检查，经不起连问几个为什么；工作不深入，办事拖拉，工作抓得不紧，抓得不狠；工作不认真，大而化之，放任自流，得过且过；遇到工作和问题时，不调查，不研究，不分析，粗估冒算，满足于平均数字和表面现象；工作中有布置而无检查，不善于总结经验教训，做好了说不出道理，做不好也道不明原因。这些问题，在一些干部身上表现比较突出，这种又粗又松、马虎凑合的作风，害处非常之大，为石油会战的艰巨任务所不容。在4月29日召开的"石油大会战万人誓师大会"上，余秋里又进一步强调指出："一定要树立一种猛攻猛打，雷厉风行，严肃负责，密切联系群众，扎扎实实，生气勃勃的工作作风；要发扬党和毛主席教导的吃苦耐劳，艰苦奋斗，勇于实践，顽强克服困难的革命精神；要有把困难留给自己，把方便让给别人的共产主义风格。"

会战展开后，针对工作中出现的一些不好的苗头，会战工委始终把队伍作风建设放在首位。从1960年底到1961年初，石油工业部党组在总结大会战和石油工业工作时，专门分析了队伍作风状况。根据分析的结果，余秋里在1961年初召开的石油局厂领导干部会议上，用较多的篇幅集中地讲了作风建设问题。他说："我们到底要树立什么样的作风呢？要树立一个高度负责、严肃认真、勇于实践、勇于革命、实事求是、联系群众、扎扎实实、刻苦顽强、能打硬仗、苦干实干的作风。我们搞油的队伍，工种多，工艺过程复杂，科学性强，材料很多，没有一个好的作风，做出的事情就不可靠。"1961年5月10日，余秋里在松辽干部大会上讲到作风时说："工作作风，本来是一个看不见的东西，可是它却是客观存在。一个好的作风，对我们有着长远的作用和深远的影响。哪个单位的作风扎实、紧张,既负责,又严肃、又认真,这个单位的工作就会好;哪个单位的作风马马虎虎,拖拖拉拉,松松垮垮,稀稀拉拉,这个单位的工作也就松松垮垮,随随便便,拖拖拉拉,马马虎虎。"1962 年 12 月 25 日,在全国石油直属企业电话会议上的讲话中,余秋里以《进一步培养一个好作风》为题,再次讲到作风问题,他说:"作风问题,这几年我年年讲,处处讲,次次讲,今天我还要讲!不讲不行!培养一支好的队伍,树立一套好的作风,是我们搞石油的实际工作特点所决定的!我们的工作是既艰苦,又复杂,一不能偷懒,二不能马虎,没有一个好作风是不行的!"

就这样,从会战一开始,石油工业部领导和会战工委就紧抓作风问题不放,形成了从上到下讲作风、抓作风的局面,进而在工作实践中逐步培养和形成了"三老四严""四个一样""三个面向""五到现场"等优良作风。对做好各项工作,高速度、高水平地拿下和开发大庆油田,起到重要的作用。

关于作风问题,讲的最集中、最全面的,应该算是 1964 年初,余秋里在石油局厂领导干部会议上所做的《关于作风问题》的讲话。这个有关作风的讲话,可以看作是余秋里多年来关于作风问题讲话的集大成者。根据大庆职工树立"三老四严"作风的情况和经验,他说:"从这几年的实际工作中,我们感到'三老''四严''四个一样'的作风,其最核心问题,就是要在一切工作中抓得严,抓得细,抓得准,抓得狠。否则好作风就不能形成。"在这个讲话中,他不仅提出了"严细准狠"是形成好作风最核心的要件及带有普遍性的问题,还指出了干部在好作风形成中的作用等问题。

二、好作风是干部带出来的

大庆人认为,一个队伍的好作风,不是自发形成的,也不是靠上级领导做个决定、下道命令形成的,更不是靠文件和制度规范出来的,而是在长期的实践中,靠领导干部的严于律己、以身作则的好作风带出来的。培养队伍的好作风,关键是干部带头,有什么样的干部,就能带出什么样的队伍,培养出什么样的作风。

余秋里在《关于作风问题》的讲话中,在讲到有关"严"的问题时指出:"严,领导自己首先要严,领导自己不严,糊里糊涂,得过且过,即使天天吼'三老''四严',那也是空的。下面总是看领导的,领导不严,下面就更松松垮垮。因此,严,就要从领导干部严起,领导干部一定要以身作则,处处严格,事事严格,只有这样才能把好作风带出来。"大庆石油会战的事实证明,如果没有领导干部以身作则,处处带头的过硬作风,就不会有石油职工"三老四严""四个一样"等严细准狠的好作风。

领导干部一切从严。会战前夕,从余秋里将办公室沙发搬向卫生室而产生的"三项硬性规定"的出台,到领导干部亲临前线,一切为了生产,"三个面向""五到现场",大大激发了广大职工"四不为",即不为名、不为利、不怕苦、不怕死,一心为会战的奉献精神。从"约法三章"到"四个公开",即思想公开,有问题摆到桌面上来,不隐瞒自己的观点,不搞背后议论;缺点公开,严于解剖自己,不护短,不怕丑,积极开展批评和自我批评;工作公开,及时向党委汇报工作,经常互通情况,有事共同商量,加强集体领导;生活公开,严格要求自己,不搞特殊化,不干见不得群众的事。这些规定的出台及严格执行,密切了领导和群众的关系,防止了干部特殊化,受到广大职工的欢迎,为好作风的形成打下了坚实的群众基础。

干部的言行,就是群众无声的行动。会战一开始,石油工业部领导就把高速度、高水平地拿下和开发大庆油田与建设一支觉悟高、技术精、作风好、能打硬仗、特别能战斗的队伍作为会战的主要目标。在1960年4月9日至11日召开的第一次油田技术座谈会上,石油工业部就提出,高技术水平就是要在完成20项技术资料的工作中做到"四全四准"。所谓"四全",即录井资料要全,测井资料要全,取心要全,分析化验要全。所谓"四准",即仪表要校正准确,各种压力要测得准确,油气比要量得准确,化验分析和各种资料要准确。要把大会战中的实践提升到理论,创造新学派,为我国石油工业的发展创出一条新路。为此,余秋里和康世恩经常深入一线调研学习,促使技术人员、各级干部以及工人群众认识到自己工作的重要性,更加认真、更加精细、更加严格地做好科研技术工作和其他工作。在会战中,对工作好、作风好的同志,给予热情支持,大会小会表扬,大张旗鼓地宣传,以提倡他们的好思想、好作风,如会战初期,开展的"学习'铁人',人人争做'铁人'"活动。对于马虎凑合、不下苦功夫、说不清情况、做不好工作,以及不负责任、造成损失的同志,及时进行严肃的批评,不留情面。有时甚至召开千人以上现场会,进行批评教育。这样既使他们接受了教育,又使其他同志受到启发,避免犯此类

第九章　大庆精神的精髓

错误。对于这种做法，有人开始想不通，不理解。针对这种情况，余秋里在一次干部会议上说："对干部要求严一点好，还是宽一点好，我认为严一点好，为什么？因为干部是各个岗位上的领导者，各项工作任务要靠他们带领广大职工去完成，党的优良传统、优良作风要靠他们传帮带，俗话说上梁不正下梁歪，干部作风不好，带出的必然是作风稀拉松垮的队伍。"因此，一个单位工作中出了问题，会战工委首先要抓领导，追究领导的责任。在大庆石油会战期间，工委领导很少批评工人和基层干部，但批评过不少二级单位和会战指挥部的一些领导干部，且从不留情面。只有促使领导干部首先严格要求自己，以身作则，再通过他们严格管理职工，才能把整支队伍的好作风带起来。

正是在会战工委的严格要求下，各级领导干部和机关工作人员，认真贯彻落实"三三制"的工作要求，落实干部蹲点联系制度、顶班劳动等规定，同广大一线职工同吃、同住、同劳动。不但密切了干群关系，鼓舞了大家的劳动热情，而且在劳动和生产实践中，也发现总结、树立和推广了很多严细成风、具有感召力及具有推广意义的典型经验和先进人物事迹。如采油三矿四队严细成风的"三老四严"作风；32139钻井队狠抓"三基"工作，苦练真本领、硬功夫；有"硬骨头车队"之称的运输二大队三中队艰苦奋斗的先进事迹。这些都是在干部蹲点、巡回检查中被发现并推广开来的。

好作风除了领导干部以身作则、身先士卒外，广大基层干部在培养作风方面起着直接的、重要的作用。基层干部是直接带队伍的，他们的一言一行，对群众的影响最直接、最具体。从一些典型单位的实际看，凡是队伍作风过硬的，干部就能以身作则，处处起表率作用。如严细成风的采油三矿四队队长辛玉和对每一盘长达1500米的清蜡钢丝，都要亲自用放大镜一寸一寸地检查，换个刮蜡片都是亲自跑到井上，当一个一个试验合格后才准使用。"四个一样"的创立者李天照井组组长李天照，不管刮风下雨，还是黑夜白天，总是按时上岗巡回检查，他说："要叫工人做到'四个一样'，干部必须首先做到'四个一样'。"号称"永不卷刃的尖刀"的1202钻井队，从1952年成立到1963年间，共钻进尺15万多米，在全国名列前茅，他们之所以能取得这样的成绩，主要是这个队伍有个好作风，尤其是干部以身作则、严以律己，哪里最危险，哪里有困难，干部就能顶上去。虽然这个队自成立起先后换了三任领导，输送出40多名干部，但是好的作风却一代一代传承。

无数事实证明，有什么样的干部，就能带出什么样的队伍。作风培养，身教重于言教。干部以身作则，严以律己，冲锋在前，退却在后，哪里有困难，哪里最关键，哪里最危险，干部就顶上去。各级干部的一言一行、一举一动都为群众树立了榜样，就能带动群众向领导看齐，进而树立起好作风。在大庆石油会战中，广大职工对以身作则、起模范带头作用的干部，有很多形象的比喻和评价，如"队伍好不好，关键在领导；班子行不行，先看前两名""工人身上有多少泥，干部身上就有多少泥""干部心中装着工人，工人心里就装着企业"等。正是在各级干部优良传统和过硬作风的带动下，以"三老四严"为核心的会战作风才深入人心。

三、培养作风就是培养战斗力

作风是构成队伍战斗力的重要因素，培养作风实际上就是培养队伍的战斗力。作风作为一种精神，它看不见，摸不着，但作风的好坏对队伍的战斗力和工作状态，却有着直接的重要影响。

大庆石油会战的实践证明，以严、细、准、狠为中心的优良作风一旦形成，就会变成巨大的物质力量。正所谓涓涓细流汇成大海。会战初期，尽管困难很多，但由于对好作风的不断提倡和要求，职工才有了高度的自觉性和主人翁精神，把革命精神和科学态度相结合，取得大量齐全准确的第一性数据资料，把地下油层情况搞得清清楚楚；钻井工程和油田地面建设工程质量不断提高，重大项目做到试车投产一次成功；油井、注水井管理得井井有条；道道开发难题不断被攻克，原油产量不断提高。各项工作持续推进，顺利发展，所有这一切，若没有革命精神做支撑是办不到的，若没有科学态度是办不到的，若没有"三老四严"的作风更是办不到的。

然而，在"文化大革命"中，"四人帮"把大庆的基本经验统统攻击为修正主义的东西，把"三老四严""四个一样"及"岗位生产责任制"污蔑为套在工人脖子上的精神"枷锁"。他们叫喊"烧掉一切制度，彻底解放工人"，其恶劣行径使生产管理极度混乱。1967年9月9日，我国第一套现代化的炼油设备——大庆加氢裂解装置发生爆炸，这次事故死亡45人，伤残58人，以后又发生了价值百万元的橡胶库失火等一系列重大恶性事故。事故频发致使生产、管理、科研一度处在无序或瘫痪状态。到1970年，大庆油田出现了压力

第九章 大庆精神的精髓

下降、油层产量下降、原油含水率上升的"两降一升"严重情况,导致月月欠产,完不成国家原油生产任务,广大干部、工人心急如焚。

周总理听到大庆受到破坏的情形时十分着急,便于1970年3月11日把铁人王进喜同志请到北京,亲自听取了铁人的汇报,沉重而关切地说:"大庆的情况,我已经了解了。"3月18日,周总理在石油工业部军管会报送国务院的《关于当前大庆油田主要情况的报告》中批示:要保护好大庆油田,要加速解放大庆的干部,特别强调大庆不要忘本,要恢复"两论"起家的基本功。这一简短批示饱含着周总理对大庆基本经验的肯定和对油田生产极大的关注与支持。

周总理的批示极大地鼓舞了大庆广大职工。时任大庆石油会战领导陆续恢复工作,积极组织油田职工深入开展学"两论"、忆传统活动,大力提倡和恢复"三老四严""四个一样""岗位生产责任制"等优良传统和作风。组织干部及几万工人对油田进行了空前的大规模调查,重新核实、补取了大量资料、数据,摸清了地下油藏情况;组织了抢建843口油水井的会战,继而进行了萨尔图、杏树岗老区的开发调整,大打以注水为基础的综合调整、挖潜"攻坚啃硬"仗,到1972年下半年基本扭转了大庆油田地下被动局面。1973年组织了开发喇嘛甸新油田的会战,为大庆油田年产上5000万吨创造了有利的条件。

以上事实证明,再好的传统和作风,如果得不到继承和发扬也是枉然,我们的事业就会遭受损失。好的传统和作风,是我们事业胜利的根本保证。好作风能够起到领导人员或生产管理制度起不到的作用,能有效弥补生产管理的不足。有了好作风,队伍便能一呼百应,指哪打哪,不管做什么事都能做好。好作风,能使每个队、每个班,甚至每个人都严格自律,依规办事。因为他们心里装着理想,肩上扛着责任,手里提着事业,遇到困难就不会屈服。好作风,就是扎扎实实地搞工作,不搞形式主义。只有这样,各项制度才能贯彻执行,各种任务才能很好地完成。紧紧抓住作风问题不放松,可以说是余秋里集一生思想政治工作经验之大成,也是大庆石油会战取得胜利的法宝。

第二节 好字当头 严细成风

但凡对大庆石油会战历史和大庆精神有所了解的人,当读到余秋里《关于作风问题》一文时,都会为他反复强调的"从这几年的实际工作中,我们感到'三老''四严''四个一样'的作风,最核心的问题,是工作中带有普遍性的问题,就是要在一切工作中抓得严、抓得细、抓得准、抓得狠。否则,好作风就不能形成"所触动,为余秋里对"严、细、准、狠"四字的论述所折服。

一、世界上怕就怕"认真"二字

余秋里作为一个从战火烽烟中走过来的将军,素来以严厉著称。石油工人们永远不能忘记:他在困难时期走进食堂,关心大家温饱的情景;在劳动的现场和工地上,那个挥动着有力右手的独臂将军的身影。然而,大家也几乎都感受过余秋里"刮胡子不打肥皂"(指余秋里批评人不留情面)的滋味。这个以严著称,以严立威,以严格的要求和雷厉风行的作风树立起科学求实、"三老四严"等优良作风的石油系统掌舵人,在《关于作风问题》4320字的讲话中,讲"严"用了1609字,可见他对"严"的理解之透彻,体会之深刻,也说明了"严"在他心目中占据至高位置。

在讲到为什么严时,他说:"严,是现代化企业的客观要求。一个企业有了严的作风,工作就会井井有条,产品质量就好,做事情就有个规格。反之,生产秩序就会不好,产品质量就差,问题就多。"要做到严,就要思想领先,"严"字当头。正如毛主席教导的那样:"世界上怕就怕'认真'二字,共产党就最讲认真。"严,就是要严格要求,就是要"最讲认真",绝不马虎、凑合、不在乎。对工作严肃认真,一丝不苟,干什么都有个高标准,不降格以求,不满足现有水平。什么事情只有认真去做了,才能做成,做好。一旦出了差错,绝不迁就。会战初期,取岩心少取一厘米,射孔误差一厘米,油井资料相差零点几都要重来,让人信得过;录取砂样丢了标准层,预制大梁宽了5毫米,都要开上千人大会,严肃地进行批评。

"严"字当头,严格要求,绝不是惩办主义,也不是命令主义,不是吹胡子瞪眼,而是对问题不马虎,对原则问题不让步。培养好作风,一靠教育,二靠严格要求,把严格要求与耐心说服教育结合起来,在严格要求中以理服人。严格要求,要具备三个条件:一是领导干部要把问题吃透,正确指挥,指挥不正确就严格不起来;二是领导干部要有个"婆婆嘴",通过无数的正面和反面

第九章 大庆精神的精髓

的事实,坚持对职工进行教育;三是要启发职工的自觉性,互相教育,互相监督。

有了严格要求的作风,人们就会在工作中形成一种动力。余秋里在讲到"严"的作用和意义时,连用15个排比句,他说:"领导严,大家也严,就会出干劲;严,就可以出责任心;严,就可以出战斗力;严,就可以出规格;严,就可以出高标准;严,就可以出好产品;严,就可以出技术;严,就可以出办法;严,就可以出好风气;严,就可以使自由主义、个人主义没有市场;严,就可以把歪风邪气打倒;严,就可以避免错误;严,就可以保证思想上、政治上一致;严,就可以保证行动上一致;严,就可以保证团结。"

讲严,不单是工艺上的严,而在政治思想上也要严,在原则上不让步。严,就是按党的原则办事,按标准办事,按工艺规程办事。因此,严格要求不仅是生产管理的需要,也是国家建设和各项管理工作的普遍需要。所以,必须把严格要求建立在对职工队伍耐心教育、启发觉悟的基础上,使职工认清严是对党、对国家、对人民、对企业高度负责的表现,从而严出干劲,严出责任心,严出高标准,并形成一种风气。

大庆源远流长的企业文化,不仅蕴含着中华民族自强不息精神的源头,也是教化民心的起点。大庆企业文化的核心是大庆精神,即大庆企业职工共同的价值观念及工作作风、道德准则的集中体现。"三老四严"中的"严"字则具体表现为:工作一丝不苟,认真负责,讲究科学,脚踏实地地做好本职工作的求实精神。

二、没有调查就没有发言权

一个现代化的企业,如果没有严格的要求和严密的组织,工作中如果没有严肃认真的态度和严明的纪律,就无法适应和满足现代化企业的基本要求,也无法培养和造就出一支作风过硬、有战斗力的队伍。严,是做好一切工作的前提。同样,要闯出一条适合中国实际的现代化石油企业的建设和管理道路,就必须对企业基本情况和问题有深入细致的了解,做细致周密的工作,这就是余秋里所讲的"细"。

细,就是工作要细致踏实,不能粗枝大叶,做到精雕细刻,像绘画、绣花一样。石油工业地下作业多,高温高压作业多,隐蔽工程多,生产工艺复杂,许多问题要依靠大量资料分析、判断,必须十分细致,肯下苦功夫,有一股细劲儿。抓细了,做细了,情况就能了解得全面、真实,工作就会比较符合客观实际,就能出高质量、高水平。如果不细,就会搞乱搞错。

1960年7月,会战领导小组决定成立地层对比研究大队,康世恩要求:"石油工作者的岗位在地下,斗争的对象是油层。要准备做百万次分析,百万次对比,要一粒砂子一粒砂子地对比,一块石头一块石头地对比。要下苦功夫,做笨事情,只有这样才能对千米油层了如指掌。"研究人员白天到井上收集资料,晚上趴在床铺上或者自己搭的木架子床上进行分析对比,绘制图表。他们用上百口井的资料、上百万个数据,对油层进行分析,经过2000万次对比,弄清了大庆油田分4大系统、48个小层的非均质面貌。这套独特的分小层研究方法,是一个发明创造。运用这套方法可以把油层大小、薄厚、好坏,按不同的小层情况搞得一清二楚。后来,他们把研究成果做成模型,就像把千米以下的油层搬到了地面,在群众中大办"地宫"。

准,就是问题要看得准,工作抓得准。这实际上是正确决策问题、正确指挥生产的基础。如果看不准、抓不准,就要犯主观主义错误,就要瞎指挥。1958年的川中会战,就是因为只看到南充、蓬莱、龙女寺三个相距40~100公里的构造上分别喷出高产油流,就头脑发热,匆忙决定组织川中会战,结果碰了钉子。松基三井喷出工业油流后,石油行业群情激昂,余秋里却冷静地向地质专家们、勘探工作者们提出了反面意见:过去的教训告诉我们,一口井出油不等于一个构造出油,几个构造出油并不等于连片出油,一时高产并不等于能够长期高产。他要求大家通过仔细的工作来回答:究竟这个油田是大油田还是小油田?是活油田还是死油田?是好油田还是坏油田?带着这些问题,事先在现场做了认真地调查研究,对地质资料进行了详细地分析,在这个基础上把情况搞清了,问题看准了,才能下决心。避免了因头脑发热,再犯主观主义的错误。

要准,就要对党的路线、方针、政策和上级指示认真学习、全面理解、吃透精神,并能结合本单位实际正确贯彻执行。准的前提是情况明,毛主席说过:"没有调查就没有发言权。"他又说:"指导员的正确的部署来源于正确的决心,正确的决心来源于正确的判断,正确的判断来源于周到的和必要的侦察,和对于各种侦察材料的连贯起来的思索。"所谓侦察、思索,就是调查研究。要准,就要深入一线,深入基层,深入实际,深入群众,认真做调查研究,吃透下头的情况。

会战初期,会战工委明确指出:要高速度、高水平地开发大油田,单靠20世纪50年代采油工人的"三大法宝"——管钳、油嘴、压力表是不行的,只是清蜡、扫地、量油测气也是远远不够的,必须下决心取全、取准各种资料数据。通过地面工作,弄清地下情况,又根据地下情况,决定技术对策。广大职工坚持把高度的革命精神与严格的科学态度结合起来,对地下情况大搞调查研究,录取大量、准确、齐全的第一性资料,在此基础上,又通过大办"地宫"的方式,把采集的大量数据和资料变成曲线、图表、模型等形式,生动、形象地展现出油井和生产动态,使千米地下的油层以通俗易懂的形式表现出来,既打破了油田开发和油田地质工作中的许多神秘现象,又提高了群众重视第一性资料的积极性。干部、技术人员和工人一起认真分析研究,使其认识更加接近油田的客观实际。据1963年统计,全油田共钻井取岩心13407米,测曲线2万多条,测压力4万多次,做岩样分析553万个,分析化验160万次,地层对比1744万次。正是由于重视调查研究的基础资料和科学实验,大庆油田开发中,各种开发难题被不断突破,采油工艺和技术水平持续提高。从会战初期的常规注水到1961年开始研究分层注水工艺技术,1963年研究成功"糖葫芦封隔器";从分层注水到分层采油;再从1964年的"四定三稳迟见水"到1966年推出"六分四清"。这一整套分层开采的新技术和新工艺,创出了油田开发的新水平。

根据非均质多油层的特点发展起来的"六分四清"分层开采工艺技术和科学方法,在油田开发史上可以说是一个光辉的里程碑。"六分四清"这四个字,是世界油田开发史上从来没有过的全新概念,其中包含的内容宽泛而又系统,科学技术的含金量之高,令国际同行瞠目结舌。"六分"是要求对每一个采油区块的每一口井做到:分层注水、分层采油、分层测试、分层研究、分层改造、分层管理。"四清"是指每一口油水井要分别做到:分层注水量清、分层采油量清、分层出水状况清、分层压力清。"六分"和"四清"是相辅相成的有机体,"六分"是技术手段的综合运用,"四清"是对录取资料的具体要求。"六分四清"理念的提出,是大庆油田广大科技人员学习唯物辩证法,以毛主席《实践论》和《矛盾论》哲学思想做指导,认识大庆油田地质情况,掌握地下油水运动规律,由量变到质变的一次飞跃。闭着眼睛采油的时代一去不复返了,取而代之的是运用自然规律,掌握主动权,按照人的意志调度注入水从而驱赶石油有计划流向采油井。

三、让严细成风

严细准狠是"三老四严""四个一样"作风的具体表现。一个好作风的实质,就是把革命精神和扎扎实实的工作态度具体化,成为人们日常行动的准则和自觉的行为。在大庆石油会战中,广大干部群众以高度的责任心,自觉从严,让严细成风,涌现出一批批先进典型。

钟其权看岩心冻残手指的故事

1960年,为搞清油层分布状况,急需建立油层岩性、电性和物性关系图版,这对大多由刚毕业的大学生组成的对比队来说,难度非常大。松基三井的主要设计者之一、时任油田研究院油层对比队长的钟其权鼓励大家说:"现在油田上钻了这么多取心井,只要我们下功夫,认真观察描述,准能把油层的分布情况搞清楚。"从那年秋天起,他带领大家深入一个又一个井场,手拿放大镜,对照电测曲线,一遍又一遍地观察描述岩心,由于野外异常寒冷,每次看岩心手都被冻得又红又紫,但他全然不顾。就在那年冬季,他的左手小拇指因严重冻伤烂掉了一截。钟其权的事迹,极大地鼓舞了对比队的全体人员。到1962年,他们观察描述岩心13000多米,进行地层对比1740余万次,建立了"旋回对比,分级控制"的油层对比方法和岩性、电性、物性关系图版,把油田的地质研究提高到一个新水平。

三进水塘取数据的事迹

1962年,油田设计院青年技术员胡学尧在集油管线现场发现设计图纸中的地势情况与实际地势"变了样",勘察设计时这里是一块低洼地,可现在却变成了一个大水塘。他毅然决定重新设计,让管线在水塘中水浅处架空通过。

管线在何处穿过合理?管墩的基础要多高?水塘下面砂质如何?这些难题,资料书本上找不到,只有实地调查,胡学尧决定亲自下水塘去测量。他脱了鞋袜,卷起棉裤腿,蹚过边缘尚未融化的冰层走进了水塘。当他的双脚一插进冰水里,就感到一种透彻骨髓的凉,心里打颤,身上打哆嗦,走了几步就觉得受不了,急忙回身跨上岸。然而困难并没有吓倒胡学尧,第二天他打着赤

第九章 大庆精神的精髓

脚，拄着小棍，踩着浮在水面上的施工备用管线，走过水塘，每隔6米远，他用木棍探测一次。取完数据回来分析，他发现踩着管子探测用不上力，资料不可靠，决定再下水塘。第三天胡学尧脱掉棉衣棉裤，跳进冰冷的水塘中，每隔6米测量一下，在水中往返测量整整40分钟，测了30多个点，取得数据90多笔。上岸后，大家忙着给他擦干身上的水，披上棉大衣。一位工人动情地说："小伙子真能干，这才是咱们自己的大学生。"胡学尧已经冻得说不出话，但他心里却感到从未有过的踏实。有了第一性资料，胡学尧当晚就确定了管线穿越的方案和线路，设计出管墩的基础施工图。

万里测温战风雪

大庆地处高寒地区，原油的凝点又高，要把原油运出去，就得在油库给原油加温。为了弄清大庆原油在长途运输过程中油温和沿途风速、气温的变化，给原油加温提供更科学的设计数据，设计院把随油罐车测温的任务交给了助理技术员蔡升和实习员张孔法。两个人接到任务于大冷天便出发了。就这样他们在没有任何保温措施的油罐车内开始了艰苦的测温工作。每隔一小时，他们就轮流探出身去，把风速仪和温度计伸向外面测量一次风速和气温。每到列车停车，他们又拿出温度计，爬到油罐车顶上测油温。车顶上毫无遮挡，风雪又大，每测一次身体都被冻得浑身麻木。但他们从不马虎，每次都坚持二三十分钟，把数据测准。他们就这样从大连到大庆往返了5次，行程达1万多公里，最终测得了风速、油温、大气温度等2800多项数据，掌握了油温变化的规律，获得了科学的设计依据，为国家节约了大量的资金和钢材。

一公分见精神

1963年6月14日凌晨，正在值夜班的射孔中队共青团员、助理技术员金世英，接到大队转来的一份射孔测井图，并对这张图进行查对。在查对中，细心的他发现测井图上面标的井口四通高度是43公分，而通常四通高度是44公分，怎么少了一公分？他想，射孔虽然允许有一定的误差，但那是在地下真正无法防止的情况下才允许的，而这一公分的误差可是在地面上，绝对不能马虎，一定要搞清楚是怎么回事。

想到这里，金世英"腾"地从椅子上站了起来，他不顾值夜班的疲劳，直奔大队调度室查对井号和射孔时间。调度告诉他，作业队已经上井了，并且这口井当天就要射孔。听到这个消息，金世英的心里"咯噔"一下，他赶紧又跑向地质室，一阵急促的拍门声叫醒了地质员，两人翻出射孔设计书和汇报记录本，终于查出测这口井的是测井7队，可不巧的是这个队了解情况的人也到井上去了。

跑完这几个地方已经是早上8：00了，一天一夜没合眼的金世英异常疲惫，肚子也发出"咕噜咕噜"的抗议声，怎么办？他想，就这么算了吗？不行！既然自己已经发现了问题，就必须要负责到底，怎么能让差错在自己手里溜走了呢。金世英马上回到值班室，带好图纸和卷尺，一路小跑着赶到了井场。这时，射孔工作已经就绪，他急忙赶上前与相关人员说明了情况，在其他同志的帮助下，进行了实地测量，实测结果是44公分。就这样，金世英先后跑了6个单位，询问了9个人，往返奔波了40多千米，连续工作了30多个小时，终于消灭了这一公分射孔深度的差错。

像这样严细成风的事迹还有很多，如五好井组标杆中6-23井井长陈淑英，在大搞"六分四清"活动中，在一次量油时，发现比往常多了5秒，他反复计量，并从地下分析入手查找出原因，提出让千米油层听调遣的措施。他们严细成风，5年多录取资料57万多个，上下对口，没有差错。岗位生产责任制的创立者之一、北二注水站班长苗安安，一天深夜，像往常一样，进行交接班前的巡回检查。他像给病人检查病情一样，对设备的每个部位，哪怕一颗小螺丝钉都认真查看一番。查完，他认为一切正常便心情愉快地准备回值班室接班，不料在经过水泵的电动机底座时，突然觉得脚下有轻微的震动，立即引起了他的极大注意。为了弄清情况，他蹲下来看着表，仔细观察，足足蹲了半个多小时，终于发现每隔七八秒，脚下就轻微地震动一下，他把电动机底盖打开，反复检查了几遍，终于搞清是电动机轴承瓦磨损所导致的异常情况。由于及时发现和迅速处理，一场烧瓦停泵的事故得以避免。

1961年夏天，罗1218钻井队在西区打开发生产试验井。一天，钻机正在正常钻进，井口突然发生了塌陷，钻台上的方补心掉进井口的陷坑里。这个陷坑虽然不大，却有三米多深，里面灌满了泥浆水。如果不及时把方补心捞上来，钻机就无法继续钻进，轻则影响生产进度，重则要造成这口井报废。见此情景，平时默默无闻的青年工人成宗金奋不顾身跳进了井口的陷坑，还没等别人弄清怎么回事，他一下子就沉到了泥浆池里。由于泥浆密度大，浮力大，只下沉一半又浮了上来。他手扶钻杆，先后三次憋气沉入泥浆中，把方补心打捞

第九章 大庆精神的精髓

上来。等大伙把它拉上水面时,他已昏了过去,过了好一会,他才苏醒。

在大庆,像这样严细成风的事例还有很多。事实证明,"三老四严""四个一样"的作风,一旦被群众所掌握,就会成为群众的自觉行动,从而发挥出高度的觉悟和勇敢的拼搏精神,使工作蒸蒸日上,日新月异,使生产蓬勃发展,不断跃进。

第三节 踏石留印 抓铁有痕

抓作风建设,不仅要抓得严,抓得细,抓得准,还要抓得狠。狠,就是在抓住主要矛盾以后,要雷厉风行,抓就抓紧,抓就抓死,一抓到底,毫不放松,务必抓出成效来。对一个问题,一件工作,只要情况清楚了,看准了,就要下定决心,大刀阔斧地去干,不管刮什么"风",再大的困难也要打上去,绝不能半途而废。改正缺点错误,也要狠。有了缺点错误,要勇敢地承认,及时改正。

一、狠,是雷厉风行

石油职工队伍是一支好队伍,但是由于历史原因,一部分石油职工身上存在一些不良作风或习惯,用两句话概括,叫作"一粗二松三不狠""马虎凑合不在乎"。这种又粗又松、马虎凑合的作风,危害非常非常大。生产建设上很多问题的发生,诸如工程质量不好,造成返工,或留下后患;资料取得不全不准,影响对地下油层情况的正确认识;工作计划不周,组织松散,事故频繁,完不成计划任务,以及许多应该做好的事情没有做好,等等,往往都与此有关。

冰冻三尺,非一日之寒。作风问题具有顽固性、反复性,于旧的习惯势力之下长期形成的痼疾顽症,不能在短期内消除。解决这些问题,就要有一股狠劲,就是雷厉风行,说干就干,干就干好,抓就抓死,一抓到底,一定要搞出结果来。

好作风是在同习惯势力作斗争中产生的。习惯势力常常是习以为常、察觉不到的。如果没有高度的自觉性,就很难去掉它。有一次,王进喜同志到井场检查工作,一眼看到一个工人用油去擦机器,然后将满手油污擦在身上,王进喜觉得这是个坏作风，应该改掉，就提出了批评。这个工人说："我第一天到井场，看见师傅就是这样做的。"王进喜又找来师傅，批评他没有带好徒弟。师傅说："当初我学徒的时候，看着你也是这样做的。"王进喜听到这句话，马上检讨自己的老毛病："你们千万别跟我学这种坏作风。"此后，他随时随地注意克服自己的老习惯、老毛病，他经常给工人讲这件事。不破就不能立，不去掉老毛病，就不能培养出好作风。为此，他们还把老毛病列榜，贴在床头上或值班房里，领导检查，群众监督，改一条减一条，犯一条加一条，使老毛病没有容身之地。

抓作风建设，要天天抓，时时抓，年年抓，要狠抓到底。从日常的、大量的、细小的问题抓起，从具体工作上狠反老毛病。如油田开发研究室的技术干部，有一次画了一张向油田总部领导汇报的图纸，漏掉了像小米粒大小的6口油井。针对这个问题，研究室主任和党支部书记带领大家一起检查讨论了两天。为了使每个人记住这个教训，大家决定毁掉这张图纸，他们把这张图纸剪成若干小块，分给全室每人一块，把自己的缺点写在上面，保存起来。以后，每月把这天当作"纪念日"来过，认真检查一次工作上的缺点。

对于在生产实践中总结、提炼出来的一些好的制度和规定，在具体执行中也要抓紧抓狠。只有这样，才能抓出成效。如大庆的基层岗位生产责任制，就是通过毫不放松、一抓到底的方式抓出来的。

有一次，机房工人胡宗正接梁景荣的班，发现减速箱上的6个螺丝丢了一个，是梁景荣另找了一个配上了。胡宗正说："这可不行！"一定要梁景荣把原来的那个螺丝找来，如果坏了也要拿来看看。因为如果那个螺丝丢到齿轮里去，就会造成大事故。一个小小的螺丝，那么小，上哪里去找呢？但是，胡宗正坚持非找不可。梁景荣不知费了多大力气，最终把那颗螺丝从地板缝里找了出来，这才完成了这次交接班过程。

一天傍晚，运输二大队三中队"硬骨头"车队完成了全天的紧张任务，满载着胜利的喜悦而回。停车场上顿时热闹起来，小队长张廷栋特意到青年司机小宋的车旁，看他"例行保养"做得怎么样。小宋蛮自信地说："车子开出去不抛锚，开回来就是五好。"张庭栋听这话有点不对头，就爬到车底下细心检查，发现大箱螺丝松了半扣，需要拧紧。而小宋却不以为然，他认为：汽车这玩意儿成天颠簸，哪有不松个一扣半扣的？张廷东耐心地对他说："例行保

第九章 大庆精神的精髓

养制度是管好车辆的基础,执行时绝不允许有半扣之差。万丈高楼的基础如有一脚不牢,就有倒塌的危险。而且半扣之差,也会败坏作风,今天紧了半扣,正是为了今后万里行车。"

这种从具体工作上狠反老毛病、坏习惯,把培养作风落实到生产和各项工作中去的做法,就是用制度和规定把好作风巩固下来,这对作风的培养和建设有着重大作用,也只有这样,才能不断地克服习惯势力,逐步改掉老毛病。

二、狠,是担当

狠,就是面对"一粗、二松、三不狠"的老毛病,也就是说工作粗、不扎实,松松垮垮,抓不起来,特别是有的领导干部抓问题抓而不紧,抓而不狠,搞工作搞不彻底。这是很严重的问题,要解决这些问题,如果没有一股狠劲,没有敢于斗争、敢于同不良作风叫板的担当精神,是抓不出好作风的。因此,必须在实际工作中善于抓住苗头,不断地狠反老毛病。不反掉老毛病,就不能培养出好作风。

对于大庆石油工人们来说,有一个永远不能忘记的日子,那就是4月19日。这个日子,是著名标杆队1205钻井队于1961年4月填死了一口井斜超过标准的井而值得铭记的日子。

1964年春天,会战一打响,钻井事故接连发生,名列"五面红旗"之首的1205钻井队打斜了一口井,钻井指挥部领导坐下来进行了冷静的分析,认为这口井如果与老矿区的井比起来,虽然可以完井试油,但是因井斜超过了规定的标准,使油井的寿命会受到影响。更重要的是,打斜这口井,暴露出了忽视质量的问题,说明一粗二松的老毛病又抬头了,必须严肃对待,坚决纠正。4月19日,在群英村油建指挥部礼堂,召开了由1000多人参加的批评钻井质量问题大会。会议开始,康世恩让采油队的代表从生产角度揭露钻井的问题,听了几个同志讲述井斜超标对油井产油量影响以及修井的困难,康世恩越听越生气,越听越激动,便要求钻井队党委书记李云、指挥李敬、副指挥总工程师王炳成三人上台,站着向大家亮相,接受批评。康思恩指着他们说:"你们提出的快速钻井的高速度指标是脱离实际,是急躁情绪,假干劲。"此时,大队长王进喜进来了,他主动上台接受批评。会场上的人们为之一震,纷纷投来或惊疑或同情或不理解的目光。康世恩语调严厉地说道:"王进喜啊!咱们钻井队不能光管在地球上戳窟窿,我们吃不重视第一手资料的亏还少吗?要想站住脚,不但要克服生活上的困难,工作上也要高水平!作风上粗粗拉拉等于自己把自己打倒!"

会战工委横下一条心,决定:填井,重打!当余秋里部长填井的命令传到井队后,50多条汉子,蹲在斜井边,一个个捧着脸,嘤嘤啜泣,他们不忍不舍,还有羞愧和不理解。"拔",队长大吼一声,冲上钻台。大队长王进喜心情异常复杂,他说:"这是历史遗留下来的废洞,一想起这些废洞,心就颤抖,心就流血……"有位工人伤心地说:"填了这口井,就意味着给标杆队的队史上写下了耻辱的一页。"王进喜说:"是啊,没有这一页,队史就是不完整的,这一页不仅要写在队史上,还要铭记在我们每个人的心里,要让后人知道我们填掉的不只是一口井,还填掉了报喜不报忧、弄虚作假、以假乱真的老毛病和坏作风。"

大家都认为对老毛病不能宽容,只有整得狠,才能改得快,记得牢。1284钻井队,虽然是支能打硬仗的队伍,但勇猛有余,严细不足。他们打了一口井,套管没有下好,发生了质量事故。队长王润才带领工人们把套管从1000多米深的井眼中拔出来,逐节检查,研究发生事故的原因,终于发现有一处套管的接箍出了问题,螺纹搞坏了。大队长王进喜要求王润才背上这个套管接箍,走遍本大队每一个钻井队,现身说法,让大家都能从中吸取教训。

1964年春节前,油建二大队六中队预制的10根10米长的钢筋混凝土大梁,由于个别人马虎,有的大梁比规定的质量标准宽了5毫米。5毫米,虽然不过一片韭菜叶宽,肉眼根本看不出来,可它确实反映了质量和作风方面的问题。指挥部领导立即召开队以上干部和部分工人共640多人的大会,领导当场带头做检查,讲清这不仅是5毫米的问题,而且是个作风问题,如果不严格对待这件小事,就会养成坏作风。指挥部领导亲自操起榔头、扁铲、磨石,同大家一起,把大梁上宽出米的地方铲掉,磨光。这件事对工人教育很深刻,事后,工人说:"彻底铲掉的不只是5毫米混凝土,而是马马虎虎、凑凑活活的坏作风。"从此,大家更重视了工程质量问题。

培养好作风,既要有榜样和先进典型的引领,又要敢于严格要求。对出现的问题敢抓敢管,旗帜鲜明,不抓出效果,绝不放手。"4·19"之后,由于广大干部、工人重视质量,工作做得细,钻井和油田建设工程质量逐年提高。

第九章 大庆精神的精髓

据统计，1960年油井固井合格率是95%，1963年达到了99.5%；油井射孔合格率，1960年为90%，1963年达到97.3%；钻井岩心收获率，1960年为58.3%，1961年为84%，1962年达到91%，1963年又提高到95%；井斜在三度以内的优质井，1962年为48.8%，1963年为91.5%，1964年新钻326口油井，井斜全部在3度以内。在地面工程中，从1960年到1962年，各种工程共计487项，其平均质量优良率为90%，1963年的优良率达到了93%。3年来铺设和焊接各种管线600多公里，共13万道焊口，1961年一次试压合格率为99%，1962年为99.94%，1963年达到99.99%。实践证明，如果没有当年狠反低标准、老毛病，"推倒重来"，就没有后来的优良质量。

三、狠，是实事求是

严细准狠，是"三老四严""四个一样"作风的具体表现，就是各级干部在工作中要抓得严，抓得细，抓得准，抓得狠。依靠严细准狠的工作作风，大庆不仅实现了高速度、高标准拿下大油田，而且使"三老四严""四个一样"的优良作风成为大庆精神的显著特征。它既是大庆的基本经验，也是带有普遍规律的工作方法。

大庆石油会战成功的经验告诉我们，要成就一番大事业，要真正做到"三老四严"，就不能缺少"严细准狠"。严，是做好和成就一切事物的前提。严，就是在原则问题上不让步；严，就是办事要严肃认真，在一切工作上不马虎，不凑合，做什么事都有个规格，干就干得漂亮，做出的事情都像个样子；严，就是对一切工作都有一个高标准，不满足于已经达到的水平，精益求精，出了差错绝不迁就姑息；严，就是从领导自身严起，以身作则，处处严格，事事严格。有了严格的作风，工作就有条理，工程就讲质量，产品就合规格。细，则是做好和成就一切事物的基础。细，就是做任何一件事情，都要认真对待，做到细致周到。不能光讲原则，空喊口号，不能大而化之，不能粗枝大叶。抓细了，做细了，情况就能了解得全面真实，工作就会比较符合客观实际，就能出高质量、高水平，否则，就会出主观主义和形式主义，犯官僚主义错误。准，则是关键，做任何事情，只有目标明确，方向正确，才能到达理想的彼岸。要做到准，就必须深入实际，开展广泛、深入、细致的调查研究，在纷繁复杂的事物中，经过去粗取精、去伪存真、由此及彼、由表及里的多次反复，对事物的发展目标和方向做出准确判断。狠，则是保障。狠，就是说干就干，干就干好，抓就抓死，一抓到底。只有严、细、准还不行，还需要狠。"行百里者半九十"，无数事实证明，做事情如果没有了狠劲，随时都会半途而废，出了问题，也就会大而化之，不了了之。所以，有了狠，既能保证严格要求，也能保证工作细致周到，保证工作的目标不偏离既有的方向。有了狠，就不怕工作中出现缺点和错误，即使有，也会得到及时纠正和改正。

从"严、细、准、狠"的相互逻辑关系分析可以看出，只要做到了严细准狠，就能抓住事物的本质，找到解决问题的正确途径和方法。同时秉持"三老四严""四个一样"的工作作风，以高度的主人翁责任感，闻风而动、雷厉风行地直面工作中的缺点和错误，各项工作就能无往而不胜。

1977年7月21日，邓小平在谈及学习毛泽东的建党思想时说："在延安中央党校，毛泽东同志亲笔题词的四个大字叫'实事求是'，我看大庆讲'三老'，做老实人，说老实话，干老实事，就是实事求是。""三老"教育工作，端正了对待革命事业的态度，增强了工作责任感；"四严"作风建设，促进了作风转变；严细准狠的具体要求，促使了科学态度和求实精神的完美结合，保证了高质量、高水平工作目标的达成。由此可见，大庆人以自己的实践证明，"严细准狠"不仅是作风建设的核心问题，而且是践行"三老四严""四个一样"工作作风的前提条件及保障手段，更是坚持真理、修正错误的利器。在工作实践中，大庆人始终践行严细准狠的工作作风，有力地保证了党的实事求是思想路线在各项工作中的贯彻落实，使大庆虽历经风雨，而精神永在，红旗不倒。"严细准狠"的严格要求，就是在工作实践中实现从主观到客观、由现象到本质的过程。做到了"严细准狠"，就做到了实事求是。所以说，"严细准狠"是在作风建设中发挥了核心作用，是具有普遍意义的工作作风，也是大庆精神的精髓所在。

习近平总书记在十八届中央纪委二次全会上强调，要以"踏石留印，抓铁有痕"的劲头抓作风建设，善始善终，善作善成。"踏石留印，抓铁有痕"八个字，铿锵有力，斩钉截铁，掷地有声，振聋发聩，凸显出一股力量，展现出一种刚强，凝聚着一份真情，弘扬着一腔正气，堪称当前抓作风、反腐败的一个时代强音。而大庆人于20世纪60年代所提出的抓作风建设必须做到"严细准狠"的经验，与习总书记强调的"踏石留印，抓铁有痕"如出一辙，有

第九章 大庆精神的精髓

异曲同工之妙。现实中,我们如果能像大庆人那样,真正做到了"严细准狠",也就达到了"踏石留印,抓铁有痕"的效果。

当前我国已经进入了全面建成小康社会的决胜阶段,经济已经由高速增长阶段转向高质量发展阶段,正处在转变发展方式、优化经济结构、转换增长动力的攻关期。越是在经济发展关键期、社会转型深水区,也就越需要加强作风建设。而形式主义、官僚主义就像弥漫和横亘在党和人民群众之间的围墙,同我们党的性质宗旨和优良作风格格不入。主要表现为:现实中有些党员干部表态多、调门高、行动少、落实差,"雷声大,雨点小";日常工作满足于开开会、发发文、讲讲话的传统领导方式,不知道从什么时候开始,报纸上留印,电视上留影,简报上留名,夹子里留底,成了一种普遍现象;处处要求工作留痕,无非"抢镜头""争彩头",最后落"好名头",至于最终效果,却无人问津;等等,这些形式主义、官僚主义的种种表现,是在党内常年积累的老毛病和旧习惯。

抓作风就是抓队伍的战斗力,好的作风也能形成生产力。好作风不会凭空而来,需要在日常工作中严格要求,事事严,处处严,"严"字当头,对一切形式主义和官僚主义现象"零容忍"。细,就是以"天下难事,必作于易"的严谨态度,用"天下大事,必作于细"的劲头,认真对待和解决发展改革中遇到的各种难题,以锲而不舍的精神,找出解决问题的具体方法。对作风建设中出现的痼疾顽症,必须要狠,敢于亮剑,敢于动真碰硬,以雷霆之势,抓紧抓死,一抓到底,不抓出结果来,决不松手。由此可见,严细准狠不仅是"三老四严""四个一样"作风的具体表现,是抓作风的作风,更是作风建设活的灵魂,是在新时代解决各种不良作风和痼疾顽症的有力抓手和杀手锏。

在新的历史条件下,学习大庆精神,践行"三老四严",同样有着不可替代的重要意义。党中央在全党开展的"三严三实"常态化专题教育,与大庆精神的"三老四严"有着天然的继承和发展关系。它们产生于不同年代,虽然其历史背景不同,但它们中孕育、包含的文化、信仰,却是相同的,那就是中国的传统文化。"三严三实"是领导干部的修身之本,为政之道,成事之要。"三老四严"作风和"三严三实"要求,虽字面表述上有所不同,但其精神实质却是一脉相承的,对于领导干部来说,严格的要求,严密的组织,严肃的态度,严明的纪律,其实质就是要严以修身,严以用权,严以律己;当老实人，说老实话，办老实事，其要旨就是谋事要实，创业要实，做人要实。"三严三实"要求可以说是"三老四严"作风在新的历史时期的继承和弘扬，是对大庆精神的肯定和褒扬。

所不同的是，"三严三实"是新形势下专门针对领导干部作风建设提出的，比对一般工人提出的要求更高，更具体，更有针对性。从"三严三实"到"三老四严"，贯穿着一条我党一贯的思想作风特征。那就是靠对党的忠诚，靠自身的表率，靠严谨务实来贯彻为人民服务的宗旨，今天提出"三严三实"，正是旨在恢复和发扬我党在长期革命和建设实践中形成的优良传统和作风，担负起率领人民实现中国梦的历史重任。

1. 如何理解"好作风是干部带出来的"这句话？
2. "严细准狠"在作风建设中的地位和作用是什么？
3. 联系当前实际，谈谈干部作风建设问题以及如何整治形式主义、官僚主义。

第十章 弘扬大庆精神铁人精神铸就新的辉煌

第一节 大庆精神铁人精神是中华民族精神的瑰宝

大庆精神铁人精神，作为我国社会主义建设时期党的精神的光辉典范，是中国共产党精神谱系的重要组成部分，为弘扬、提升中华民族精神注入了新的活力。我们只有从大庆精神铁人精神与中华民族精神的内在一致性上去解读"大庆精神铁人精神"，才能领悟其深厚的历史底蕴与精神内涵，也才会深刻理解"大庆精神铁人精神"的时代意义。中华民族精神始终是维系中国各族人民共同生活的精神纽带，是支撑中华民族生存、发展的精神支柱，而大庆精神铁人精神是大庆人过往奋战道路上的行动指南，是今人实现中国梦的精神云梯。

一、大庆精神铁人精神是中华民族精神的延续

中华民族精神是中华民族在漫长的社会发展过程中逐步形成的，它是中华各族人民社会生活的反映，是中华文化最本质、最集中的体现，是各民族生活方式、理想信仰、价值观念的文化浓缩，是中华民族赖以生存和发展的精神纽带、支撑和动力，是创新社会主义先进文化的民族灵魂。在100年的奋斗历程中，我党培育形成了一系列彰显政党性质、反映民族精神、体现时代要求、凝聚各方力量的伟大精神。民主革命时期，中国共产党培育形成了红船精神、井冈山精神、长征精神、延安精神、西柏坡精神；在社会主义革命建设时期，中国共产党培育形成了雷锋精神、铁人精神、焦裕禄精神以及大庆精神、"两弹

一星"精神、红旗渠精神；改革开放时期形成的改革开放精神、抗洪精神、载人航天精神和抗震救灾精神等。这些精神是我党的宝贵精神财富，是我国进一步推进中国特色社会主义建设，共创美好生活的不竭精神动力。在新的时代条件下，我们需要继续大力弘扬这些伟大精神，尤其是要弘扬大庆精神铁人精神。

　　大庆精神铁人精神，产生于20世纪60年代那场波澜壮阔的大庆石油会战，主要体现了大庆石油工人无畏艰难、艰苦奋斗、顽强拼搏的壮志与情怀，是为了党和人民的利益而不惜牺牲的精神。大庆精神铁人精神所包含的"爱国、创业、求实、奉献"等内涵，与中华民族精神一脉相承，非常生动、充分地体现了中华民族精神的基因。中华传统文化源远流长，博大精深，它是中华民族特有的风采，是民族的瑰宝，它价值无限，魅力无穷。在5000多年的发展历程中，中华民族形成了以爱国主义为核心的团结统一、爱好和平、勤劳勇敢、自强不息的伟大民族精神。中华民族精神深深熔铸于中华儿女的血脉之中。中国共产党人是中华儿女中的优秀分子，是中华民族精神的自觉继承者、最好践行者和大力弘扬者。在大庆石油会战中，几万名中华民族的优秀儿女，面对国外的封锁和国内经济建设极度缺油的压力，以"为国争光，为民族争气"的爱国主义情怀，自觉为国分忧，以"天下兴亡，匹夫有责"的责任担当，积极投入会战，体现了爱国主义精神；面对重重困难，大庆人万众一心，独立自主，艰苦奋斗，体现了"团结统一"的中华民族精神；还有"讲究科学，三老四严"的求实精神，"为革命练一身硬功夫、真本事"的科学精神，这些精神无不体现着中华民族精神。

　　大庆精神铁人精神是一种革命精神，是对自强不息的民族精神的最好诠释，是民族精神在特定时期的具体表达。如果说大庆油田的开发，摘掉了中国"贫油"的帽子，那么由大庆工人在石油大会战中演绎出的大庆精神铁人精神，则在一定程度上丰富和发展了中华民族精神。大庆石油会战，既继承了中华民族精神的优秀传统，又从中汲取了一定的营养和智慧，丰富和发展着中华民族精神。大庆精神铁人精神，是我党执政时期培育起来的建设精神，是使中华民族富强起来的以建设为主题的精神，大庆精神铁人精神的产生，标志着中华民族精神从以革命为主题转变为以建设为主题，实现了历史方位的转换。现阶段，它已作为社会主义建设时期党和人民宝贵的精神财富，是中华民族精神

第十章　弘扬大庆精神铁人精神　铸就新的辉煌

的重要组成部分。

二、大庆精神铁人精神是时代精神的展现

20世纪60年代，是我党领导的社会主义建设艰难探索的初期，面对一穷二白的建设基础、艰难困苦的建设条件以及极端恶劣的国际环境，亿万人民不畏艰难，自力更生，艰苦奋斗，以大无畏的英雄气概和饱满的建设热情，以坚韧不拔、顽强拼搏的革命斗志，涉过一道道险滩，攻破一道道难关。在那激情燃烧的岁月里，大庆人不仅为国家奉献了一个世界级的特大型油田，甩掉了中国"贫油"和缺油的帽子；众多奋战在国防科技战线的英雄们，成功完成了"两弹一星"的试验，使我国摆脱了国际敌对势力的核讹诈和核威胁。大庆油田的成功开发及"两弹一星"的研制成功彪炳史册，且培育出了光耀千秋的伟大精神——大庆精神铁人精神和"两弹一星"精神。同期，还产生了雷锋精神、焦裕禄精神。这些精神，像阳光雨露，滋润着人们的心田，像和风细雨，净化着社会环境，像胜利的号角，极大地增强了民族自豪感和中国人民建设社会主义的信心。

1963年3月5日，毛泽东题词并向全党发出号召："向雷锋同志学习"。一时间，一个普通解放军战士平凡而伟大的光辉事迹传遍中国，包括他全心全意为人民服务，为了人民的事业无私奉献的崇高品德；他"愿永远做一颗永不生锈的螺丝钉"的奉献精神；"人的生命是有限的，可是，为人民服务是无限的，我要把有限的生命，投入到无限的为人民服务之中去"的大公无私精神；"对待同志要像春天般的温暖，对待工作要像夏天一样火热，对待敌人要像秋风扫落叶般毫不留情，对待敌人要像严冬一样残酷无情"的爱憎分明的优秀品格等。雷锋的精神，像一座时代精神的灯塔，成为全国人民学习的榜样。1966年2月7日《人民日报》发表了《向毛泽东同志的好学生焦裕禄学习》的社论和《县委书记的榜样——焦裕禄》的长篇报道文章。报道了在"三年困难"时期的1962年，正值河南省兰考县遭受严重的内涝、风沙、盐碱三害时，焦裕禄同志被调到河南省兰考县担任县委书记，他坚持实事求是、走群众路线的领导工作方法，同全县干部和群众一起，与严重的自然灾害进行顽强斗争，努力改变兰考的面貌。他身患肝癌，依旧忍着剧痛，坚持工作，1964年5月14日病逝于郑州，终年42岁。焦裕禄用自己的实际行动，铸就了

亲民爱民、艰苦奋斗、迎难而上、无私奉献的焦裕禄精神，被誉为"党的好干部""人民的好公仆"。焦裕禄同志对革命无限忠诚，为人民鞠躬尽瘁。他参加革命工作以后，特别是担任领导职务以后，始终继承与发扬党的优良传统和作风，身不离劳动，心不离群众，艰苦朴素，永葆劳动人民的本色。他严于律己，坚决反对特殊化，坚持同一切不正之风作不懈的斗争。焦裕禄同志诚恳待人，他时刻想着人民群众，爱护人民群众，关心人民群众，热情帮助人民群众解决具体困难，始终和广大人民群众保持最密切的联系，是广大人民群众的贴心人。为了改变兰考县面貌，焦裕禄同志在困难面前不畏惧、不退缩，坚持实事求是、调查研究的工作作风。他深入生产第一线，把革命干劲和实事求是的工作态度充分结合，通过深入的调查研究，掌握了大量的第一手资料，摸索自然条件和事物的客观规律，从而找到了改造客观世界、战胜自然灾害的正确途径，在兰考的除"三害"斗争中立下了不朽功勋。焦裕禄同志是党的好干部、好党员。他不为名、不为利，不怕苦、不怕死，一心为革命、一心为人民，完全彻底地为人民服务。

总之，无论是雷锋，还是焦裕禄，都成为了那一时期的楷模。

在石油工业建设方面，大庆油田的发现和石油大会战缔造的传奇，"两弹一星"的成功及其国际反响，都给身处困难中的国人以巨大的精神鼓舞，极大地增强了人们大干社会主义的干劲。

大庆精神是老一辈石油领导人和广大石油职工在困难的时候、困难的地方、困难的条件下，学习运用马克思主义、毛泽东思想，继承和发扬中国共产党的优良传统，在开发建设大庆油田的实践中逐步培育和形成的。他们满怀为国争光、为民族争气的爱国主义激情，以独立自主、自力更生的艰苦创业精神，讲求科学、"三老四严"的求实精神，胸怀全局、为国分忧的奉献精神，开创出了一条适合我国国情的社会主义现代化企业建设的新路。

铁人精神是对铁人王进喜的崇高思想、优秀品德的高度概括，是大庆精神的核心内容，是典型化、人格化了的大庆精神，是我国工人阶级精神风貌的集中体现，是中国共产党领导下的中国产业工人主人翁精神和主观能动性、创造力的升华。铁人王进喜为了尽快甩掉祖国石油落后的帽子，在极其严峻的情况下，用超常的办法克服超常的困难，他这种为国分忧、没有条件创造条件也要上的奋斗精神，他吼出的"石油工人一声吼，地球也要抖三抖"的豪迈誓言，

第十章 弘扬大庆精神铁人精神 铸就新的辉煌

被毛泽东誉为中国人民面对世界的发言。铁人短暂的人生向人们展示其精神的强大。他的胸襟和境界，他的品格和追求，都达到了时代的精神标杆。而今，铁人的精神超越了行业限制，甚至超越了时空，成为民族精神与时代精神的重要内容。铁人是新中国的品牌，铁人是世界认识中国的一张名片。1972年美国总统访华时，曾提出特别想要会见的中国普通公民——就是铁人王进喜。

在那亿万人民意气风发、激情燃烧的岁月，大庆精神铁人精神、"两弹一星"精神、雷锋精神、焦裕禄精神、红旗渠精神等民族精神，共同成为时代标识，是民族精神在一个新的历史时代的光彩焕发，是中华民族自强不息，勇敢屹立于世界民族之林伟大精神的时代性体现。这些伟大精神，曾鼓舞亿万人民建设强大祖国的信心。今后，还将激励全国人民为实现中华民族伟大复兴的中国梦而不懈努力。

三、大庆精神铁人精神是引领时代发展的动力

党的伟大精神是党的宝贵精神财富和巨大的政治优势，是我党推进其事业的不竭的精神动力。我国石油工业的发展，一直得到了党中央的亲切关怀。大庆红旗是毛主席亲手树立的，大庆精神铁人精神的培育，始终受到毛主席、周总理等历届党和国家领导人的关注，凝结着党中央的巨大心血。1964年，毛主席发出"工业学大庆"号召，对社会主义建设初期经济发展起到了巨大的推动作用。即使在"文化大革命"这样特殊的时期，大庆红旗也始终受到毛主席的肯定和周恩来的精心呵护，毛主席、周总理多次接见王进喜同志，使大庆红旗不倒，让大庆始终坚持走独立自主、艰苦奋斗的中国式工业化发展道路的正确道路。1978年，邓小平同志作出"建设美丽的大庆油田"的重要指示。1990年，江泽民同志视察大庆油田，高度评价了大庆精神，并把大庆精神凝炼为"爱国、创业、求实、奉献"八个字，1995年，他寄语大庆"发扬大庆精神，搞好二次创业"。2009年，胡锦涛同志希望石油战线"高举大庆红旗，继续艰苦创业"。2009年，习近平同志出席大庆油田开发建设50周年纪念大会，指出："大庆精神铁人精神是团结凝聚百万石油人的强大精神动力，集中体现了我国工人阶级的崇高品质和精神风貌，已经成为中华民族伟大精神的重要组成部分。"

榜样的力量是无穷的。大庆石油会战后，大庆人及其他石油人始终高举大

庆精神红旗，发扬大庆精神，西进大漠，东征大海，北斗严寒，南战酷暑，开展更大范围的石油会战，陆续建成胜利、长庆、辽河、华北、中原、大港、青海、塔里木、吐哈、四川等一大批油气田，全国原油产量以年均 18.6% 的速度增长，到 1978 年历史性地突破 1 亿吨，为我国经济建设建立了卓越功勋。

随着捷报频传，"我为祖国献石油"的旋律越奏越响。在大庆精神铁人精神感召下，长庆油田形成"磨刀石里挤石油"精神，塔里木油田产生"只有荒凉的沙漠，没有荒凉的人生"文化，吐哈油田出现了"只有走不完的创业路，没有过不去的火焰山"精神，兰州石化培育了"高严细实"作风，管道系统祭出了"管道为业、四海为家、艰苦为荣、野战为乐"的"八三"管道精神，东方物探造就了"怀揣忠诚、勇担重担、闻油而起、闻气而动"先进文化等。大庆精神铁人精神似星星之火，形成燎原之势。大庆精神铁人精神之旗，一旗高举，万旗红。

改革开放后，大庆精神铁人精神逐渐演化为石油行业的行业精神。在市场经济大潮中，我国石油行业经历了从计划走向市场、从封闭走向开放、从国内走向世界的嬗变。社会形势变化要求作为社会意识的大庆精神铁人精神也要随之变化。在保持其精神内核的同时，要不断吸纳新的营养，获得新的内涵和生命力。

面对经济改革的新环境，石油工业也积极投身于改革洪流，大胆进行了体制机制改革，走向市场道路，从石油部门管理体制，到成为真正的经济实体，再到建立现代企业制度、实施重组上市，再到如今打造具有全球竞争力的世界一流企业，改革的脚步从未停歇。在深刻变革、转型升级的阵痛中，根植于石油人血脉中的大庆精神铁人精神映射出新的精神品质——攻坚克难，开拓创新，拼搏奉献，为大家舍小我，在改革之路上闪耀出耀眼光芒。

"创新"成为继承和发扬大庆精神铁人精神的时代内涵。面对科技飞速发展带来的挑战，石油人以"科技兴油"为口号，涌现出以"新时期铁人"王启民为代表的一批科技英才，在他们身上集中体现了锐意创新、勇攀高峰、超越权威、超越前人、超越自我的精神特质。创新使我国石油工业不断焕发新的生机，为确保我国能源安全发挥了重大作用。

走出国门创市场，同样需要继承和发扬大庆精神铁人精神。国门打开后，我国石油工业积极"走出去"，充分利用国内外两种资源、两个市场，全面参

第十章　弘扬大庆精神铁人精神　铸就新的辉煌

与国际油气资源配置和油气行业竞争合作，在海外，石油人面对各种困难与风险，以顽强之意志、坚韧之毅力，经受恶劣自然条件、艰苦生活环境、剧烈社会动荡甚至战火的考验，克服语言、文化、习俗等各种困难，付出许多心血、汗水甚至生命，创造了海外创业的新业绩，涌现出以"大庆新铁人"李新民，坚守非洲大漠的采油人王杰等为代表的一大批海外创业者。2012年我国海外油气作业产量当量超过1亿吨，权益产量达到5170万吨，标志着"海外大庆"建成。现在已建起遍布世界五大洲的海外石油生产基地、多元化石油供应渠道、跨国石油战略通道，谱写出中国石油国际化经营新篇章，也铸就了开拓进取、艰苦奋斗的海外创业精神，成为中国石油企业"走出去"的独特竞争力。

党的十八大以来，以习近平同志为核心的党中央关心石油工业，支持石油发展，2016年3月7日，习近平总书记在参加十二届全国人大四次会议黑龙江代表团审议时指出："大庆就是全国的标杆和旗帜，大庆精神激励着工业战线广大干部群众奋发有为。"极大地鼓舞了广大石油职工战胜低油价、坚决打赢提质增效攻坚战的信心和决心。2016年6月13日，习近平总书记就石油工业发展做出重要批示，指出石油精神是攻坚克难、夺取胜利的宝贵财富，什么时候都不能丢。要结合"两学一做"学习教育，大力弘扬以"苦干实干""三老四严"为核心的石油精神，深挖其蕴含的时代内涵，凝聚新时期干事创业的精神力量。

2019年9月26日，在大庆油田发现60周年之际，习近平总书记发来贺信，强调大庆精神铁人精神已经成为中华民族伟大精神的重要组成部分。希望大力弘扬大庆精神铁人精神，不断改革创新，推动高质量发展，肩负起当好标杆旗帜、建设百年油田的重大责任，为实现"两个一百年"奋斗目标、实现中华民族伟大复兴的中国梦作出新的更大的贡献。

在中国特色社会主义建设新时代，站在历史的节点上，学习领会习近平总书记关于"大力弘扬石油精神""大力弘扬大庆精神铁人精神"等重要批示，深刻感受到习近平总书记对石油工业的重视和石油行业的殷切希望，弘扬以"苦干实干""三老四严"为核心的石油精神，是大庆精神铁人精神在石油行业的集中体现。大庆精神铁人精神既代表着石油精神，也集中体现了我国工人阶级的优良传统和精神风貌，是我国工业战线的标杆和旗帜，已经成为中华民族伟大精神的重要组成部分。作为标杆旗帜,将在新的时代里,凝聚起同心共筑中国梦的磅礴力量!

第二节 大庆精神铁人精神是伟大的时代精神

大庆精神铁人精神彰显了以爱国主义为核心的民族精神和以改革创新为核心的时代精神,是中国共产党精神的典范。1956年,刚刚从战争废墟上站起来的中国人民,在党的领导下,顺利地完成了社会主义改造。基于此,亿万人民才以高昂的精神状态阔步迈向社会主义康庄大道。在这伟大的变革中,在艰难的探索征程上,我们党不但成功实现了由一个革命党向建设党的转变,而且在这伟大的变革实践中,造就和培育了一批伟大的时代精神。大庆精神、"两弹一星"精神,以及雷锋精神、铁人精神、焦裕禄精神等。这些闪耀着时代光辉的精神,成为一个时代的经典。这些精神是党的精神在社会主义建设时期的集中体现。尤其以铁人王进喜为代表的大庆人在石油大会战中表现出来的那么一股劲、那么一股气、那么一种爱国的情怀和不断创新的精神,更彰显了党的精神,为中国共产党精神赋予了新的时代内涵。

一、红色基因贵在传承

中国共产党是一个有着崇高使命感的政党,成立于民族危难之际。为了完成民族独立和人民解放的历史重任,中国共产党人高举爱国主义旗帜,发扬爱国主义精神,前赴后继,流血牺牲,在长期艰苦卓绝的革命斗争中孕育、发展形成一系列伟大精神。"红船精神"是中国革命精神之源,是开天辟地、敢为人先的首创精神,是坚定理想、百折不挠的奋斗精神,是立党为公、忠诚为民的奉献精神。井冈山精神是"实事求是,敢闯新路,坚定信念,艰苦奋斗,依靠群众,勇于胜利"的革命精神。长征精神是"坚定信念,勇往直前,实事求是,顾全大局"的精神。延安精神是"解放思想、勇于创新、全心全意为人民服务、实事求是、理论联系实际、密切联系群众、批评和自我批评、自力更生、艰苦奋斗、廉洁奉公"的革命精神。西柏坡精神的基本内涵可以概括为:两个敢于,即敢于斗争、敢于胜利的彻底革命精神;两个善于,即善于破坏旧世界、善于建设新世界的开拓创新精神;两个坚持,即坚持依靠群众、

第十章 弘扬大庆精神铁人精神 铸就新的辉煌

坚持团结统一的民主团结精神;两个务必,即谦虚谨慎、艰苦、奋斗的精神。它的实质和核心是:善于破坏一个旧世界,善于建设一个新世界。

以上这些精神既是我党在新民主主义革命时期不畏艰险、迎难而上、克敌制胜的强大精神力量。有学者认为,红船精神是"中国共产党革命精神的历史起点",井冈山精神是"中国特色革命道路的开路先锋",长征精神是"革命英雄主义的恢弘篇章",延安精神是"革命精神的集中呈现",西柏坡精神是旧中国"迈入新中国殿堂前的精神洗礼",其核心集中于争取革命的胜利。党在领导这一系列革命运动和实践中,不仅创造了系列精神,也使党的理论和思想不断成熟。在这一时期,我们党不但完成了民族独立、人民解放的历史任务,建立了新中国,而且把马克思主义与中国革命具体实践相结合,实现了其理论上的第一次飞跃,创立了毛泽东思想,确立了实事求是的思想路线,全心全意为人民服务的建党宗旨。这些重大的理论创新,成为我们取之不尽、用之不竭的精神宝库。

栉风沐雨,薪火相传;筚路蓝缕,玉汝于成。新中国成立后,面对一穷二白的发展基础,为迅速实现我国从一个贫穷落后的农业国向工业国过渡,广大会战职工继承和发扬毛泽东在延安时期为延长油矿厂长陈振夏的题词"埋头苦干"精神,大庆人在党的领导下,坚持和发扬了党和军队的优良传统和作风,以"两论"起家,坚持党的实事求是的思想路线,坚持走群众路线,动员群众,组织群众,依靠群众,在艰苦卓绝的夺油会战中,不仅为党和人民奉献了一个世界级的大油田,一举解决了国家贫油和缺油的问题,还通过石油大会战铸就了大庆精神铁人精神,丰富了中国精神的内涵。社会主义建设时期,我们党还孕育形成了抗美援朝精神、"两弹一星"精神、红旗渠精神及雷锋精神、焦裕禄精神等新的革命精神,均继承和发扬了中国共产党的革命精神。从总体上来看,这些革命精神与大庆精神一脉相承,共同形成了中国共产党革命精神谱系,在全面建成小康社会进程中发挥着不可替代的作用。

二、实践创新是大庆精神之本

不断奋斗、不断创新,是中国共产党人永恒的主题。大庆精神、铁人精神,是中华民族精神和中国共产党精神"百花园"中的一朵"奇葩",是党和人民精神宝库的一块瑰宝。伟大的革命实践是培育革命精神的深厚土壤,石油会战之所以能够获得巨大成功,并培育出大庆精神铁人精神,并使之成为我国工业战线上一面鲜艳夺目的旗帜,是因其具有与众不同的独特政治优势:

一是大会战有以余秋里、康世恩为代表的这样一批经久考验的、优秀的无产阶级战士作统帅。余秋里这个从江西吉安走出来的红军老战士,在苏区曾任红军团政委,于长征途中因掩护战友而失去左臂,是我军非常有名的独臂将军。他经历过抗日战争、解放战争,在其军事生涯中,政治工作是其特长。康世恩出生于河北一个地主家庭,聪慧过人,中学时曾为学生运动领袖,1936年考入清华大学地质专业,1937年抗日战争爆发后,毅然投入到抗日洪流中,任河北抗日根据地地方专员;解放战争时,康世恩是我军第一野战军某师政治部主任,作为我党我军中具有石油地质背景的知识分子干部,他被派往玉门油矿作为接收玉门的军代表,自此,康世恩与石油结下了不解之缘。大庆石油会战时,余秋里作为会战工委书记,康世恩是会战指挥部总指挥,二人在大庆会战中充分发扬和创造性地运用党和军队的优良传统和作风,培养出以"三老四严""四个一样"为主要特征的大庆精神铁人精神。

二是从会战队伍的构成来看,大会战初期,素质优良的队伍为培育大庆精神、铁人精神提供了天然优势条件。当时参战人员主要是由两部分组成,一是石油工业战线的领导干部、技术人员和工人,他们有专业知识,有生产的经验,是会战队伍的骨干力量。这部分员工,组织纪律性强,觉悟高,具有信念坚定、立场鲜明、艰苦奋斗、勇于奉献、勤劳勇敢、自强不息的伟大品格;而另一部分则是转业官兵,占会战工人总数的90%;转业军官占会战干部队伍中干部总数的80%。军队既是我党我军优良传统的创造者、实践者,也是发扬我党我军优良传统的典范。参与会战的官兵不仅有较高的政治觉悟,而且有较强的战斗力。他们敢打硬拼,具有开拓创新的精神,是会战的主力军。

大庆精神正是将以上两个优势进行创造性的融合而产生的,是对党的优良传统和作风发扬光大的结果,是党的伟大精神与石油大会战相结合的产物。大庆石油会战始于1960年3月,时值我国社会主义建设遭遇困难时期,国外敌对势力的封锁围堵,使处于"三年困难"中的中国雪上加霜。面对国家建设和全国人民对石油的渴望,以余秋里、康世恩为代表的石油会战领导者,把党的优良传统和作风创造性地用于油田会战。他们组织并号召职工活学活用毛泽东思想,用毛泽东思想指导、解决油田会战中遇到的各种具体问题,抓主要矛盾，提出"向科学进军"的口号。会战职工喊出了"这也难，那也难，国家缺油是最大的困难！"的口号，以"有条件要上，没有条件创造条件也要上"的艰苦创业、顽强拼搏精神，按照党的实事求是的思想路线，以"两论"起家，以"两分法"前进，把高度的革命精神与科学精神结合，继承和发扬党和军队的优良传统，充分依靠群众，广泛发动群众，以高昂的革命激情，提出"要甩掉中国贫油的帽子，高速度、高水平地拿下大油田，赶超世界先进水平，为国争光"的豪迈誓言。要以"不怕苦、不怕死、不为名、不为利，不讲工作条件好坏，不讲工作时间长短，不讲报酬多少，不分职务高低，不分分内分外，不分前方后方，一心为了石油会战的胜利"的"十不"精神投身会战。领导干部以身作则，做出领导干部《约法三章》，以"三个面向""五到现场"为准则，他们身先士卒，一切为了前线，"工人身上有多少泥，干部身上就有多少泥"，以模范的行动，不仅保持了与会战职工的密切联系，而且培育和带出了一支作风过硬的队伍。广大会战职工以高度的责任心和主人翁责任感，以"三老四严""四个一样"的严细作风，投身于油田会战。

大庆，是毛主席亲自树立的一面红旗，它代表了新中国工业建设走出了一条既不同于资本主义，也不效仿苏联的适合中国国情的发展道路。大庆的成功不仅在于他们坚持党的领导，在会战实践中始终坚持继承和发扬党和军队的优良传统和作风，还在于他们在实践中不断创新，不断总结，不断提高，并善于把成功的经验上升为系列的管理制度，如建立健全"岗位生产责任制"等生产管理制度。在会战实践中，大庆人艰辛努力，对其经验与做法进行不断的总结、凝练，进而形成大庆精神、铁人精神。大庆精神是毛泽东思想与石油工业具体实践相结合的产物，是党的路线、方针、政策在石油大会战中的生动体现，是党在革命战争和社会主义建设中积累的丰富斗争经验，在特殊条件下的创造性应用。

三、科技创新是大庆发展之基

石油工业作为一种基础工业，需要大量的技术人才，具有科技含量高、技术性强的特点。科技需要创新，创新是科技发展的力量之源、发展之基。大庆油田发展的历史，实质上就是一部自主创业、持续创新的历史。

依靠科学发现了大庆油田。拥有大庆，是中国人的一件实实在在的幸福的事儿。据介绍，在《日本现代史》里，经常能看到"如果当初找到大庆油田将如何如何"的词句。他们为没能在战前找到大庆油田始终感到"遗憾"。原东京工业大学教授森川清在回忆"满洲的石油开发"时说，之所以没能找到大庆油田，"是因为战前日本钻探的深度只达到大约700~800米，钻探技术难以达到足够的深度。"实际上，标志大庆油田发现的第一口油井——松基三井，恰恰是开钻到1357~1382米之间的油层才出油的，这在一定程度上印证了这种说法。对此，最有启发性和权威性的还是我国地质大师黄汲清的说法，他和李四光是陆相地层生油理论的提出者，他还是大庆油田的主要发现者。他曾讲：日本人在东北找了30年没有找到油田，那是因为他们不懂得陆相地层可以生油。对此，日本地质史学者也认为，从根本上说不是钻探设备不行，而是"探矿思想的问题"。

依靠科学同样迅速地发展了大庆。1960年大庆石油会战的初期，大庆就在全国率先提出了"向科学进军"的口号。这个口号，当时曾激励着各行各业的建设者。史料表明，大庆油井一般在800~1200米之间。通常有100多个含油的砂岩层，其中最厚的达20米，最薄的仅0.2米。为了科学地开发油田，大庆规定每口井必须取全取准20项资料、72种数据，并且把重视不重视第一性资料作为是否尊重科学的标志。以"三老四严"和"宁要一个过得硬，不要九十九个过得去"的认真态度对待油田开发。大庆人就是以这种精神，把工作的对象定在被他们喻为"地宫"的千米之下的岩层中。在那里，整个石油开采系统是一个看不见、摸不着的"黑箱"，开采工作如同一项"隐蔽工程"，如何保证油井能准确打入有开采价值的油层，怎样确定不同性质的油层层性以及采取相应的配套技术，在开采过程中怎样随时掌握油层的变化以改进完善工艺保持稳产，所有这一切，唯有通过可靠的数据，通过一系列反复试验才能找到答案。这是大庆人科学求实精神的具体表现。更为重要的是，大庆人通过自觉的实践，能动地认识油层，再通过实践，能动地改造油层，在不断探索地下奥秘的过程中，逐渐掌握了油田开采的客观规律，走出一条具有中国石油工业特色的发展道路。

科学贵在创新，而创新的过程就是思想上解放的过程。回顾大庆油田30多年实现高产稳产的历史，可以清楚发现，其三大"科学战役"标志着大庆人的三次大的思想解放。

第十章　弘扬大庆精神铁人精神　铸就新的辉煌

第一大战役是大庆油田进入开发后期的"稳油控水"系统工程。油田进入高含水阶段后，综合含水率已高达90%，储采结构严重失调，成本攀升，效益下降，油田开发难度空前。有人将油田二次创业形象地比喻为：油田综合含水率达到90%，如同人被水淹到了脖子，含水95%相当于淹到了嘴，含水达到98%则要遭受灭顶之灾。从历史上看，一般油田的开采高峰只能维持3～5年，之后产量就会递减，然而，大庆油田凭什么长期保持原油产量在5000万吨的水平线上？国家科技进步特等奖——高含水长期稳产注水开采技术，这一奖项便是答案。正是这一技术使大庆油田的地质储量由原来的26亿吨增加到48亿吨，相当于又找到了一个大庆油田。

第二大战役是指以聚合物驱油技术为代表的三次采油技术革命。大庆油田早在产量增长的高峰之际，就已经开始谋划三次采油的创新之路。目前聚合物驱油技术已经在大庆等油田成功应用。大庆的科技工作者，还在世界首创出一种更大幅度提高原油采收率的方法——泡沫复合驱油技术。据统计，大庆油田使用该技术而获得的地质储量约达20亿吨。专家认为，这是我国在石油开采领域中取得的为数不多的原始创新技术，它不仅是中国石油工业技术创新史上的亮点，也是世界石油开采史上一场革命性的技术进步。

第三大战役是对"表外储层"的攻关。主持这个项目的首席科学家、"新时期铁人"、国庆70周年荣获"人民楷模"国家荣誉称号的王启民讲得可能更生动精彩：大庆油田这种河湖三角洲的沉积，像一棵大树有干、有枝、有叶，干枝叶都互相连通，如果说主力油层是干、薄油层是枝，"表外储层"就是叶。他们都是空间上的延续，属于同一储油系统。王启民认为，大庆油田树大根深叶茂，"表外储层"每口井都有，每个层都有，单独看，表外储层很"瘦"，但大庆油田面积有几千平方公里，所有这类油层加起来又很"肥"。尽管开采这样的油层，国内外都没有先例可循，但如同当年会战初期一样，大庆人这次依然是靠"两论"起家，实践——认识——再实践——再认识，几个寒暑过后，"表外储层"开采这道世界性难题终于被破解。这项成果具有什么样的价值呢？相当于又为大庆增加了一个地质储量7.4亿吨的大油田。

在科技的重要支撑下，1976年至2002年，大庆油田实现年产5000万吨以上，连续27年高产稳产。创新基因成就科技大庆。"大庆油田长期高产稳产的注水开发技术"和"大庆油田高含水期'稳油控水'系统工程"两项成

王启民（1937—），浙江湖州人，中共党员，教授级高级工程师。2018年12月18日，党中央、国务院授予王启民同志改革先锋称号，颁授改革先锋奖章，并获评"科技兴油保稳产的大庆'新铁人'"。2019年9月17日，国家主席习近平签署主席令，授予王启民"人民楷模"国家荣誉称号

果先后获得国家科技进步特等奖。

原油开采中，通常一次采油是靠地层自身压力作用把油"顶"出来，二次采油是向地下注水把油"挤"出来，现在大庆采用三次采油技术，靠化学试剂驱动把油"洗"出来。大庆油田早在产量增长高峰期之际，就已经开始谋划三次采油的创新之路。以三元复合驱技术为例。1986年，有权威专家认为"大庆原油酸值太低，不适宜开展三元复合驱。"然而，历经30年攻关研究，大庆油田在国外仍处于实验室和井组实验阶段的情况下，率先实现了这项技术的工业化应用。"在来大庆以前做梦也没想到过能亲眼看到大规模应用三元复合驱技术，我曾经认为大规模应用三元复合驱是不可行的。"美国科学院、工程院、艺术与科学院院士，哈佛大学教授David Weitz用"震撼"二字形容自己的感受。

在三次采油技术助力下，2003年至2014年，大庆油田实现4000万吨连续12年持续稳产。期间，凭借"大庆油田高含水后期4000万吨以上持续稳产

第十章　弘扬大庆精神铁人精神　铸就新的辉煌

高效勘探开发技术"第三次荣获国家科技进步特等奖。如今，大庆油田已成为世界上规模最大的三次采油基地，年三次采油量约占大庆油田国内原油产量的1/3。资源有限，科技无限。2003年前后，大庆油田已开始四次采油技术研究储备。

回眸过去60年，大庆油田创造了世界领先的陆相油田开发水平，水驱、聚驱、复合驱等核心技术世界领先，主力油田采收率突破50%，比世界同类油田高出10~15个百分点。采用三次采油技术获得的原油产量连续17年超过千万吨。最新推广的三元复合驱技术产量已突破400万吨，使我国成为世界上最大的三次采油基地。目前，大庆油田已累计取得科技成果万余项，其中，获国家级奖励120多项、省部级奖励890多项、国家专利2500多项。

世事变迁，唯有精神永恒。大庆依靠求真务实的科学精神，依靠持续自主创新让油田始终保持着青春活力。大庆从会战初期只有800人的科技尖兵到现在拥有一支2万多名技术人员组成的庞大的科技队伍，从而创建了一个能打硬仗、攻难关的科技创新体系，从而迅速形成了"买不来、带不走、拆不开、偷不去、溜不掉"的企业核心竞争力。从当年的大庆油田到今天的华为，可以说科技上不断求索的自力更生、自主创新精神是新时代大庆精神铁人精神的延续和弘扬。资源有限，科技无限。一个国家的发展，任何时候都离不开精神力量的支撑。更要依靠科技创新的驱动。

第三节　大庆精神铁人精神是民族复兴的精神动力

建设社会主义现代化国家、实现中华民族伟大复兴，是我们党孜孜以求的宏伟目标。进行伟大斗争、推进伟大事业、建设伟大工程、实现伟大梦想，迫切需要伟大精神的支撑。有一种精神，永远熠熠生辉。大庆油田不仅蕴含着丰富的石油资源，也蕴藏着宝贵的精神财富，那就是闻名中外的大庆精神铁人精神。虽然经过岁月的洗礼，依然闪耀着动人的光芒。以"苦干实干""三老四严"为核心，以"爱国、创业、求实、奉献"为内涵的大庆精神铁人精神，作为民族精神之瑰宝，将在新的时代，焕发出新的活力。大庆人在国家危难时表现出的担当精神和家国情怀，干事创业中求真务实的科学态度，牢记使命抓作风的狠劲，独立自主、自力更生创伟业的自信等启迪着人们，为实现中华民族的伟大复兴而不懈奋斗。

一、树家国情怀，立报国之志

十八大以来，习近平总书记明确提出要培养担当民族复兴大任的时代新人，厚植时代新人的家国情怀，他在纪念五四运动 100 周年大会上讲话时强调指出："新时代中国青年，要有家国情怀。"家国情怀，是一个人对自己国家和人民所表现出来的深情大爱，是对国家富强、人民幸福所展现出来的理想追求，是对自己国家一种高度认同感和归属感、责任感和使命感。它世代流淌，绵延不绝，凝聚成巍然不动的民族精神，成为我们民族发展的原动力。说起家国情怀，何止万语千言、诗书万卷，字里行间都是"家国"二字，从孟子的"修身、齐家、治国、平天下"，到陆游的"位卑未敢忘忧国"；从文天祥"人生自古谁无死，留取丹心照汗青"，到顾炎武"天下兴亡，匹夫有责"；从岳飞高声呐喊着"靖康耻，犹未雪"，到艾青的"为什么我的眼里常含泪水？因为我对这土地爱得深沉"。古往今来，由家国情怀衍生出来的无数经典诗篇，被中华民族一代一代反复吟诵。饱含"国重于家"深情的"家国情怀"，映现出中华民族世代传承的心怀社稷、舍身报国的理念根脉和精神灯塔。无数仁人志士，就是在这种情怀的熏陶和指引下，胸怀保家卫国、济世安民的理想上下求索，成为中华民族自强不息的永恒动力。

大庆精神铁人精神的本质是爱国主义。大庆石油会战中那些充满家国情怀的故事，曾感动、激励了无数人。以铁人王进喜为代表的会战职工体恤国家艰难，在粮食供应困难时，用"五两包三餐""饿着肚子人拉肩扛"，即使有 4000 多人因饥饿而出现浑身浮肿，也要坚持会战；溪华亭为救原油仓库火灾"舍身救火"；铁人王进喜为压井喷，情急之下"带伤勇跳泥浆池"；同时代为研制"两弹一星"的科学家们隐姓埋名、默默奉献。这些饱含家国情怀的爱国情操就是对时代献身的感情，是对个人意识的克制，是对国家民族的责任感，是一种净化的向上的力量。正是有了无数优秀儿女前仆后继、无怨无悔地付出、拼搏和牺牲，才有了辉煌灿烂的中华文明，才有了历经磨难却始终屹立在世界民族之林的伟大民族。

在中华民族的历史长河中，精忠报国始终是激昂的主旋律。时代新人是走

第十章 弘扬大庆精神铁人精神 铸就新的辉煌

在时代前列,肩负时代使命,能够担当中华民族伟大复兴大任、立志为中国特色社会主义奋斗终生的有用人才。家国情怀是在一定社会实践基础上形成的以国为家、家国一体、心中装着国家和人民的深厚情感、博大胸怀和价值追求。时代新人离不开家国情怀的精神滋养,家国情怀离不开时代新人的勇于担当。时代新人与家国情怀统一于中国特色社会主义伟大实践。每个时代新人都要把自己的事业与理想和我们的民族相融,和国家的发展相结合。个人之命运,必与国家民族相关联,以国家之荣为荣,以社会之安为安。做一个有深厚家国情怀,有理想、有本领、有担当的时代新人,以新时代坚定者、奋进者、搏击者的崭新姿态,奋力实现中华民族伟大复兴的中国梦。

二、增自信信念,助复兴伟业

波澜壮阔的大庆石油会战是我们党领导人民刚刚完成社会主义改造任务,阔步迈入社会主义道路初期,在工业领域进行的一次伟大实践。大庆石油会战的辉煌成就,不仅解决了中国社会主义建设对能源的巨大需求,也给刚刚走上社会主义道路的中国人民以巨大的精神鼓舞,极大地增强了民族自信心和自豪感。

大庆石油会战,探索出一条中国工业化道路的正确方向。大庆石油会战是在极其艰难的条件下展开的。对外,不仅孤立无援,还受到国外敌对势力的封锁和打压;对内,正赶上我国建国 70 多年来最艰难的"三年困难"时期。广大会战职工满怀建设社会主义的豪情壮志,以"为国争光,为民族争气"的爱国主义精神,以"宁肯少活 20 年,拼命也要拿下大油田"的大无畏英雄气概,高水平、高速度地拿下了大油田,大庆石油会战的巨大成功,震惊世界!开辟了中国共产党坚持走独立自主、艰苦奋斗的中国式工业化道路的正确方向。这条道路打破了"洋框框"。一方面破除了人们对西方勘探理论权威的迷信。数十年来,西方学界强加于我们的"中国贫油"理论,与我国一穷二白的旧工业基础相生相伴,而大庆油田的成功勘探,宣告了这一理论的破产。另一方面。突破了苏联工业化建设的模式,走上了自己工业化发展的道路。工业化是国家独立、民族富强的必然前提。新中国的工业建设,最初是以苏联为样板的,但在学习和借鉴苏联经验的过程中,毛泽东觉察到苏联模式存在的弊端,于 1956 年写成了《论十大关系》一文,果断提出了以苏联为戒,不失时机地组织和领导广大人民群众开展工业化建设,探索出一条适合中国国情的工业化建设道路。大庆的成功实践和探索，向全党全国人民树立了一个光辉的典范，证明了大庆的道路，就是中国工业化建设的道路。所以，毛主席向全国发出了"工业学大庆"的号召。

大庆石油会战，是在中国化的马克思主义、毛泽东思想指导下完成的。大庆石油会战成功的秘诀，用他们自己的话说，就是"靠'两论'起家，靠'两分法'前进。"会战在极其艰难的情况下，面对重重矛盾和困难，面对职工出现的思想问题，余秋里等会战领导认为，不能就事论事、头痛医头、脚痛医脚，必须透过现象看清本质，抓住主要矛盾和矛盾的主要方面。主要矛盾解决了，其他问题就会迎刃而解。为此，决定组织全体会战队伍认真学习毛主席的《实践论》《矛盾论》，并号召用"两论"的立场、观点、方法来组织大会战的全部工作。学习"两论"的决定，得到了广大职工的拥护，干部读、技术人员读、工人读，到了夜间，人们围着篝火学习"两论"，整个会战现场出现了"晴天一顶星星亮，草原一片篝火红，人人手里捧毛选，'两论'学习方向明"的动人画面。通过学"两论"，会战队伍一致认识到，这困难，那困难，国家缺油是最大的困难；这矛盾，那矛盾，社会主义建设等油用，是最主要的矛盾。学习"两论"为取得会战的最终胜利奠定了基础。

会战取得的巨大成功，受到党中央和毛主席的高度肯定，在至高荣誉面前，会战工委响亮喊出了"前进依靠'两分法'"，动员干部群众认真学习"两分法"，联系实际，检查工作，提高认识。所谓"两分法"，就是毛主席的"一分为二"思想，具体来说，就是看问题要采取辩证态度，既看到成绩，又看到差距。为找差距，油田采取"请进来""走出去"办法，请各地劳模来讲课，送职工到先进地区和单位学习考察。通过学习对照先进，全油田大约找了大大小小共120万个问题，为油田工作迈上新台阶，奠定了坚实的基础，为油田职工鼓足干劲提供了强大动力。

《实践论》《矛盾论》是毛泽东哲学思想的经典著作，是中国化了的马克思主义。在毛泽东思想的指引下，60多年来，大庆人始终坚持"两分法"，取得成绩不骄傲，比出差距不泄气，打了胜仗找问题，遇到困难鼓干劲，依靠"两论"起家，又靠"两分法"前进，由此铸就了一个又一个辉煌。

大庆石油会战的成功，凸显了社会主义制度的优越性。大庆石油会战，是在困难的时间、困难的地点、困难的条件下进行的。没有社会主义制度的保

第十章　弘扬大庆精神铁人精神　铸就新的辉煌

证,没有社会主义的优越性,要想取得会战的成功是不可想象的。1960年7月16日,苏联政府正式照会中国政府,撤走专家、撕毁合同,损毁或带走了原来的援助规划和方案。在这种资金短缺,孤立无援,国家又遇到特殊经济困难的情况下,许多正在进行或计划开展的重大项目不得不延期或下马。然而,石油作为工业的血液,在国民经济中占有非常重要的地位。它既是广泛应用的能源,也是优质的润滑油料,又是有机合成的化工原料。农业、工业、国防和科学技术的现代化,国民经济的各个部门和现代化生活的一切领域都离不开石油。为了摆脱石油对国民经济发展的严重制约,迅速实现我国由农业国向工业国的过渡,实现国家工业的现代化,就不能没有石油。特别是在当时,由于以美国为首的西方敌对势力对我国的围堵和苏联的卡压,不仅加重了我国的经济困难,而且使我国的国防安全和经济安全受到了严重威胁,急需要开发大庆油田。

为了开发大庆油田,毛主席、党中央高度重视,充分发挥社会主义制度的优越性,迅速集中全国石油系统的业务骨干,调集3万多名解放军指战员复员转业参与会战,并从全国调集50多万吨的会战物资,集中资金,动员全国力量和地方政府,在人、财、物等方面保证会战的顺利开展。正是由于全国人民的支援和举国体制的支持,充分发挥集中力量办大事的社会主义制度优势,广大会战职工在党的领导下,以"两论"起家,靠"两分法"前进,充分发动和依靠群众,以科学的方法,迅速拿下了这个大油田,改变了我国石油工业的格局。大庆油田的开发建设不仅是我国工业的重大转折点,而且对整个国民经济的发展也具有极为重大的意义。

大庆石油会战的胜利,是深受中华传统文化沐浴的优秀儿女筚路蓝缕、砥砺前行的结果。大庆油田的开发建设,是在中国的土地上,用中国人独创的陆相成油理论,用东方智慧和科学方法,由中国人独立自主、自力更生开发完成的。中华民族是一个有着几千年苦难且辉煌历史的民族,有着优秀的传统和民族文化,中国共产党不断汲取和发扬民族传统文化中的优秀基因,形成伟大的共产党精神。无论是在革命还是建设中,无论遇到多大的困难和挑战,党都能够带领和团结全国人民战胜困难,争取胜利。大庆石油会战,像大气磅礴的英雄史诗,深受中华民族精神浸润和党的精神鼓舞的会战职工,在困难和挑战面前所表现出的从容、自信和顽强勇敢的担当精神及家国情怀,感天动地!铁人王进喜在北京的大街上看到驮着煤气的公共汽车，为自己作为一个石油工人不能解决国家的缺油问题而深深自责、难过。到了大庆，他多次讲："恨不得用一拳头砸出一口井来！"他"人拉肩扛""破冰端水保开钻""带伤跳进泥浆池"等英雄事迹，无不体现着"天下兴亡，匹夫有责"的家国情怀。为了取得科学的数据，他们宁愿干最"笨"最"傻"的事儿。为解决原油凝点高的外运问题，蔡升"万里测温战风雪"。为测得高寒地区土壤传热系数，谭学林等"万点调查测 K 值"。没有吃的，女家属自愿组织起来，开荒种地，产生"五把铁锹闹革命"精神。没房子住，广大干部职工用公休时间，就地取土，盖"干打垒"，产生"干打垒"精神，还有"缝补厂""修旧利废""回收队"等精神，完美地诠释了自力更生、艰苦创业。为了科学开发油田，他们严细成风，培养出了"三老四严""四个一样"岗位生产责任制等作风。这些铸就了大庆精神铁人精神，饱含着忠诚于党、产业报国的赤子情怀，传承着不畏艰险、战天斗地的红色基因，体现着实事求是、求真务实的思想作风，代表着爱岗敬业、甘于奉献的崇高品格。大庆精神铁人精神既是党的伟大精神在社会主义建设时期的集中体现，也丰富和发展了党的精神文化，成为中华民族精神和中国共产党精神谱系中的重要组成部分。

大庆石油会战虽然发生在 20 世纪 60 年代，但会战的历史和现实一再表明，无论遇到怎样的艰难险阻，只要坚持共产党领导，坚持"道路、理论、制度、文化"四个自信，就没有过不去的险滩。只有社会主义才能救中国，只有中国特色社会主义才能发展中国，坚持和发展中国特色社会主义，是实现中华民族伟大复兴的必由之路。

三、站时代潮头，担民族重任

1960 年初，为彻底甩掉"中国贫油"的帽子，会战职工满怀"我为祖国献石油"的雄心壮志，在松辽盆地开展了波澜壮阔的石油大会战，为新中国石油事业发展做出了彪炳史册的杰出贡献。以铁人王进喜为代表的会战英雄们，以高度的主人翁责任感，担当起时代赋予自己的历史使命，铸就了伟大的"大庆精神""铁人精神"，形成了"三老四严""四个一样"的优良传统和作风。几代大庆人以大庆精神铁人精神为传家宝，自力更生、艰苦创业，奋发图强、苦干实干，用热血、忠诚乃至生命书写了我国石油工业发展史上的辉煌篇

第十章　弘扬大庆精神铁人精神　铸就新的辉煌

章,走出一条党领导社会主义工业企业的成功之路。

一部大庆油田开发的发展史,就是一部持续为共和国"加油"的历史,大庆从大国脊梁到大庆担当,尽显国民经济"压舱石"作用。

党的十九大提出了"两个一百年"的奋斗目标,到建党 100 周年时,建成经济更加发展、民主更加健全、科教更加进步、文化更加繁荣、社会更加和谐、人民生活更加殷实的小康社会,然后再奋斗 30 年,到新中国成立 100 年时基本实现现代化,把我国建成社会主义现代化国家。从 2020 年到本世纪中叶又分为两个阶段:第一阶段,从 2020 年到 2035 年,在全面建成小康社会的基础上,再奋斗 15 年,基本实现社会主义现代化;第二个阶段,从 2035 年到本世纪中叶,在基本实现现代化的基础上,再奋斗 15 年,把我国建成富强民主文明和谐美丽的社会主义现代化国家。从全面建成小康社会到基本实现现代化,再到全面建成社会主义现代化强国,是新时代中国特色社会主义发展的战略安排,也是全体中华儿女的历史责任,只有坚忍不拔、锲而不舍,继承和发扬党的优良传统和伟大精神,勇于担当,才能承担起如此重大的历史使命,谱写出社会主义现代化的新篇章。

一代人有一代人的使命,一代人有一代人的担当。60 多年前,以铁人王进喜为代表的石油工人,为甩掉中国"贫油"的帽子,头顶青天,脚踏荒原,在极其困难的条件下,开展了一场气吞山河、波澜壮阔的石油大会战,苦战三年,结束了我国使用"洋油"的时代,甩掉了中国"贫油"的帽子,让年轻的共和国石油工业进入新纪元,大庆人由此撑起共和国油脉脊梁。同样,在国防科技战线,面对国外敌对势力的核讹诈,以钱学森为代表的广大国防科技工作者,以报效祖国的满腔热血和赤胆忠心,隐姓埋名,自力更生,艰苦奋斗,团结一致,勇攀科学高峰,攻克了一道又一道难关,取得了"两弹一星"事业的辉煌成就,极大地增强了我国的国际地位,鼓舞了我国人民建设社会主义的信心和民族自豪感,铸就"两弹一星"精神。大庆油田勘探开发与"两弹一星"等,共同载入我国科技发展史册。

当今世界正经历百年未有之大变局,国际形势复杂多变,改革发展稳定、内政外交国防、治党治国治军各方面任务之繁重前所未有,我们面临的风险挑战之严峻前所未有。今天,我们面对的国内外形势,与 60 多年前相比,虽然有所不同,新中国经过 70 多年的建设发展,我们应对困难的能力和手段有所增强，但当前改革发展任务之重、矛盾风险挑战之多、治国理政考验之大都是前所未有。我们要大力弘扬大庆精神铁人精神、"两弹一星"精神等。精神具有穿越时空的魅力与价值，从人类文明发展史来看，精神具有传承性特征，世界上没有哪一个国家在实现民族复兴和推进现代化进程中，完全依靠外来文化来实现，都必须植根于本民族的精神文化气质之中。正因为如此，党的历代领导人都强调要继承革命传统，弘扬革命精神。毛泽东、邓小平都说过，人总是要有一点精神的。一个国家、一个民族，如果没有自己的精神支柱，就等于没有灵魂，就会失去凝聚力和生命力。

伟大的时代需要伟大的精神，伟大的精神推动伟大的事业，而要成就伟大的事业，就需要伟大的理想，更需要艰辛的付出。在新的时代里，每一个有志青年应勇于担当，自觉承担起属于自己的历史使命，像1964年原石油工业部写给中央《关于大庆石油会战的情况报告》中所说的那样："人就是要有一股气，对一个国家来讲就要有民气，对一个队伍来讲就要有士气，对个人来讲就要有志气。三股气结合起来，就会形成强大的物质力量。"民气、士气、志气结合起来，一个国家就有了底气，就能傲视和排除多种困难，不屈服于来自各方面的压力，自力更生，奋发图强，屹立于世界民族之林。

大庆的经验昭示我们，敢于担当的精神就是敢于啃硬骨头，敢于涉险滩，勇于冲破思想观念的障碍，具有不为任何风险所惧、不为任何干扰所惑，既勇于理论创新又勇于实践创新的气魄与胆识，把责任稳稳扛在肩上。对待革命事业，要当老实人、说老实话、办老实事。对待工作，要有严格的要求、严密的组织、严肃的态度、严明的纪律，以严细准狠的作风，落实"三老四严"。做到讲真理不讲面子，讲原则不和稀泥，敢于正视问题不回避、承担责任不推诿、直面矛盾不上交。像铁人王进喜那样，平常时候看得出来、关键时候站得出来、危急关头豁得出来。

"青年兴则国家兴，青年强则国家强。青年一代有理想、有本领、有担当，国家就有前途，民族就有希望。"党的十九大为我们提出了实现"两个一百年"、实现中华民族伟大复兴的中国梦奋斗目标。使命呼唤担当，使命引领未来。空谈误国，实干兴邦。中华民族实现伟大复兴，绝不是轻轻松松敲锣打鼓就能实现的。一个国家，一个民族，没有精神力量不行。一个前进的时代，总有一种奋发向上的精神；一个发展的民族，总有一种积极进取的意志。

第十章　弘扬大庆精神铁人精神　铸就新的辉煌

伟大的事业需要伟大的精神，伟大的精神推动伟大的事业。新时代青年是担当民族复兴大任的实践主体。要大力弘扬大庆精神铁人精神，像大庆人那样，做有信仰、有情怀、有担当，做树立高远的理想追求和深沉的家国情怀的时代新人。中华民族伟大复兴的中国梦终将在一代代青年的接力奋斗中变为现实。

思考题

1. 大庆精神铁人精神与中华民族精神的关系是怎样的？
2. 简要分析大庆精神铁人精神在继承和发扬党和军队的优良传统的同时又有哪些创新。
3. 试论大庆精神铁人精神在中华民族伟大复兴中的作用。

参考文献

[1] 毛泽东. 毛泽东选集. 第1卷. 北京：人民出版社，1991.

[2] 毛泽东. 毛泽东选集. 第2卷. 北京：人民出版社，1991.

[3] 毛泽东. 毛泽东选集. 第3卷. 北京：人民出版社，1991.

[4] 毛泽东. 毛泽东选集. 第4卷. 北京：人民出版社，1991.

[5] 中共中央党史和文献研究院中央不忘初心牢记使命主题教育领导小组办公室. 习近平关于不忘初心牢记使命重要论述选编. 北京：中央文献出版社，2019.

[6] 《整治形式主义官僚主义教育读本》编写组. 整治形式主义官僚主义教育读本. 北京：中国方正出版社，2020.

[7] 习近平. 习近平谈治国理政. 第3卷. 北京：外文出版社，2020.

[8] 中共中央东北局经济委员会. 大庆油田政治工作经验. 沈阳：辽宁人民出版社，1965.

[9] 《对大庆经验的政治经济学考察》写作组. 对大庆经验的政治经济学考察. 北京：人民出版社，1979.

[10] 大庆市政协文史资料研究委员会. 《大庆油田的发现》大庆文史资料. 第1辑. 哈尔滨：黑龙江人民出版社，1987.

[11] 申力生. 中国石油工业发展史：近代石油工业. 第2卷. 北京：石油工业出版社，1988.

[12] 《当代中国》丛书编辑部. 当代中国的石油工业. 北京：中国社会科学出版社，1988.

[13] 《当代中国》丛书编辑部. 当代中国的地质工业. 北京：中国社会科学出版社，1990.

[14] 田润普，朱自成，张海陆. 大庆石油会战. 北京：中国文史出版社，1990.

[15] 陈道阔. 中国石油大会战. 北京：八一出版社，1994.

[16] 中国石油报社. 会议康世恩. 北京：石油工业出版社，1995.

[17] 余秋里. 余秋里回忆录. 北京：解放军出版社，1996.

[18] 大庆油田《石油师人》编委会. 石油师人：在大庆油田纪实. 北京：石油工业出版社，1997.

[19] 《康世恩传》编写组. 康世恩传. 北京：当代中国出版社，1998.

[20] 张海陆. 创业年代. 哈尔滨：哈尔滨出版社，1998.

[21] 乔东光，吕荣斌，王冬. 亲切的关怀永远的激励：党和国家领导人与大庆建设纪实. 北京：中央文献出版社，1999.

[22] 和谷，路小路．中国百年油矿．北京：人民文学出版社，2005.

[23] 铁人井队写作小组．铁人钻井队．北京：红旗出版社，2005.

[24] 李懂章．二号院的故事．哈尔滨：黑龙江人民出版社，2006.

[25] 宇文利．中华民族精神现当代发展新论．北京：北京大学出版社，2007.

[26] 大庆油田1202钻井队写作组．不卷刃的尖刀．哈尔滨：黑龙江人民出版社，2008.

[27] 金一南．苦难辉煌．北京：华艺出版社，2008.

[28] 中共大庆市委党史研究室．工业学大庆史．北京：中共党史出版社，2008.

[29] 中共大庆市委党史研究室．大庆石油会战史．北京：中共党史出版社，2008.

[30] 陈群．李四光传．北京：人民出版社，2009.

[31] 陈道阔．余秋里与石油大会战．北京：解放军文艺出版社，2009.

[32] 王进喜．为石油事业艰苦奋斗一辈子．北京：中央文献出版社，2009.

[33] 大庆油田铁人传写作组．铁人传．北京：中央文献出版社，2009.

[34] 大庆油田有限责任公司．大庆油田企业文化辞典（50年）．北京：石油工业出版社，2009.

[35] 大庆油田有限责任公司．大庆油田五十年文史资料汇编．第2卷．北京：石油工业出版社，2009.

[36] 大庆油田有限责任公司．大庆油田五十年文史资料汇编．第2卷．北京：石油工业出版社，2009.

[37] 大庆油田有限责任公司．大庆油田五十年文史资料汇编．第3卷．北京：石油工业出版社，2009.

[38] 大庆油田有限责任公司．大庆油田五十年文史资料汇编．第4卷．北京：石油工业出版社，2009.

[39] 中共大庆市委党史研究室．大庆油田史．北京：中共党史出版社，2009.

[40] 宋连生．工业学大庆始末．北京：九州出版社，2011.

[41] 黄宏，盖立学．大庆精神．北京：人民出版社，2012.

[42] 陈道阔．余秋里画传．北京：人民出版社，2014.

[43] 大庆油田有限责任公司《大脚印》编纂委员会．大脚印：大庆油田勘探开发历程揭秘（上部）．北京：石油工业出版社，2014.

[44] 查全衡．迎接石油上游业革命的思考．北京：石油工业出版社，2015.

[45] 刘晓华，陈立勇，张文彬．大庆精神及其当代价值．北京：人民出版社，2017.

[46] 马英林．铁人精神：从文化现象到民族遗产．哈尔滨：黑龙江人民出版社，2018.

[47] 大庆油田有限公司技术发展部《匠心》编撰组．匠心：话说技术革新那些事．北京：中国工人出版社，2019.

[48] 大庆油田有限责任公司工会．石油印象．北京：中国工人出版社，2019.

[49] 《改革先锋——王启民》编写组. 改革先锋：王启民. 北京：石油工业出版社，2019.
[50] 《石油精神——文献石油70年》编写组. 石油精神：文献石油70年. 北京：石油工业出版社，2020.

后　　记

笔者郭岗彦、党绥梅在石油高校从事教学工作多年，长期受到大庆精神铁人精神的浸润，对大庆精神铁人精神产生浓厚的兴趣，给大庆历史留痕、让铁人精神发光是笔者长期的追求。多年来，矢志不渝，潜心研究。2016年完成了陕西省委高教工委一项"大庆精神时代价值"干部培训课题，课题完成后笔者又在有关干部教育培训基地开设相关课程，并在部分油田及单位举办讲座，均取得了良好的反响。教学相长，相得益彰，其间，笔者遂产生将项目研究成果与多年来自己有关大庆精神铁人精神的教学心得集结成册的念头。经过大量的资料收集、史料考证工作，并组织调研、访谈，在此基础上，历时两年，经过反复讨论、研究，最终将各项成果集结成册。

本书成稿后，原陕西省委人才办公室副主任、陕西省委高教工委组织部部长，现任西安航空学院党委书记陈平社同志在百忙中对全书进行了审阅，并提出了宝贵意见和建议；西安石油大学教务处处长徐学利给予了全力支持与帮助；西安石油大学期刊中心张亘稼编审、罗卉同志在书稿编撰阶段进行了大量审校工作。在此，一并表示诚挚谢意！

特别值得感谢的是，大庆会战的亲历者，原石油工业部副部长李敬同志已94岁高龄，还为此书撰写序言并题词，在此，向会战的老英雄致以崇高敬意！

本书由西安石油大学郭岗彦、党绥梅共同编著，于宏坤、解宝、张亘稼参与了编写工作。编写分工如下：郭岗彦编写第九章，党绥梅编写第一章，第三章，第五章，第六章，第七章第一、三节，第八章，第十章；解宝编写第二章、第四章；于宏坤编写第七章第二节；张亘稼编写绪论。郭岗彦组织编写，并完成统稿工作。

在书稿编写过程中，参考了诸多专家学者的研究成果，在此谨表诚挚的谢意！由于作者水平有限，书中尚有诸多疏漏与不足之处，恳请读者和有关专家批评指正。

郭岗彦

2020年10月